Ethische Aspekte in der Forschung mit Kindern

Svenja Ringmann / Julia Siegmüller (Hrsg.)

Ethische Aspekte in der Forschung mit Kindern

Perspektiven der Gesundheitsfachberufe

PL ACADEMIC RESEARCH

Bibliografische Information der Deutschen Nationalbibliothek
Die Deutsche Nationalbibliothek verzeichnet diese Publikation in der Deutschen Nationalbibliografie; detaillierte bibliografische Daten sind im Internet über http://dnb.d-nb.de abrufbar.

Die Publikation wurde gefördert vom Bundesministerium für Bildung und Forschung (BMBF).

ISBN 978-3-631-63748-7 (Print)
E-ISBN 978-3-653-03570-4 (E-Book)
DOI 10.3726/978-3-653-03570-4

PL Academic Research ist ein Imprint der Peter Lang GmbH.

Peter Lang – Frankfurt am Main · Bern · Bruxelles · New York · Oxford · Warszawa · Wien

www.peterlang.de

Inhaltsverzeichnis

Vorwort 7

Einführung in die Forschungsethik 9
Gerald Neitzke

Forschung mit Minderjährigen 23
Bert Heinrichs

Kinderethik – der moralische Status und die Rechte der Kinder 39
Christoph Schickhardt

Vom Verschwinden des Sozialen –Mit Kant und Hegel in der Kindertherapieforschung 53
Susanne Dungs

Sprachtherapeutische Forschungsethik? 67
Kathrin Schulz

Menschen in Begegnung – Anthropologische und ethische Aspekte in physiotherapeutischen Praxiskonzepten am Beispiel Bobath 75
Katharina Scheel

Persönlichkeit oder Störungsbild – Das Menschenbild in der Sprachtherapie 91
Julia Siegmüller und Monika Rausch

Kinderbild – Kindeswohl – Kinderrechte 121
Monika Rausch und Julia Siegmüller

Kommunikation, Inklusion, Ermächtigung: Kindertherapie aus theologischer Perspektive 139
Philipp Meyer

Normierung und Normalisierung von Kindheit – Überlegungen zur Late Talker-Problematik 159
Claudia Peter und Patricia Pomnitz

Zum Begriff „Risikokind“ 181
Henning Rosenkötter

Akademisierung der Logopädie – Ethik als neues Handlungsfeld 191
Cordula Winterholler

Die Bedeutung der Ethik im Professionalisierungsprozess der Physiotherapie – ein Vergleich zwischen den USA und Deutschland 207
Solveig Jurgons

Entwicklung von Ethikkommissionen für die Gesundheitsfachberufe – relevante Regularien, aktuelle Perspektiven und offene Fragen 221
Kathrin Reichel

Vorwort

Vom 5.-9. März 2012 fand in Rostock die Klausurwoche „Ethik in der interdisziplinären Therapieforschung bei Kindern mit Entwicklungsstörungen" statt. Sie war Teil des Förderschwerpunktes „Ethische, Rechtliche und Soziale Aspekte der Modernen Lebenswissenschaften und der Biotechnologie (ELSA)" des Bundesministeriums für Bildung und Forschung (BMBF).

Ausgerichtet wurde die Klausurwoche vom Logopädischen Institut für Forschung Rostock.

Fünfzehn Teilnehmer aus unterschiedlichen Disziplinen[1] kamen zusammen, um zur Forschungsethik der Therapie bei Kindern mit Entwicklungsstörungen zu arbeiten. Es nahmen Vertreter aus den Fächern Ergotherapie, Logopädie/Sprachwissenschaft, Physiotherapie, Soziologie, Philosophie, Psychologie und Pädiatrie teil. Referenten aus den Fächern Medizinethik, Theologie und Philosophie gaben Impulse für die Diskussion unter den Teilnehmern.

Die Konzeption einer Forschungsethik ist in den Gesundheitsfachberufen ein zentrales Thema. Kinder mit Entwicklungsstörungen stellen eine große Gruppe innerhalb der Klienten in der Logopädie, Ergotherapie und Physiotherapie dar. Die Entwicklung einer Forschungsethik für den Umgang mit dieser besonderen Gruppe in der Therapieforschung ist somit ein wesentlicher Meilenstein zur Umschreibung von forschungsethischen Vorgehensweisen mit den Patientenpopulationen der Gesundheitsfachberufe insgesamt.

Unterteilbar sind Entwicklungsstörungen der Sprache und des Sprechens, umschriebene Entwicklungsstörungen schulischer Fähigkeiten, umschriebene Entwicklungsstörungen der motorischen Funktionen und kombinierte umschriebene Entwicklungsstörungen.

Verschiedene therapeutische Berufsgruppen führen Interventionsstudien durch, um die Wirksamkeit von Therapieverfahren bei diesen Kindern zu überprüfen. Die Krankenkassen fordern in Übereinstimmung mit dem Wirksamkeitsgebot des SGB V (§§ 2, 12) zunehmend die Evidenzbasierung von verwendeten Therapieverfahren auch von Heilmittelerbringern. Die Heilmittelberufe Logopädie, Ergotherapie und Physiotherapie befinden sich seit Verabschiedung der Modellklausel im Deutschen Bundestag 2009 im Prozess der Akademisierung. Da-

1 Wir verwenden in diesem Vorwort die männlichen Formen, beziehen uns aber auf Frauen und auf Männer gleichermaßen.

mit steht die Entwicklung der bisherigen Ausbildungsberufe zu eigenständigen Forschungsdisziplinen am Anfang. Bisher gibt es keinen (vollständigen) disziplinären wissenschaftlichen Unterbau für die einzelnen Fächer, welcher das Patientenbild, die Therapieethik und Forschungsethik beinhaltet.

Die Klausurwoche hatte deshalb zum Ziel, den ethischen Diskurs in den Gesundheitsfachberufen zu Therapiestudien mit Kindern anzuregen.

Der vorliegende Sammelband enthält Abschnitte zu zentralen Themen, die auf der Klausurwoche besprochen wurden. Die Kapitel sind aus dem Blickwinkel unterschiedlicher Disziplinen verfasst. Nach einer allgemeinen Einführung in die Forschungsethik aus medizinethischer Perspektive (Kapitel 1, Gerald Neitzke) folgen Überlegungen zur Forschung mit Minderjährigen aus philosophischer Sicht (Kapitel 2, Bert Heinrichs; Kapitel 3, Christoph Schickhardt; Kapitel 4, Susanne Dungs).

Kathrin Schulz beschäftigt sich in Kapitel 5 mit der Frage, ob eine Forschungsethik fachspezifisch ausgerichtet sein muss und untersucht dies vor dem Hintergrund sprachtherapeutischer Forschung.

In den Kapiteln 6 (Katharina Scheel), 7 und 8 (Julia Siegmüller und Monika Rausch) werden Menschen- bzw. Kindbilder thematisiert, welche physiotherapeutischen und logopädischen Interventionen oder Therapiestudien zugrunde liegen. Philipp Meyer (Kapitel 9) begründet den Sinn und Nutzen von Sprachtherapie aus theologischer Perspektive.

Claudia Peter und Patricia Pomnitz sowie Henning Rosenkötter werfen Fragen auf, welche die klinisch-therapeutische Praxis betreffen: Führen Diagnosestellungen zu einer „Normierung" von Kindheit (Kapitel 10)? Welche Auswirkungen hat eine Klassifizierung als „Risikokind" für Kinder und deren Familien (Kapitel 11)?

Cordula Winterholler, Solveig Jurgons und Kathrin Reichel beleuchten die Bedeutung der Ethik im Akademisierungsprozess der Gesundheitsfachberufe aus Sicht der Logopädie (Kapitel 12) und Physiotherapie (Kapitel 13), sowie die Entwicklung von Ethikkommissionen für die Gesundheitsfachberufe (Kapitel 14).

Wir hoffen, durch diesen Sammelband Teile des spannenden Diskurses, den wir auf der Klausurwoche in Rostock geführt haben, einer breiteren Öffentlichkeit zugänglich zu machen und die Entwicklung einer professionellen Ethik der Gesundheitsfachberufe voranzutreiben.

Rostock, im Juni 2013

Svenja Ringmann & Prof. Dr. Julia Siegmüller
Logopädisches Institut für Forschung Rostock

Grundlagen der Forschungsethik

Gerald Neitzke

Einleitung

Forschung ist eine der Grundvoraussetzungen für Fortschritt. Dies gilt insbesondere auch in Medizin und Gesundheitswesen. Ohne Grundlagenforschung, ohne die wissenschaftliche Überprüfung von Hypothesen, ohne den klinischen Nachweis von Wirksamkeit und Verträglichkeit eines neuen Verfahrens, ist Fortschritt im Sinne einer qualifizierten Weiterentwicklung nicht möglich. Dies gilt für alle Gesundheitsbereiche, also neben der ärztlichen Behandlung z.B. auch für pflegerische Maßnahmen, physiotherapeutische, logopädische, ergotherapeutische oder psychotherapeutische Behandlung.

Deshalb stellt sich auch in diesen Bereichen der Gesundheitsversorgung die Frage nach einer Forschungsethik. Forschung ist nicht für sich genommen „gut" oder „schlecht", sondern sie wird gut durch ihre Umsetzung in der wissenschaftlichen Praxis. Der Zweck heiligt nicht in jedem Fall die Mittel. Ein Forschungsprojekt wird nicht allein durch das angestrebte Ziel, sondern durch einen verantwortungsvollen Umgang mit den zur Verfügung stehenden Mitteln und Ressourcen, also z.B. den ausreichenden Schutz der Probanden, zu einem im moralischen Sinne guten Projekt (Fuchs et al., 2010; Emanuel et al., 2008).

Als Einführung in eine Forschungsethik für interdisziplinäre Kindertherapieforschung soll deshalb zunächst eine Begriffsbestimmung von Moral und Ethik erfolgen, dann eine Einordnung der Forschungsethik als eine Bereichsethik, danach eine Benennung der für Forschung relevanten moralischen Werte. Ein kurzer Abriss der Geschichte der medizinischen Forschung und ihrer Ethik mündet in die Darstellung der Bedeutung der Deklaration von Helsinki für Forschungsprojekte mit und am Menschen.

Ethik und Moral in der Forschung

Definitionen von Ethik und Moral

Um die Aufgaben einer Forschungsethik näher bestimmen zu können ist es hilfreich, eine klare Definition von Ethik vorzunehmen. Der Begriff Ethik soll dabei von dem Begriff Moral abgegrenzt werden, auch wenn beide in der Alltagssprache häufig synonym verwendet werden. Unter Moral sind die individuellen oder gesellschaftlichen Bewertungen zu verstehen, die sich auf Zustände oder Handlungsweisen beziehen. Die Einstellung eines Menschen für oder gegen Schwangerschaftsabbrüche stellt also eine moralische Bewertung dar, genauso wie etwa die gesellschaftliche Position (die dann gesetzlich normiert werden kann) zur Forschung mit menschlichen Embryonen.

Ethik hingegen befasst sich mit Moral, sie ist die Reflexion auf Moral. Die Ebene der Ethik wird also immer dann erreicht, wenn moralische Haltungen, Normen oder Bewertungen individuell oder in einer Gruppe reflektiert, diskutiert oder argumentativ gegeneinander abgewogen werden. Ethik stellt daher der Sache nach eine Tätigkeit dar: jede Form der Auseinandersetzung mit moralischen Bewertungen. Im Rahmen dieser Reflexionen stellt die Begründung von moralischen Überzeugungen eine der Hauptaufgaben von Ethik dar. Ethik stellt also u.a. ein System zur Begründung von moralischen Regeln dar. In diesem Sinne leistet Ethik einen Beitrag zur Verständigung und Einigung über moralische Herausforderungen.

Diese Definition lässt sich wie folgt auf den Bereich der Forschungsethik anwenden (vgl. Fuchs et al., 2010): Bei Forschungsethik handelt es sich also um den Oberbegriff für alle Anstrengungen und Bemühungen, sich als Individuum, als Berufsgruppe oder als Gesellschaft über eine gültige und verantwortungsvolle Moral in der Forschung zu verständigen. Was sind grundlegende moralische Werte, die im Rahmen der Planung einer Studie respektiert werden sollen? Wie lassen sich diese moralischen Werte bei der Durchführung der Studie konkretisieren und schützen? Welches sind legitime übergeordnete Ziele von Forschung im Gesundheitswesen? Wie lässt sich Gerechtigkeit für Teilnehmer und Nutznießer von Forschungsprojekten realisieren?

Forschungsethik als Bereichsethik

Bevor die Methoden und Inhalte einer Forschungsethik benannt werden können, ist das Verhältnis von Forschungsethik zu anderen Ethiken, also etwa der Allgemeinen Ethik, der Klinischen Ethik oder der Tierethik zu klären. Es hat sich durchgesetzt, Teildisziplinen der Ethik als Bereichsethiken zu verstehen. Das bedeutet, dass sie Teil der Allgemeinen Ethik bleiben, also ebenfalls den Regeln der Allgemeinen Ethik unterworfen sind, sich aber auf einen besonderen Anwendungsbereich beziehen, für den spezifischere und ggf. sogar neue Regeln erforderlich sind.

Die Bereichsethiken, die in diesem Fall relevant sind, lassen sich grob in ein Hierarchieverhältnis bringen: Die Bioethik ist eine Bereichsethik der Allgemeinen Ethik. Neben Umwelt- oder Tierethik ist die Medizinethik ein Teilgebiet der Bioethik. Die Medizinethik wiederum wird heute in die drei Bereichsethiken der Klinischen Ethik (Ethik in der Patientenversorgung), der Public Health Ethik (Ethik in Gesundheitswesen und -politik) und der Forschungsethik (Innovationen in der Gesundheitsversorgung, Studien etc.) unterteilt. Die Bereichsethiken sind nicht trennscharf gegeneinander abzugrenzen. Deshalb ist es wichtig sicherzustellen, dass die einzelnen Bereichsethiken keine widersprüchlichen oder gegensätzlichen Regelungen treffen.

Moralische Werte in der Forschung

Da Ethik die Reflexion moralischer Werte beinhaltet und eine Verständigung über Moral anstrebt, soll kurz eine Auswahl relevanter moralischer Werte in der Forschung benannt und beschrieben werden (vgl. Danis et al., 2012; Emanuel et al., 2008): Bei jedem Forschungsprojekt geht es um eine Abwägung von (potenziellem) *Nutzen und Schaden*. Das Gebot, nicht (oder möglichst wenig) zu schaden, ist besonders bedeutsam, wenn die Teilnehmer einer Studie selbst keinen eigenen Nutzen von dem Projekt haben, sondern wenn der Nutzen lediglich Dritten zukommt (Fremdnützigkeit). Dabei ist zu unterscheiden, ob diese unbeteiligten Dritten an einem vergleichbaren Zustand (Krankheit) leiden, so dass zumindest theoretisch eine Leidens- und Interessengemeinschaft zwischen Studienteilnehmern und potenziellen Nutznießern besteht.

Der Wunsch, ein ausgewogenes Nutzen-Schaden-Verhältnis anzustreben und den möglichen Nutzen zu maximieren, korrespondiert mit dem Bedürfnis der Forschenden nach *Benefizienz* (Gutes tun wollen, Hilfsbereitschaft) und Verantwortung. Forschende tragen *Verantwortung* für die Planung der Studie, für deren praktische Durchführung und für die Folgen, die sich aus den Ergebnissen ableiten. Insbesondere während Planung und Durchführung einer Studie spielt auch die *Fürsorge*, also das eigene Bedürfnis, die in der Studie als abhängig erlebten Kinder oder Erwachsenen zu schützen und zu umsorgen, eine Rolle.

Eine besondere Rolle in der Forschungsethik spielt der Respekt vor der *Autonomie* der Studienteilnehmer. Das Selbstbestimmungsrecht muss durch aktive Schritte der Forschenden realisiert werden. Dazu zählen eine umfassende Information und Aufklärung über alle die Studie betreffenden Aspekte, die Überprüfung des Verständnisses dieser Sachverhalte und eine Zustimmung des Probanden, die nach einem individuellen Abwägungsprozess und ohne unzulässige Einflussnahme frei erfolgt. Die Zustimmung ist besonders kritisch zu prüfen, wenn sie nicht durch den Studienteilnehmer selbst erfolgen kann, also etwa bei Kindern und Jugendlichen, bei Menschen im Koma oder mit fortgeschrittener Demenz.

Forschung kann nicht sinnvoll durchgeführt werden ohne das Vertrauen der Gesellschaft und insbesondere der Probanden. Eine Grundvoraussetzung dafür, dass die Forschenden als vertrauenswürdig wahrgenommen werden, ist deren *Ehrlichkeit*. Dieser moralische Wert soll sicherstellen, dass innerhalb der wissenschaftlichen Gemeinschaft (scientific community), aber auch gegenüber der Gesellschaft und vor allem in Bezug auf den einzelnen Studienteilnehmer eine vollständige Offenheit und volles Wahrheitsgebot besteht. Als Auftraggeber oder Sponsor eines Forschungsprojekts, als Mitarbeiter und Kollege in einem Forschungsteam, als Teilnehmer an einer Studie, aber auch als Anwender und Nutznießer von Forschungsergebnissen muss man sich auf vollständige Ehrlichkeit verlassen können. Die Empörung über aktuelle Forschungsskandale, wie z.B. wissenschaftliche Fälschungen, Plagiate, fehlende Zustimmung von Probanden oder fehlendes Votum einer Ethikkommission, lässt die hohe Bedeutung von Ehrlichkeit klar erkennen.

Aber auch die Verschwiegenheit im Umgang mit vertraulichen Informationen, insbesondere die *Schweigepflicht* und der *Datenschutz*, stellen ein wichtiges moralisches Gut in der Forschung dar. Im Rahmen von Studien werden Patientendaten erhoben und zu Forschungszwecken ausgewertet. Dies geht über das eigene Gesundheitsinteresse des Patienten hinaus und daher sind die Daten besonders sensibel zu behandeln.

Im Rahmen von Forschungsethik kann auf eine dezidierte Reflexion zu Fragen der *Gerechtigkeit* nicht verzichten werden. Es ist erforderlich, die zur Verfügung stehenden (öffentlichen) Forschungsmittel gerecht zwischen Forschungsrichtungen und -institutionen zu verteilen. Außerdem ist es wünschenswert, Forschung bedarfsgerecht an den Bedürfnissen der Bevölkerung auszurichten. Aber auch innerhalb eines Forschungsprojekts sollte Gerechtigkeit hergestellt werden: Sind Nutzen und Risiken einer Studie gerecht verteilt? Dieses Problem stellt sich z.B., wenn die Ergebnisse der Forschung erst zukünftigen Menschen und Generationen zu Gute kommt, oder wenn die Forschung im Ausland stattfindet und die erforschten Methoden dort nicht für die Bevölkerung zugänglich sein werden.

Als höchster moralischer Wert, der in Deutschland zusätzlich Verfassungsrang genießt, kann die Menschenwürde – und deren Schutz im Rahmen von Forschung – verstanden werden. Jeder Mensch hat einen immanenten Wert, der bei allen Menschen (unabhängig von z.B. Geschlecht, Alter, sozialer Schicht oder Gesundheitszustand) gleich groß ist. Menschenwürde begründet also die Gleichheit aller Menschen und ist damit Ursache und Quelle der allen Menschen gleichermaßen zukommenden Menschenrechte. Sie erfordert, dass jeder Mensch – gemäß Immanuel Kant – niemals nur als bloßes Mittel, sondern immer zugleich als (Selbst-)Zweck behandelt wird. In der Forschung darf also kein Patient oder Proband ausschließlich zu fremden Zwecken (zukünftigen Patienten, Forscherinteressen) eingesetzt werden.

Geschichte der Forschungsethik

Die Forschungsethik hat sich entwickelt in der Auseinandersetzung mit einer Reihe von Forschungsskandalen und kann daher als eine Reaktion auf das Fehlverhalten von Forschenden verstanden werden (vgl. Heinrichs, 2006). So wurde der renommierte Arzt Albert Neisser (1855 – 1916) im Jahr 1900 zu einer Geldstrafe verurteilt, weil er 1892 insgesamt acht – teilweise minderjährigen – Frauen ein Syphilisserum ohne ihr Wissen und ohne ihre Zustimmung injiziert hatte. Er hatte gehofft, dadurch eine Immunisierung der Frauen erreichen zu können. Ein Teil der Frauen wurde aber mit Syphilis infiziert – und die erhoffte Immunisierung blieb aus (Elkeles, 1996). Der Prozess stellte den Anlass dafür dar, dass das Preußische Kultusministerium 1900 die ersten Regelungen zum Umgang mit Probanden in der medizinischen Forschung erließ („Anweisung an die Vorsteher der Kliniken, Polikliniken und sonstigen Krankenanstalten“). Darin wurde Forschung an nicht einwilligungsfähigen Menschen, also auch Kindern, untersagt und die Zulässigkeit der Forschung an eine Zustimmung nach sachgemäßer Information gebunden.

Diese Regeln wurden 1931 durch das Reichsinnenministerium aufgegriffen und in den „Richtlinien für neuartige Heilversuche und für die Vornahme wissenschaftlicher Versuche am Menschen“ erweitert. Im Jahr zuvor waren beim so genannten „Lübecker Impfskandal“ 77 Kinder nach einer Tuberkulose-Impfung gestorben, so dass die Themen medizinischer Fortschritt und medizinische Forschung erneut ins öffentliche Bewusstsein getreten waren. Das Reichsinnenministerium erlaubt Forschung an Kindern nur in sehr engen Grenzen und legte fest, dass Forschung mit dem Ziel der akuten Lebensrettung ausnahmsweise auch ohne Zustimmung erfolgen dürfe.

Während des Nationalsozialismus wurden diese Regeln nicht nur nicht angewendet, sondern in ihr Gegenteil verkehrt. In den Konzentrationslagern gab es recht- und schutzlose Menschen, die von Ärzten als Versuchspersonen – vielfach mit Todesfolge – missbraucht wurden. Die Dokumentation der Nürnberger Ärzteprozesse gibt einen bis heute schockierenden Bericht vom moralischen Versagen deutscher Ärzte (Mitscherlich, & Mielke, 1960). In der Urteilbegründung formulierten die Nürnberger Richter deshalb 1947 zehn Regeln zur Forschungsethik, die als „Nürnberger Kodex“ bezeichnet werden. Diese Regeln erheben erstmals Anspruch auf weltweite Gültigkeit. Hierin wird das Prinzip des „informed consent“, also der Zustimmung nach Aufklärung unmissverständlich entwickelt und festgeschrieben.

Dennoch kam es weltweit immer wieder zu Forschungsskandalen aufgrund von moralisch inakzeptablen und teilweise verbrecherischen Studien. In Tuskegee im US-Bundesstaat Alabama wurden seit 1932 afroamerikanische Männer, die an Syphilis erkrankt waren, medizinisch beobachtet, um die Spätfolgen der Erkrankung bei natürlichem Verlauf zu untersuchen. Dieses Programm wurde auch dann nicht abgeändert, als Antibiotika zur Behandlung der Syphilis zur Verfügung standen. Das Experiment wurde jahrelang mit US-Bundesmitteln gefördert. Die Testpersonen wurden über ihre Erkrankung und die Behandlungsmöglichkeiten belogen. Sie erhielten als Gegenleistung für ihre Teilnahme Geld und Lebensmittel. Mehr als 100 Menschen starben im Verlauf der Studie, die erst 1972 nach jahrelangen Protesten eingestellt wurde.

Ein weiterer Skandal ereignete sich 1963 am Jewish Chronic Disease Hospital in New York. Wissenschaftler injizierten Menschen, die in dieser Einrichtung betreut wurden, lebende Krebszellen, um die Abwehrreaktionen des Organismus zu untersuchen. Die Testpersonen waren größtenteils nicht einwilligungsfähig. Als Information an die Betroffenen und deren Familien wurde lediglich mitgeteilt, dass harmlose Hauttests durchgeführt würden. Die Klinik erstattete daraufhin Anzeige und zwei Wissenschaftler wurden in dem folgenden Prozess zu einjährigen Haftstrafen auf Bewährung verurteilt. Die scientific community ließ sich davon offenbar nur wenig beeindrucken: Einer der verurteilten Forscher wurde wenige Jahre später zum Präsidenten der US-amerikanischen Krebsgesellschaft gewählt.

Der Weltärztebund (WMA), gegründet 1947 in Paris als Zusammenschluss von zunächst 27 nationalen Ärzteverbänden, führte die vielen Diskussionen und Regelungen zur Forschungsethik zusammen und verabschiedete auf seiner Sitzung 1964 in Helsinki die gleichnamige Deklaration. Aktuell vertritt der Weltärztebund Ärzteorganisationen aus 102 Ländern, für Deutschland ist die Bundesärztekammer in der WMA vertreten. Anders als etwa gesetzliche Pflichten, stellt die Deklaration von Helsinki eine Empfehlung für forschende Ärztinnen und Ärzte dar, wie Studien verantwortungsvoll und in Übereinstimmung mit den Erfordernissen der eigenen Standesethik geplant und durchgeführt werden sollen (Frewer & Schmidt, 2007).

Die Deklaration von Helsinki

Die Deklaration von Helsinki von 1964 stellte die weltweit erste Empfehlung zur Forschungsethik dar, die auch breit akzeptiert und befolgt wurde. Sie ist mehrfach revidiert worden, derzeit gilt die Fassung von Seoul 2008 (WMA, 2008). Der moralische Anspruch der Deklaration besteht darin, einen Beitrag zur ethischen Qualitätssicherung in der medizinischen Forschung zu leisten (Neitzke, 2007). Deshalb wird die Deklaration regelmäßig überarbeitet und an die sich wandelnden Herausforderungen in der Forschung angepasst. Im Frühjahr 2013 werden erneut Vorschläge für eine weitere Aktualisierung geprüft und öffentlich diskutiert (WMA, 2013). Im Folgenden soll versucht werden, einige zentrale Forderungen der Deklaration von Helsinki auf den Bereich der Kindertherapieforschung zu übertragen.

Nicht-ärztliche Forschung

Die Helsinki-Deklaration ist eine Erklärung des Weltärztebundes und richtet sich naturgemäß primär an forschende Ärztinnen und Ärzte. Aber bereits in Artikel 2 der Deklaration wird dafür geworben, dass sich auch andere an gesundheitsbezogener Forschung beteiligte Berufsgruppen an den Normen und Regelungen der Deklaration orientieren. Im Sinne von Transparenz und Konsistenz erscheint es wünschenswert, dass sich eine Forschungsethik von Logopäden (Siegmüller, Rohdenburg & Ringmann, 2013), Physiotherapeuten, Psychologen (Patry, 2002) oder Ergotherapeuten eng an die Vorschriften der Deklaration von Helsinki anlehnt, damit nicht unterschiedliche Ethikstandards im Gesundheitsbereich entstehen und zur Anwendung kommen.

Auch in der Pflegeforschung bestehen ethische Herausforderungen (Schnell & Heilritz, 2006), auf die die Empfehlungen der Deklaration von Helsinki angewendet werden können – und nach Meinung der WMA auch sollen. Dies gilt ebenfalls für Forschungsprojekte im Bereich von Public Health, falls personenbezogene Daten in nicht vollständig anonymisierter Form erfasst und ausgewertet werden (Strech & Marckmann, 2010).

Einen deutlichen Hinweis, warum auch die Therapieforschung mit Kindern einer ethischen Analyse und Reflexion bedarf, geben die Artikel 5 und 7 der Deklaration: Qualifizierter Fortschritt kann nur auf der Grundlage von wissenschaftlicher Forschung erfolgen, so dass nicht nur die medizinischen Therapieformen, sondern eben auch Logopädie, Ergotherapie oder Kinderkrankenpflege eines Wirksamkeitsnachweises bedürfen. Effektivität, Qualität und Sicherheit von Therapiemaßnahmen können ohne Forschung nicht bestätigt und ohne Forschungsethik nicht verantwortungsvoll untersucht werden.

Wissenschaftlichkeit

Zunächst mag es überraschen, dass wissenschaftlich korrektes Vorgehen einen ethischen Wert darstellen soll. Es leuchtet aber unmittelbar ein, dass die wissenschaftliche Redlichkeit eine notwendige Bedingung darstellt für die ethische Legitimität einer Studie: Wenn aufgrund methodischer Fehler, Ungenauigkeiten oder gar bewusster Fälschungen keine validen Daten und Ergebnisse erlangt werden können, ist die Studie in jedem Fall ethisch unzulässig, da jedwede Belastung oder Gefährdung von Patienten nur durch den Sinn und Nutzen der (korrekt durchgeführten) Studie gerechtfertigt werden kann. Eine technisch schlecht konzipierte oder durchgeführte Studie ist also nicht nur fachlich, sondern auch moralisch abzulehnen (vgl. Raspe et al., 2012).

In der therapeutischen Forschung mit Kindern gilt entsprechend (vgl. Art. 12, 14, 16 und 18 der Deklaration): Schon vor der Konzeption einer Studie muss die wissenschaftliche Literatur umfassend zur Kenntnis genommen werden; soweit möglich und sinnvoll werden Labor- und Tierversuche durchgeführt, bevor ein Versuch mit Menschen erfolgt; in einem Studienprotokoll werden das Studiendesign und das weitere Vorgehen konkret und klar festgehalten; bei Therapievergleichsstudien wird anhand einer Fallzahlkalkulation die Größe der Probandengruppen statistisch begründet; die Risiken und Belastungen für die einzelnen Probanden, aber auch für beteiligte Gruppen insgesamt, müssen benannt und abgeschätzt werden; es darf kein Arm der Studie unbehandelt bleiben, wenn es eine anerkannte Standardtherapie gibt (dann wird das neuartige Verfahren gegen die Standardtherapie getestet); die Studie darf nur von fachlich und methodisch qualifizierten Personen durchgeführt werden; es müssen Zwischenauswertungen eingeplant werden, damit die Studie abgebrochen werden kann, sobald eine Studiengruppe einen signifikanten Behandlungsvorteil aufweist (und nicht weitere Patienten sinnlos eingeschlossen werden, die dann teilweise nicht die bereits als besser erwiesene Methoden erhalten).

Nutzen-Schaden-Verhältnis

Zur Planung eines Forschungsprojekts gehört das Abschätzen von erwartetem Nutzen der Studie und möglichen Schädigungen, Risiken und Belastungen. Artikel 21 der Deklaration schreibt vor, dass die Bedeutung des Forschungsziels die

Belastungen rechtfertigen können muss. Im Artikel 6 wird festgelegt, dass das Wohlergehen der einzelnen Versuchspersonen immer Vorrang vor allen anderen Interessen (also sowohl von denen der Forschenden als auch von zukünftigen Patienten) haben muss.

Die Nutzen-Schaden-Bewertung unterliegt zwei grundsätzlichen Schwierigkeiten: Zum einen werden Nutzen und Schaden in unterschiedlichen Maßeinheiten („in anderer Währung/Münze") berechnet. Glück und Unglück, Nutzen und Risiko lassen sich nicht einfach voneinander subtrahieren, da sie einer ganz individuellen und damit unterschiedlichen Bewertung und Gewichtung unterliegen. Damit ist nicht nur gemeint, dass jeder Mensch für sich den Nutzen oder die Belastung einer Maßnahme anders bewertet, sondern dass insbesondere das Verhältnis zwischen beiden keinen objektiven Regeln unterliegt. Ab wann überwiegt ein extrem unwahrscheinlicher, aber schwerwiegender Schaden einen häufigen, aber geringfügigen Nutzen? Die Bewertung wird zusätzlich erschwert dadurch, dass Eltern diese Abwägung im Namen ihrer Kinder durchführen müssen und dass sie dabei auf die Beratung durch das Forschungsteam und deren Bewertungsintuitionen angewiesen sind.

Die andere Schwierigkeit besteht darin, dass Nutzen und Schaden in vielen Fällen auf unterschiedliche Personenkreise bezogen sind. Gerade in der Grundlagenforschung, die in vielen therapeutischen Bereichen dringend erforderlich ist (Siegmüller et al., 2013), sollen die Belastungen der aktuellen Probanden durch einen hypothetischen zukünftigen Nutzen anderer Patienten gerechtfertigt werden. Es handelt sich also um weitgehend fremdnützige Forschung (über den Aspekt hinaus, dass Forschung grundsätzlich immer auch den Forschenden – also Fremden – nützt!). Fremdnützigkeit ist per se nicht unmoralisch, da Fortschritt ohne ein gewisses Maß an Altruismus nicht entstehen kann, aber die Belastungen und Gesundheitsgefahren sollten – insbesondere wenn Eltern stellvertretend für ihre Kinder einwilligen – nur von minimalem Ausmaß sein.

Aber auch bei Therapieforschung, bei der das Kind möglicherweise selbst einen direkten Nutzen durch die Studie erfährt, muss auf Nachteile geachtet werden. Insbesondere bei randomisierten Studien, bei denen nur ein Teil der Probanden in die Gruppe mit dem neuartigen Verfahren gelost wird, ist darauf zu achten, dass der andere Studienarm keinen unvermeidbaren Nachteilen ausgesetzt wird. Deshalb kann – wie oben bereits angedeutet – ein neuartiges Therapieverfahren nur gegen den besten etablierten Behandlungsstandard getestet werden. Eine beabsichtigte Nicht-Behandlung, etwa von Kindern mit Sprachentwicklungsverzögerungen, ist nur zu rechtfertigen, wenn keine validierte Standardtherapie existiert.

Aufklärung und Zustimmung

Eines der grundlegenden Prinzipien von Forschungsethik war, wie oben beschrieben bereits lange vor der Deklaration von Helsinki, der informed consent, also die freiwillig erteilte Zustimmung nach angemessener Aufklärung. Die Aufklärung muss dabei neben Informationen zum Ablauf der Studie vor allem die Ziele der Studie und eine genaue Beschreibung der möglichen Vor- und Nachteile beinhalten. Insbesondere gesundheitliche Nachteile und Risiken müssen detailliert benannt werden, auch wenn deren Eintreten unwahrscheinlich ist.

Zu den relevanten Informationen zählt aber auch die Tatsache, dass die Zustimmung zur Teilnahme an der Studie jederzeit und ohne persönliche Nachteile widerrufen werden kann. Darüber hinaus regelt Absatz 24 der Deklaration, dass über die Finanzierung der Studie und über mögliche Interessenskonflikte der Forschenden aufgeklärt werden muss. Das Verständnis der Aufklärung muss überprüft werden, außerdem sollte Gelegenheit bestehen, dass Rückfragen gestellt werden können. Besondere Vorsicht ist geboten, wenn die Aufklärung über die Studie von der Therapeutin vorgenommen wird, die das Kind bereits behandelt (Artikel 26). Hier ist auf Abhängigkeiten zu achten und ggf. eine neutrale, sachkundige Person zur Aufklärung hinzuzubitten.

In der Kindertherapieforschung wird die Zustimmung in den meisten Fällen von den Sorgeberechtigten eingeholt werden müssen, die entsprechend vorher aufzuklären sind. Die Deklaration fordert, dass Forschende die gültige Rechtslage in ihrem Land respektieren, falls juristische Regelungen strenger als die ethischen Empfehlungen formuliert sind (Boos, Spranger, & Heinrichs, 2010). In Deutschland ist also beispielsweise darauf zu achten, dass insbesondere bei risikoreichen Studien beide Sorgeberechtigten zustimmen. In Artikel 28 wird zusätzlich gefordert, dass das Kind selbst in die Einwilligung einbezogen wird. Ein Kleinkind kann zwar nicht rechtskräftig zustimmen, aber eine Ablehnung „soll respektiert werden“ (Art. 28).

Forschung mit Kindern

Kinder stellen eine vulnerable Gruppe dar, für die spezifische Regelungen einzuhalten sind (Alderson & Morrow, 2011). Grundsätzlich kommt diesen Gruppen ein besonderer Schutz zu (vgl. Artikel 9 der Deklaration von Helsinki). Außerdem ist Forschung an vulnerablen Gruppen nur dann zulässig, wenn sie nicht an anderen Personenkreisen durchgeführt werden kann. Diese Regel ist bei logopädischer oder ergotherapeutischer Forschung mit Kindern meist erfüllt, da viele

Störungsbilder ausschließlich bei Kindern bestehen und nur mit und an Kindern erforscht werden können.

Bei (überwiegend) fremdnütziger Forschung ist darauf zu achten, dass die untersuchten Kinder derselben Gruppe angehören wie die Kinder, die potenziell von den Forschungsergebnissen profitieren werden. In dem Fall kann ein Gruppennutzen postuliert werden, da die Studienteilnehmer zu einer besseren Gesundheitsversorgung von gleichermaßen Betroffenen beitragen können. Das Konzept des Gruppennutzens ist also enger als ein rein altruistischer Fremdnutzen, der beliebigen Kranken zugute kommt (Radenbach, 2006).

Im Artikel 27 der Deklaration wird für Forschung an Kindern mit überwiegendem Gruppennutzen festgelegt, dass durch die Teilnahme nur minimale Risiken und Belastungen entstehen dürfen. Da es bei den hier betrachteten Forschungsprogrammen selten zu körperlichen Schädigungen kommen dürfte, ist vor allem sicherzustellen, dass im Bereich der psychischen Belastungen ein minimales Ausmaß nicht überschritten wird. Psychische Folgeschäden könnten etwa in einem verstärkten Störungsbewusstsein des Kindes (oder seiner Umwelt) oder in Veränderungen der persönlichen Beziehungen (zu Eltern, Geschwistern, Therapeuten) bestehen.

Auch Kinder haben ein Recht, über Ziele und Ablauf der Studie informiert zu werden. Dazu sollte eine kindgerechte Darstellungsweise verwendet werden. Durch dieses Vorgehen wird gleichzeitig die Mitwirkungsbereitschaft (Compliance) gestärkt und eine Beziehung zur Therapeutin aufgebaut. Es ist vorgeschlagen worden, die Studie dem Kleinkind im Rahmen einer Spielsituation vorzustellen und ein Symbol (Handpuppe o.ä.) für das Forschungs-Setting einzuführen. So kann das Kind anhand des Symbols die Wiederkehr der Situation erkennen und durch Mitarbeit seine (implizite) Zustimmung zur Fortsetzung der Studie zeigen oder diese ablehnen (Siegmüller et al., 2013).

Ethikkommission

Empfehlungen zur Forschungsethik müssen nicht nur erarbeitet, sondern deren Einhaltung muss auch verbindlich überwacht werden. Aus diesem Grund wurde die Deklaration von Helsinki auf dem Weltärztetag 1975 in Tokio einer Revision mit weitreichenden Folgen unterzogen. Seit 1975 wird die Begutachtung jedes Studienprotokolls durch eine Ethikkommission vor Beginn der Studie gefordert. In der aktuellen Fassung von 2008 wird im Artikel 15 verschärfend sogar eine Zustimmung der Ethikkommission zur Durchführung der Studie verlangt. Dies deckt sich mit den Erfordernissen des deutschen Arzneimittelgesetzes (AMG) und Medizinproduktegesetzes (MPG). Darüber hinaus sollen Ethikkommissionen die laufenden, genehmigten Studien beaufsichtigen („Monitoring").

Ethikkommissionen sollen vom Forscher und Sponsor unabhängig sein. Ihre Zusammensetzung muss so gewählt sein, dass sie die übertragenen Aufgaben auch kompetent erfüllen kann (Neitzke, 2003). Es fällt auf, dass in deutschen Ethikkommissionen kaum Patientenvertreter, Bürger oder Angehörige therapeutischer Berufsgruppen vertreten sind. Dies führt zum einen dazu, dass die demokratische Legitimierung angezweifelt wird (Keilpflug, 2012), zum anderen besteht derzeit keine ausreichende Kompetenz zur Begutachtung von Studien aus Logopädie, Ergotherapie, Physiotherapie oder Pflege.

Für die Prüfung durch eine Ethikkommission liegen in Deutschland detaillierte Empfehlungen vor, damit die Einhaltung der zahlreichen juristischen und ethischen Normen in einem rationalen und transparenten Verfahren kontrolliert werden kann (Raspe et al., 2012). Die Prüfschritte umfassen u.a. die wissenschaftliche Bedeutung der Studie, die Wissenschaftlichkeit des Vorgehens (Studiendesign), die fachliche Eignung der Forschenden, mögliche Interessenskonflikte, Bewertung von Nutzen und Schaden, Umfang und Verständlichkeit (Qualität) der Patienteninformationen, Möglichkeit der freien Zustimmung (informed consent), Vorliegen einer Versicherung für Studienteilnehmer und Maßnahmen zum Schutz vor schweren, unerwünschten Zwischenfällen (serious adverse events) bei der Durchführung der Studie.

Fazit

Forschungsethik ist die aktive, verantwortungsbewusste Reflexion und Lösung der moralischen Herausforderungen im Zusammenhang mit (gesundheitsbezogenen) Forschungsprojekten. Zentrale moralische Werte wie Menschenwürde, Autonomie, Verantwortung und Benefizienz prägen die Forschungsethik in der Medizin. Die Deklaration von Helsinki des Weltärztebundes stellt die zur Zeit wichtigste Grundlage für die Bewertung von medizinischen Forschungsprojekten dar. Deshalb wird dafür plädiert, die Eignung dieser Regeln im Bereich der therapeutischen Forschung in Logopädie, Ergotherapie oder Physiotherapie zu prüfen.

Im Bereich der Kindertherapieforschung stellen sich spezifische Herausforderungen. In Anlehnung an die Deklaration von Helsinki wurden Anregungen zum Umgang mit dem informed consent und zur Bewertung von Nutzen und Schaden in der therapeutischen Forschung mit Kindern gegeben. Ein noch zu lösendes Problem ist die Begutachtung durch eine Ethikkommission. Dieser Beitrag plädiert dafür, dass eine solche Kommission auch in der therapeutischen Forschung konsultiert wird. Zu klären ist aber die Frage, ob dafür die Ethikkommissionen bei den Landesärztekammern und Medizinischen Fakultäten zuständig sein können (die dann personell umgestaltet werden sollten), oder ob stattdessen eigene, unabhängige Ethikkommissionen gegründet werden sollten.

Literatur

Alderson, P. & Morrow, V. (2011). *The ethics of research with children and young people. A practical handbook.* London: SAGE.

Boos, J., Spranger, T.M. & Heinrichs, B. (2010). *Forschung mit Minderjährigen. Medizinische, rechtliche und ethische Aspekte.* Ethik in den Biowissenschaften - Sachstandsberichte des DRZE, 12. Freiburg im Breisgau: Alber.

Danis, M., Largent, E., Grady, C., Wendler, D., Hull, S.C., Shah, S., Millum, J. & Berkman, B. (Hrsg.) (2012) *Research ethics consultation. A casebook.* Oxford: Oxford University Press.

Elkeles, B. (1996). *Der moralische Diskurs über das medizinische Menschenexperiment im 19. Jahrhundert.* Stuttgart: G. Fischer.

Emanuel, E.J., Crouch, R.A., Grady, C., Lie, R., Miller, F.G. & Wendler, D. (Eds.) (2008). *The Oxford textbook of clinical research ethics.* Oxford: Oxford University Press.

Frewer, A. & Schmidt, U. (Hrsg.) (2007). *Standards der Forschung. Historische Entwicklung und ethische Grundlagen klinischer Studien.* Reihe: Klinische Ethik. Biomedizin in Forschung und Praxis Bd. 1. Frankfurt: Peter Lang.

Fuchs, M., Heinemann, T., Heinrichs, B., Hübner, D., Kipper, J., Rottländer, K., Runkel, T., Spranger, T.M., Vermeulen, V. & Völker-Albert, M. (Hrsg.) (2010). *Forschungsethik. Eine Einführung.* Stuttgart: Metzler.

Heinrichs, B. (2006). *Forschung am Menschen: Elemente einer ethischen Theorie biomedizinischer Humanexperimente.* Reihe: Studien zu Wissenschaft und Ethik, 3. Berlin: de Gruyter.

Keilpflug, M. (2012). *Demokratieprinzip und Ethikkommissionen in der medizinischen Forschung.* Schriften zum Gesundheitsrecht, 26. Berlin: Duncker & Humblot.

Mitscherlich, A. & Mielke, F. (1960). *Medizin ohne Menschlichkeit. Dokumente des Nürnberger Ärzteprozesses.* Frankfurt: Fischer.

Neitzke, G. (2003). Über die personelle Zusammensetzung von Ethik-Kommissionen. In: U. Wiesing (Hrsg.), *Die Ethik-Kommissionen. Neuere Entwicklungen und Richtlinien* (pp. 104-123). Köln: Deutscher Ärzte-Verlag.

Neitzke, G. (2007). Ethik und Qualitätssicherung medizinischer Forschung. Moralischer Anspruch und Umsetzung der Deklaration von Helsinki. In: A. Frewer & U. Schmidt (Hrsg.), *Standards der Forschung. Historische Entwicklung und ethische Grundlagen klinischer Studien* (pp. 205-228). Frankfurt: Peter Lang.

Patry, P. (2002). *Experimente mit Menschen. Einführung in die Ethik der psychologischen Forschung.* Bern: Huber.

Radenbach, K.E. (2006). *Gruppennützige Forschung an Kindern und Jugendlichen. Ihre ethische und rechtliche Zulässigkeit unter besonderer Berücksichtigung der Bewertung von Vorsitzenden deutscher Ethikkommissionen.* Diss. med., URL: http://ediss.uni-goettingen.de/handle/11858/00-1735-0000-0006-B33D-A , Download vom 06.06.2013.

Raspe, H., Hüppe, A., Strech, D. & Taupitz, J. (2012). *Empfehlungen zur Begutachtung klinischer Studien durch Ethik-Kommissionen.* 2. überarbeitete und aktualisierte Auflage. Köln: Deutscher Ärzte-Verlag.

Schnell, M.W. & Heinritz, C. (2006). *Forschungsethik. Ein Grundlagen- und Arbeitsbuch mit Beispielen aus der Gesundheits- und Pflegewissenschaft.* Bern: Huber.

Siegmüller, J., Rohdenburg, W. & Ringmann, S. (2013). Einverständnis von Kindern zur Sprachtherapieforschung – Vorschläge für empirisch gestützte Standards. *Sprache-Stimme-Gehör,* 37, im Druck.

Strech, D. & Marckmann, G. (Hrsg.) (2010). *Public Health Ethik.* Münster: Lit.

WMA (2008). *Declaration of Helsinki.* URL: http://www.wma.net/en/30publications/10policies/b3/17c.pdf , Download vom 06.06.2013.

WMA (2013). *Declaration of Helsinki. Draft revised text for public consultation.* URL: http://www.wma.net/en/20activities/10ethics/10helsinki/15public-consult/DoH-draft-for-public-consultation_annotated.pdf, Download vom 06.06.2013

Forschung mit Minderjährigen in den Gesundheitsfachberufen

Bert Heinrichs

Abstract

Die Akademisierung der Gesundheitsfachberufe wirft u.a. die Frage nach adäquaten forschungsethischen Prinzipien für diesen Bereich auf. Zur Beantwortung dieser Frage werden zunächst zentrale Prinzipien der Ethik der (medizinischen) Forschung am Menschen dargestellt. Sodann wird kurz auf die besondere ethische Herausforderung eingegangen, die mit der Forschung mit Minderjährigen verbunden ist. Anschließend wird die Frage der Übertragbarkeit der ethischen Prinzipien auf den Bereich der Gesundheitsfachberufe thematisiert. Die These, die dabei vertreten wird, lautet: Die etablierten forschungsethischen Prinzipien sind grundsätzlich auch im Bereich der Gesundheitsfachberufe anwendbar, Eigenheiten geben aber Anlass zu spezifischen Akzentsetzungen. Zum Schluss werden Desiderate für die zukünftige Arbeit formuliert.

Einleitung

Die Gesundheitsfachberufe befinden sich in Deutschland zurzeit in einem Prozess der Akademisierung. Im Jahr 2009 hat der Deutsche Bundestag die Einführung einer Modellklausel in die Berufsgesetze der Hebammen, Logopäden, Physiotherapeuten und Ergotherapeuten beschlossen.[1] Diese Änderungen ermöglichen es den Ländern, für diese vier Ausbildungsberufe probeweise eine Hochschulausbildung einzuführen. Zum einen ergeben sich daraus wichtige institutionelle Konsequenzen; zum anderen wird die Akademisierung der Gesundheitsfachberufe aber auch zu einer Präzisierung der wissenschaftstheoretischen Fundierung dieser Fächer führen und Auswirkungen auf die Entwicklung neuer Ansätze und Verfahren haben.[2] Bereits verwendete Ansätze und Verfahren müssen sich vor dem Hintergrund eines wissenschaftlichen (Selbst-)Verständnisses der verschiedenen Disziplinen einer strikten Überprüfung stellen, neue müssen anhand etablierter Methoden vor ihrer Einführung in die Praxis evaluiert werden. Ähnlich wie in der Medizin wird damit auch in den Gesundheitsfachberufen das kontrollierte Experiment zu einem zentralen methodischen Instrument werden. Dies bedeutet freilich nicht, dass das Paradigma der Medizin ohne weiteres auf

1 Vgl. dazu Deutscher Bundestag, 2009.
2 Vgl. Siegmüller & Pahn, 2009.

den Bereich der Gesundheitsfachberufe übertragen werden kann. Vielmehr gilt es, die Besonderheiten dieser Fächer zu analysieren, um im Anschluss daran adäquate Methoden zu entwickeln.[3] Damit verbunden stellt sich die Frage nach ethischen Prinzipien für die Forschung in den Gesundheitsfachberufen.[4] Die bekannten Prinzipien der medizinischen Forschungsethik können zwar ohne Zweifel wichtige Orientierung bieten. Gleichwohl ist zu prüfen, ob es Besonderheiten gibt, auf die mit einer Spezifizierung der in der Medizin etablierten forschungsethischen Prinzipien reagiert werden muss.

Im Folgenden werden zunächst die wichtigsten ethischen Prinzipien vorgestellt, die im Bereich der biomedizinischen Forschung Anwendung finden (I). Danach wird auf die spezielle Herausforderung eingegangen, die mit der Forschung mit minderjährigen Probanden verbunden ist (II). Anschließend wird diskutiert, ob es Besonderheiten in den Gesundheitsfachberufen zu berücksichtigen gilt und, falls ja, welche bereichsabhängigen Spezifizierungen forschungsethischer Prinzipien sich daran knüpfen könnten (III). In einem kurzen Ausblick werden schließlich Desiderate für die ethische Reflexion und Begleitung der Forschung in den Gesundheitsfachberufen formuliert (IV).

I. Forschungsethische Prinzipien

Es ist verbreitet, in der Forschungsethik von einigen, recht abstrakten Prinzipien auszugehen, deren Geltung als verbürgt angesehen wird. Dieser Ansatz findet sich in dem für die Ethik der biomedizinischen Forschung mit Menschen extrem einflussreichen *Belmont Report* und, an diesen anknüpfend, auch in den *Principles of Biomedical Ethics* von Tom Beauchamp und James Childress.[5] Dort werden drei bzw. vier grundlegende ethische Prinzipien namhaft gemacht, nämlich „Respekt vor dem Selbstbestimmungsrecht von Personen" („respect for persons" oder „respect for autonomy"), „Wohltun" („beneficence") – sowie zusätzlich „Nichtschaden" („nonmaleficence") und „Gerechtigkeit" („justice"). Von diesen Prinzipien ausgehend werden schrittweise konkretere Regeln und Normen

---

3 Ein häufig genanntes Stichwort in diesem Zusammenhang heißt „Evidenz-basierte Praxis" (EBP). Einen kurzen, aber informativen Überblick zur EBP speziell in der Logopädie gibt Beushausen, 2005.

4 Nur sehr kurz geht Birgit Hack in ihrem Beitrag (2004) auf „Moralische Leitlinien in Wissenschaft und Forschung" ein (pp. 12-13). Auch sonst gibt es bislang kaum spezielle Literatur zu dieser Thematik. Für Hilfe bei der Recherche in diesem Zusammenhang danke ich Roman Wagner.

5 Vgl. National Commission for the Protection of Human Subjects of Biomedical and Behavioral Research, 1978; Beauchamp & Childress, 2009.

begründet. Im Kontext der biomedizinischen Forschung am Menschen besteht der erste Schritt zumeist darin, die informierte Einwilligung („informed consent“), die Risiko-Nutzen-Analyse („assessment of risks and benefits“) sowie die gerechte Probandenauswahl („selection of subjects“) als Anwendungen zu benennen.[6] Darüber hinausgehende inhaltliche Bestimmungen und kontextabhängige Spezifizierungen folgen dann in weiteren Anwendungsschritten.[7]

Die Geltung dieser Prinzipien lässt sich – abweichend vom *Belmont Report* bzw. den *Principles* – aus dem Gedanken der Würde und Selbstzweckhaftigkeit von Personen entwickeln.[8] Dieser Auffassung zufolge sollten wir andere Menschen niemals ausschließlich als Mittel zur Realisierung unserer eigenen Zwecke verwenden. Man kann dies auch folgendermaßen formulieren: Menschen dürfen nicht darauf reduziert werden, *Objekte* zu sein wie andere Objekte, etwa Stühle, Steine oder dergleichen. Sie sind immer auch *Subjekte*. Als solche verdienen sie *Respekt*. Denn während Objekte (Dinge) allein nach ihrem *instrumentellen Wert* bemessen werden können, ist es ein zentrales Gebot der Ethik, Subjekten (Menschen) nicht nur einen (instrumentellen) Wert zuzuerkennen, sondern ihre *Würde* anzuerkennen. Dieser Gedanke, den Immanuel Kant in seiner Moralphilosophie maßgeblich entwickelt hat,[9] und der hier abkürzend als *Würdeprinzip* bezeichnet werden soll, hat Eingang in nationale Verfassungen – wie in das Deutsche Grundgesetz, Art. 1 Abs. 1 – und internationale Dokumente, nicht zuletzt in die Menschenrechtscharta der Vereinten Nationen, gefunden.[10] Er kann als ein weithin anerkanntes normatives Fundament für spezifischere Regeln und Normen gelten. Als eine operationalisierte Form des Würdeprinzips kann man das *Instrumentalisierungsverbot* begreifen, das besagt, man soll Menschen niemals *nur* als Mittel, sondern immer *auch* als Zweck ansehen.

Daraus ergeben sich unmittelbar Konsequenzen für den Umgang mit Menschen im Rahmen von Humanexperimenten. Humanexperimente zeichnen sich nämlich gerade dadurch aus, dass die daran beteiligten Probanden als Mittel zum Erkenntnisgewinn herangezogen werden. Dies ist nach den vorangegangenen Überlegungen moralisch dann und nur dann nicht zu beanstanden, wenn die be-

---

6 National Commission for the Protection of Human Subjects of Biomedical and Behavioral Research, 1978, „Part C: Applications".

7 Auch der COTEC *Code of Ethics* (2009) enthält die vier genannten Prinzipien. Zusätzlich werden dort „utility“ und „integrity“ als eigenständige Prinzipien genannt. Forschungsethische Aspekte spielen in dem *Code of Ethics* allerdings keine besondere Rolle.

8 Die folgenden Ausführungen orientieren sich an Überlegungen, die ich in früheren Veröffentlichungen bereits ausführlich entwickelt habe; vgl. Heinrichs, 2010a sowie Heinrichs, 2006.

9 Kant, 1785.

10 Dieses Würdeprinzip findet sich auch im *Ethik-Kodex* des Berufsverbandes **logopädie**austria, 1. Grundsätzliches sowie, speziell bezogen auf die Forschung 2.7.1.

teiligten Probanden nicht *vollständig* darauf reduziert werden, Mittel im experimentellen Vollzug zu sein, also nicht *vollständig* instrumentalisiert werden. Die entscheidende Frage der Ethik der Forschung am Menschen lässt sich demnach auch folgendermaßen formulieren: Was muss getan werden, damit Probanden im Rahmen von medizinischen Humanexperimenten nicht vollständig instrumentalisiert werden? Die drei bzw. vier genannten Prinzipien können als erste Antwort auf diese Frage verstanden werden. Sie ergeben sich, wenn man einige sehr grundlegende Wesensmerkmale des Menschen in den Blick nimmt: Menschen sind Wesen, die sich selbst Zwecke setzen und diese Zwecke aktiv verfolgen; Menschen sind psychophysische Wesen; Menschen sind soziale Wesen, die in gesellschaftlichen Verbänden leben. Die drei bzw. vier Prinzipien markieren dann gleichsam Bereiche, in denen die Würde von Menschen bedroht ist und verletzt werden kann: Menschen können demnach in ihrer Selbstbestimmung behindert werden, sie können in psychischer und physischer Hinsicht Schaden nehmen und sie können innerhalb der gesellschaftlichen Verbände ungerecht behandelt werden. Diese Prinzipien bzw. die Gefährdungsbereiche, die durch sie markiert werden, sind natürlich noch nicht spezifisch genug, um zu klären, welche konkreten Regeln und Normen bei Humanexperimenten zu beachten sind, um die Würde der beteiligten Probanden nicht zu verletzen. Auch wenn man diesen Begründungsansatz wählt, muss ein weiterer Anwendungsschritt folgen, der zu den eingangs bereits genannten konkreteren Regeln der Forschungsethik führt: die informierte Einwilligung, eine sorgfältige Schaden-Nutzen-Abwägung und eine gerechte Probandenauswahl. Diese Regeln sind unmittelbar bei der praktischen Durchführung von Humanexperimenten bedeutsam. Im Folgenden sollen sie etwas ausführlicher dargestellt werden.

(1) Das Prinzip der Selbstbestimmung knüpft an die Fähigkeit des Menschen, sich selbst Zwecke zu setzen und diese aktiv zu verfolgen an, indem es fordert, dass jeder Mensch in einem Kernbereich freie Entscheidungen treffen kann. Allerdings findet das Recht auf Selbstbestimmung des einen eine Grenze am Recht auf Selbstbestimmung des anderen. Das Prinzip der Selbstbestimmung hat also sowohl eine freiheitsermöglichende als auch eine freiheitslimitierende Dimension. Wenn nun ein Forscher eine Person ohne deren Wissen als Teilnehmer an einem Forschungsvorhaben aufnehmen würde, dann würde dies gegen das Recht auf Selbstbestimmung verstoßen. Die Entscheidung über die Teilnahme muss, nach den gerade angestellten Überlegungen, der Person selbst überlassen sein. Der Forscher muss die betreffende Person also fragen, ob sie sich als Teilnehmer zur Verfügung stellen möchte oder nicht. Das allein reicht aber noch nicht aus. Es muss sichergestellt sein, dass auch eine ablehnende Antwort vom Forscher akzeptiert wird und keine negativen Konsequenzen nach sich zieht. Anders for-

muliert: Die Einwilligung muss *freiwillig* sein, um wirklich als Realisierung des Rechts auf Selbstbestimmung gelten zu können. Es gilt aber noch einen weiteren Aspekt zu berücksichtigen: Selbst wenn die Person die Frage aus freien Stücken positiv beantworten sollte, ist noch nicht hinreichend sichergestellt, dass es wirklich seinem Willen entspricht, an der Studie teilzunehmen. Es könnte nämlich sein, dass ihr nicht klar geworden ist, dass die Teilnahme mit gewissen Risiken und Belastungen verbunden ist. Womöglich hätte sie auf der Grundlage eines umfassenderen Verständnisses des in Rede stehenden Experiments ihre Teilnahme verweigert. Die unvermittelte Einwilligung wäre dementsprechend nicht als tatsächliche Realisierung des Selbstbestimmungsrechts aufzufassen. Als weitere Bedingung verlangt man daher, dass die Einwilligung *informiert* ist. Voraussetzung für eine solche informierte Einwilligung (*informed consent*) ist, dass potentielle Teilnehmer über „Wesen, Bedeutung und Tragweite" – diese Formulierung hat der Bundesgerichtshof in verschiedenen Entscheidungen zum Thema Arzneimittelforschung geprägt – eines Experiments vorab informiert werden.

Neben der Informiertheit besteht, wie bereits kurz erwähnt, eine zweite wichtige Komponente einer vollgültigen Einwilligung in der *Freiwilligkeit.* Nun dürfte es selten vorkommen, dass eine Person direkt zur Teilnahme an einem Forschungsvorhaben gezwungen wird. Durchaus realistisch sind aber subtilere Formen von Druck, die die Entscheidung beeinflussen können. Besonders wichtig ist hier der Fall, dass ein potentieller Proband zugleich auch Patient ist. Der Patient könnte fürchten, wenn er seine Teilnahme verweigert, nicht mehr oder zumindest mit weniger Engagement behandelt zu werden. Dies könnte dazu führen, dass der Patient sich zur Teilnahme genötigt fühlt. Im Rahmen der Aufklärung muss daher auch vermittelt werden, dass eine Ablehnung der Teilnahme *keinerlei negative Konsequenzen* nach sich ziehen wird. Die Freiwilligkeit der Teilnahme kann natürlich auch durch *positive Anreize*, etwa eine hohe finanzielle Aufwandsentschädigung oder gar eine Bezahlung, beeinträchtigt werden.

Eine Person, die sich durch eine informierte Einwilligung bereit erklärt hat, an einem Forschungsvorhaben teilzunehmen, verpflichtet sich dadurch keineswegs unwiderruflich. Denn es handelt sich bei der Einwilligung nicht um einen Vertrag, der Forscher und Proband zur gegenseitigen Erbringung von Leistungen verpflichtet. Eine Einwilligung kann dementsprechend ohne Angabe von Gründen jederzeit zurückgenommen werden. Das Recht auf Selbstbestimmung beinhaltet mithin auch das *Recht auf jederzeitige Rücknahme einer einmal erteilten Einwilligung*. Das Recht auf jederzeitige Rücknahme der Einwilligung muss dem Probanden im Zuge der Aufklärung natürlich erläutert werden: In diesem Zusammenhang muss wiederum klargestellt werden, dass ein vorzeitiges Ausscheiden keine negativen Konsequenzen nach sich zieht.

Ein Problem im Hinblick auf die informierte Einwilligung ergibt sich bei potentiellen Probanden, die nicht in der Lage sind, eine vollgültige informierte Einwilligung zur Teilnahme an einem Humanexperiment zu erteilen, wie etwa geistig Behinderte, Demenzpatienten oder auch Minderjährige. Während eine extreme Position davon ausgeht, dass aus diesem Grund (rein fremdnützige) Forschung mit Minderjährigen ethisch grundsätzlich nicht vertretbar ist, geht die überwiegende Mehrheit heute davon aus, dass es Möglichkeiten gibt, die fehlende Einwilligung zu kompensieren. Dies wird im nächsten Abschnitt eingehender diskutiert.

(2) Neben dem Prinzip der Selbstbestimmung ist oben das Nichtschadenprinzip als besonders wichtiges ethisches Prinzip benannt worden. Näher besehen stehen beide Prinzipien in einem Spannungsverhältnis zueinander, da das Recht auf Selbstbestimmung sich auch auf selbstschädigendes Handeln erstrecken kann. Und tatsächlich ist die Teilnahme an einem Humanexperiment, das mit Risiken für die Gesundheit der Probanden verbunden ist, eine Handlung, bei der der Handelnde zumindest eine mögliche Schädigung seiner psychophysischen Integrität selbstbestimmt in Kauf nimmt. Dennoch wäre es falsch, unter Verweis auf das Nichtschadenprinzip solche Handlungen grundsätzlich zu verbieten. Denn ein solches Vorgehen würde bedeuten, dass das Nichtschadenprinzip dem Selbstbestimmungsprinzip grundsätzlich übergeordnet und damit das genannte Spannungsverhältnis einseitig aufgelöst wird. Eine differenziertere Herangehensweise besteht darin, beide Prinzipien zugleich in ihrer Geltung anzuerkennen, was praktisch bedeutet, dass sich beide Prinzipien wechselseitig begrenzen. So sind Forschungsvorhaben mit menschlichen Probanden bei Vorliegen einer informierten Einwilligung der Probanden grundsätzlich ethisch nicht bedenklich, allerdings muss sichergestellt sein, dass der mögliche Schaden, der mit ihnen verbunden ist, „angemessen" ist. Was bedeutet aber nun „angemessen"? Zunächst wird man fordern, dass Experimente mit Beteiligung menschlicher Probanden mit Bezug auf die wissenschaftliche Fragestellung als Methode *alternativlos* sind, es also keine alternativen Forschungsmethoden gibt, die vergleichbare Ergebnisse produzieren können. Überdies muss das *wissenschaftliche Design* eines Versuchs, etwa die Wahl der statistischen Auswertungsmethoden und davon abhängig die festgelegte Anzahl von Probanden, einwandfrei sein. Ist dies nicht der Fall, dann ist der Erkenntnisgewinn, zu dessen Zweck ein Experiment durchgeführt wird, nicht gewährleistet. Folglich wird man selbst eine geringe Gefährdung der Probanden ablehnen müssen. Schließlich wird man verlangen, dass Experimente nicht mit großer Wahrscheinlichkeit zu *schweren oder dauerhaften Schäden* der Probanden oder sogar zu deren *Tod* führen werden. Bei allen

drei Bedingungen handelt es sich gewissermaßen um *absolute Grenzen*, die unabhängig von der Beschaffenheit eines konkreten Experiments gelten.

Vor dem Hintergrund des Nichtschadenprinzips gibt es zusätzlich noch eine *relative Grenze* zu beachten: Der erwartete Nutzen, der mit einem Experiment verbunden ist, muss in einem *ausgewogenen Verhältnis* zu möglichen Schädigungen der beteiligten Probanden stehen. Hierbei ist sowohl der allgemeine Erkenntnisgewinn als auch der direkte Nutzen für den Probanden zu beachten. Allerdings muss zwischen beiden klar unterschieden werden. Steht nämlich ein gewichtiger direkter medizinischer Nutzen für die Probanden in Aussicht – etwa weil für ihr Leiden keine Standardtherapien zur Verfügung steht –, dann wird man sicher ein höheres Gefährdungsrisiko für akzeptabel halten als bei gesunden Probanden, die etwa im Rahmen von Grundlagenforschung als Vergleichsgruppe herangezogen werden.

Nicht nur die Art des zu erwartenden Nutzens muss hier ins Kalkül gezogen werden, sondern auch der *Status der beteiligten Probanden*. Handelt es sich beispielsweise um Minderjährige oder Demenzpatienten, dann muss man deutlich engere Grenzen anlegen. Wo genau diese Grenzen verlaufen, lässt sich nur schwer festlegen. Hier ist das sorgfältige Urteil von Forschern und eventuell Ethik-Kommissionen gefragt, die im Einzelfall entscheiden müssen, ob die Risiken als ethisch zu rechtfertigen erscheinen.

Eine wichtige Unterscheidung ist bisher noch nicht zur Sprache gekommen, nämlich die zwischen *Schäden* und *Belastungen*. Während man unter den Begriff „Schäden" (eher „objektive") negative Auswirkungen auf die Gesundheit eines Probanden fasst, bezeichnet der Begriff „Belastungen" (eher „subjektive") Störungen des Gesamtbefindens. Diese müssen bei der Bewertung eines Humanexperiments unbedingt gesondert in Rechnung gestellt werden. Es ist nämlich möglich, dass mit einem Experiment kaum oder gar keine Gefahren verbunden sind, dass die Belastung für Versuchsteilnehmer aber durchaus erheblich ist. So können etwa langwierige Untersuchungen durchaus als höchst unangenehm empfunden werden. Dies gilt es natürlich zu berücksichtigen; eine Fokussierung auf mögliche „objektive" Schäden ist daher unzureichend.

(3) Das Gerechtigkeitsprinzip fordert, dass Nutzen und Lasten innerhalb eines Gemeinwesens „fair" verteilt werden müssen. Mit Bezug auf Humanexperimente heißt das zunächst einmal, dass auch hier Nutzen und Lasten nicht einseitig verteilt werden dürfen. Für eine weitere Spezifizierung dieser Forderung im Hinblick auf medizinische Humanexperimente ist es sinnvoll, zwei Ebenen zu unterscheiden: Auf einer „individuellen" Ebene fordert das Gerechtigkeitsprinzip, dass bei der Probandenauswahl nur sachliche Erwägungen (und nicht etwa Sympathieerwägungen des Forschers) zum Tragen kommen. Die Entscheidung darf

allein aufgrund von *Einschluss- und Ausschlusskriterien* gefällt werden, die vor Rekrutierungsbeginn im Studienprotokoll niedergelegt werden müssen. Auf einer „sozialen" Ebene gestaltet sich die Spezifizierung schwieriger: Fraglich ist, ob es bestimmte gesellschaftliche Gruppen gibt, die bevorzugt an Humanexperimenten beteiligt werden sollten oder die generell unberücksichtigt bleiben müssen?

Eine Antwort auf diese Frage kann anhand der folgenden Regel erfolgen: Probanden aus vulnerablen Gruppen sollen nur dann an Humanexperimenten beteiligt werden, wenn das experimentelle Design dies zwingend erforderlich macht. So sollte man beispielsweise Kinder nur zu Experimenten rekrutieren, die speziell Kinderkrankheiten oder Entwicklungsstörungen, die in der Kindheit auftreten, gewidmet sind und auch nur an dieser Gruppe erforscht werden können. Handelt es sich hingegen um einen Versuch, der ebenso gut mit einwilligungsfähigen Erwachsenen durchgeführt werden kann, dann ist deren Rekrutierung ethisch geboten. Man spricht in diesem Zusammenhang auch vom *Subsidiaritätsprinzip*.

Damit sind wichtige forschungsethische Prinzipien benannt und Spezifizierungen beschrieben worden. Sie bilden (in groben Konturen) das heute weitgehend akzeptierte Rahmenwerk zur ethischen Bewertung von Forschungsvorhaben mit Menschen, insbesondere im Bereich der biomedizinischen Forschung. Natürlich gibt es zahlreiche Konstellationen, für die weitere Spezifizierungen erforderlich sind. Darüber hinaus gibt es auch eine Reihe von Problemen, für die nach wie vor adäquate Lösungsansätze gesucht werden. Ein Bereich, der spezifische Anpassungen erforderlich macht, ist die Forschung mit Minderjährigen.

II. Forschung mit Minderjährigen

Im Zusammenhang mit der informierten Einwilligung ist bereits kurz angeklungen, dass die Einbeziehung von Minderjährigen in medizinische Forschung seit jeher als besonders problematisch gilt.[11] Es sind zwei Gründe, die eine Beteiligung von minderjährigen Probanden an Forschungsvorhaben ethisch besonders problematisch erscheinen lassen: Zum einen greift eines der zentralen forschungsethischen Prinzipien, nämlich das Prinzip der informierten Einwilligung, bei Minderjährigen nicht oder zumindest nicht in dem Maße wie bei (einwilligungsfähigen) Erwachsenen. Minderjährige verfügen oftmals (noch) nicht über die kognitiven, voluntativen und emotiven Fähigkeiten, um selbstständig eine vollgültige informierte Einwilligung zu erteilen. Ihre Beteiligung an Forschungs-

11 Vgl. zum Folgenden ausführlich Heinrichs, 2010b.

vorhaben droht daher immer mit einer Verletzung des Prinzips der Selbstbestimmung verbunden zu sein oder sogar eine vollständige Instrumentalisierung darzustellen. Zum anderen gelten Minderjährige gerade wegen ihrer noch nicht voll ausgereiften Fähigkeiten als besonders schutzbedürftig.

Es wird nach wie vor kontrovers diskutiert, ob bzw. unter welchen Bedingungen Forschung mit Minderjährigen ethisch vertretbar ist. Fraglich ist insbesondere, ob ein hinreichend großer Gesamtnutzen – insbesondere der Fortschritt im Bereich therapeutischer Verfahren – als Rechtfertigung für das Außerkraftsetzen individueller Abwehrrechte von kindlichen Probanden – insbesondere des Rechts auf Selbstbestimmung sowie das Recht auf körperliche Unversehrtheit – in Betracht kommt. Während einige Ansätze gerade darauf abzielen, Bedingungen zu formulieren, unter denen eine solche Abwägung legitim sein kann, heben andere darauf ab darzulegen, dass in bestimmten Fällen gar keine Rechtsverletzung auf der Seite der minderjährigen Probanden besteht. Wieder andere Ansätze gehen davon aus, dass ein noch so großer Gesamtnutzen unter keinen Umständen zur Rechtfertigung herangezogen werden kann.

Gelegentlich wird sogar davon ausgegangen, dass medizinische Forschung mit Minderjährigen ein genuines moralisches Dilemma darstellt: Sowohl die Durchführung von Forschung mit Minderjährigen als auch das Absehen von dieser wäre demnach gleichermaßen ethisch problematisch. Allerdings ist hier eine gewisse Vorsicht angezeigt: Für ein ethisches Dilemma im eigentlichen Sinne müssten zwei gleichrangige Verpflichtungen gegeneinanderstehen. Es ist indes fraglich, ob der medizinische Fortschritt und die Rechte von individuellen Probanden tatsächlich auf der gleichen geltungstheoretischen Ebene angesiedelt sind. Fraglich ist insbesondere, ob dem Abwehrrecht der Probanden ein Anspruchsrecht der Patienten auf Entwicklung neuer Therapien gegenübersteht. Dies deutet beispielsweise John Pearn an, wenn er von einer „duty to investigate possibilities of cure“ spricht.[12] Paul Ramsey hat diese Annahme als einseitige Übergewichtung des „research imperative“ kritisiert, der einen zunehmenden Druck erzeuge, Rechtfertigungsmöglichkeiten für Forschung mit Minderjährigen zu finden.[13] Dessen ungeachtet besteht wohl Einigkeit darüber, dass Forschung mit Minderjährigen ein überaus schwieriges ethisches Problem darstellt.

Ein von vielen akzeptierter Ansatz sieht vor, dass die fehlende persönliche Einwilligung durch andere Schutzvorschriften kompensiert wird. Zunächst gelten Experimente mit Minderjährigen überhaupt nur dann als vertretbar, wenn sie nicht genauso gut mit einwilligungsfähigen Erwachsenen durchgeführt werden könnten. Des Weiteren beschränkt man Forschung mit Minderjährigen in der

---

12 Pearn, 1987, p. 26.
13 Ramsey, 1976, p. 28.

Regel auf solche Experimente, die mit nur *minimalen Risiken* und *minimalen Belastungen* verbunden sind. Zudem fordert man die *stellvertretende Einwilligung* der Eltern bzw. der Erziehungsberechtigen (*proxy consent*). Schließlich wird verlangt, dass die Minderjährigen selbst, abhängig von ihren individuellen Fähigkeiten, an der Entscheidung beteiligt werden. Im Unterschied zur Einwilligung, fordert man ihre „Zustimmung" (*assent*). Ein ähnlicher Ansatz liegt der deutschen Gesetzgebung im Bereich der Arzneimittelforschung zugrunde (Arzneimittelgesetz, AMG).

III. Besonderheiten der Forschung in den Gesundheitsfachberufen

Die Geltung vieler Elemente der Ethik Forschung am Menschen, die im Vorangegangenen skizziert worden sind, ist nicht auf den Bereich der biomedizinischen Forschung beschränkt. Nimmt man den systematischen Ausgang beim Gedanken der Würde des Menschen, dann können die drei bzw. vier ethischen Prinzipien ganz allgemein als wichtige Elemente jeder ethischen Theorie gelten. Geht man darüber hinaus von dem strukturellen Moment der Verdinglichung aus, dass zwangsläufig mit der experimentellen Methode verbunden ist, dann können die ersten Spezifizierungen als grundlegende Elemente einer allgemeinen Forschungsethik – unabhängig von der jeweiligen Disziplin – gelten. Damit verbunden ist allerdings die Annahme, dass bereichsabhängige Spezifizierungen notwendig sind oder sein können. Die entscheidende Frage lautet daher nun, ob die biomedizinische Forschung und die Forschung in den Gesundheitsfachberufen ethisch relevante Unterschiede aufweisen, sodass für letzteren Bereich eigene Spezifizierungen oder zumindest Ausgestaltungen erforderlich sind oder ob womöglich die Ethik biomedizinischer Humanexperimente im Wesentlichen übernommen werden kann.

Es spricht vieles dafür, dass die Medizin und die Gesundheitsfachberufe ihrem wissenschaftlichen Zuschnitt nach durchaus viele Gemeinsamkeiten aufweisen – womöglich mehr als die Medizin und die empirische Psychologie sowie die empirischen Sozialwissenschaften, wo Humanexperimente ebenfalls eine wichtige Rolle spielen, die aber im Vergleich zur Medizin bisweilen ein ganz anderes Gepräge annehmen, was erhebliche Modifikationen auf der Seite der Forschungsethik erforderlich macht.[14] Grundsätzliche Unterschiede im Bereich der jeweiligen

14 Zu denken ist hier etwa an Experimente, bei denen der Proband über die wahre Natur der Forschung im Unwissen bleiben muss, damit das experimentelle Design funktioniert, was erkenn-

Forschungsethik sind daher kaum erforderlich. Dennoch lassen sich Eigenheiten im Bereich der Gesundheitsfachberufe identifizieren, die spezifische Akzentsetzungen bei der Anwendung der ethischen Prinzipien nahelegen. Für alle drei Regeln (informierte Einwilligung, Risiko-Schaden-Analyse, gerechte Probandenauswahl) soll im Folgenden auf solche Eigenheiten und die damit verbundenen Akzentsetzungen hingewiesen werden.

Verwobenheit von Praxis und Forschung

In den Gesundheitsfachberufen kommen Methoden zur wissenschaftlichen Überprüfung von therapeutischen Ansätzen zum Einsatz, die sich von denen der Medizin teilweise unterscheiden. Randomisierte Doppelblind-Studien mit großen Probandenzahlen werden selten oder vielleicht nie die probate Forschungsmethodik in diesem Bereich darstellen. Dies bedeutet aber nicht, dass das Konzept der „Evidenz" in den Gesundheitsfachberufen keine Anwendung finden könnte. Unter dem Stichwort „Evidenz-basierte Praxis" wird seit langem eine Übertragung der in der Medizin etablierten Methodik auf die Gesundheitsfachberufe diskutiert.[15] Der Begriff verdeutlicht, dass eine engere Verwobenheit von Forschung und Praxis angelegt ist, als es in der Medizin (zumeist) der Fall ist. Dessen ungeachtet gilt, dass die Forschung in beiden Bereichen ein grundlegendes Merkmal verbindet: Als Forschung ist sie auf Erkenntnisgewinn ausgerichtet und nicht, oder zumindest nicht primär, auf das Wohl des individuellen Patienten.[16] In der Forschung gilt die *Logik der Forschung*, in der Praxis die *Logik des Heilens*. Therapie ist (primär) am Wohl des individuellen Patienten ausgerichtet, Forschung zielt (primär) auf einen Erkenntnisgewinn ab. Beide Logiken müssen sich nicht widersprechen, sie können es aber. Den Fall, dass Therapie und Forschung eng ineinander verwoben sind, gibt es auch in der Medizin. Die speziellen Herausforderungen, die damit für den Informations- und Einwilligungsprozess verbunden sind, dürften für die Forschung in den Gesundheitsfachberufen aber vermutlich den Regelfall markieren. Das Konzept der *Evidenzbasierten Praxis* legt dies nahe. Hier kann man eine Eigenheit dieser Bereiche erblicken, auf die durch ethische Akzentuierungen reagiert werden muss.

Entscheidend für die ethische Vertretbarkeit jeder Art von Forschung ist, dass den Beteiligten klar ist, dass sie an einem Forschungsprojekt teilnehmen, d.h.

---

bar beträchtliche Auswirkungen auf das Konzept der informierten Einwilligung und seine Anwendbarkeit hat.

15 Vgl. dazu Beushausen, 2005.

16 Vgl. dazu ausführlich Heinrichs, 2006, Kap. III.

dass sie Probanden und nicht, oder zumindest nicht in erster Linie, Patienten sind. Sie müssen sich bewusst und zwanglos zu einer solchen Teilnahme bereit erklären. Das bedeutet, dass bei jeder Form von Forschung der informierten Einwilligung eine grundlegende Bedeutung zukommt. Dieser Umstand könnte im Bereich der Gesundheitsfachberufe womöglich leicht dadurch verdeckt werden, dass hier nicht-invasive Verfahren zum Einsatz kommen, deren objektives Gefährdungspotential für die Probanden in der Regel als gering einzuschätzen ist. Die informierte Einwilligung hat indes nicht primär das Ziel, eine Risikominimierung durch die betroffene Person zu ermöglichen. Zwar werden Menschen Risiken, die sie selbst betreffen, sorgfältig abwägen, und insofern kann die informierte Einwilligung tatsächlich auch den Effekt haben, dass übergroße Risiken dadurch ausgeschlossen werden, dass Menschen sich schlicht weigern, sie auf sich zu nehmen. Dieser Effekt ist aber ethisch gesehen nur sekundär (und darüber hinaus auch keineswegs sicher). Bei der informierten Einwilligung geht es vielmehr um den Schutz des Selbstbestimmungsrechts. Menschen haben das Recht selbst zu entscheiden, ob sie als Probanden an einem Forschungsprojekt teilnehmen möchten oder nicht – ganz unabhängig von objektiven Risiken. Es kann viele Gründe geben, die Menschen veranlassen, sich gegen eine solche Teilnahme zu entscheiden und eine solche Entscheidung kann sogar grundlos sein. All dies ist zu respektieren. Es geht schlicht darum, dass Menschen ein Recht darauf haben, die Art von Leben zu führen, die sie für sich als richtig ansehen. Ob die Teilnahme an einem Forschungsprojekt zu dieser Vorstellung von einem guten Leben gehört oder nicht, kann nur die betreffende Person selbst entscheiden. Dies ist der Grund dafür, dass der informierten Einwilligung eine zentrale Rolle bei jeder Art von Forschung mit menschlichen Probanden zukommt. Gerade bei Forschungsprojekten, die mit keinen oder nur geringen objektiven Risiken verbunden sind, kann dies aber aus dem Blick geraten, da in solchen Fällen (vermeintlich) keine guten Gründe gegen eine Teilnahme sprechen. Dies hieße aber eine sachlich unzulässige Verbindung zwischen Selbstbestimmungsrecht und Gefährdung herzustellen. Paul Ramsey hat dies auf den Punkt gebracht, wenn er bemerkt „This surely is the morality of the matter: a subject can be wronged without being harmed."[17] Die Gefahr eines moralischen Unrechts steigt, wenn, wie in den Gesundheitsberufen häufig der Fall, Forschung eng in die Praxis verwoben ist. Folgt man diesen Überlegungen, dann ergibt sich die Forderung, dass der Informations- und Einwilligungsprozess in diesem Bereich besondere Anforderungen erfüllen muss: Vor allem muss den Probanden und, wenn es sich, wie wohl häufig, um Minderjährige handelt, den gesetzlichen Vertretern klar sein, dass es sich um Forschung handelt, an der sie bzw. die Minder-

17 Ramsey, 2002, p. 39.

jährigen teilnehmen. Es bedeutet auch, dass sie über mögliche alternative Therapieangebote außerhalb von Forschungsprotokollen informiert werden müssen. Es bedeutet darüber hinaus, dass ihnen klar vermittelt werden muss, dass eine Ablehnung der Teilnahme, keine negativen Konsequenzen für sie hat.

Gefährdungen durch Verzögerungen bei der Therapie

Während in der medizinischen Forschung gelegentlich das Risikoprofil von Forschungsprojekten sehr hoch ist, dürfte dies bei der Forschung in den Gesundheitsfachberufen in der Regel nicht der Fall sein. Dies gilt allerdings nur, wenn man die von einer experimentellen Intervention selbst und unmittelbar ausgehenden Gefahren in Betracht zieht. Zumeist sind es diese Gefahren, die bei der Risiko-Nutzen-Analyse bewertet werden und insofern ist dieses zentrale Prinzip der medizinischen Forschungsethik kaum auf die Forschung in den Gesundheitsfachberufen übertragbar. Dennoch kommt auch diesem Prinzip bei der Forschung in den Gesundheitsfachberufen eine wichtige Bedeutung zu. Hier gilt es allerdings zum einen eher langfristige nachteilige Konsequenzen für die Probanden in Rechnung zu stellen – vor allem mit Blick auf mögliche Entwicklungsstörungen –, was die Bewertung des Risikoprofils vermutlich überaus schwierig gestaltet. Es bedeutet aber auch, die Risiken, die sich durch einen verzögerten Therapiebeginn ergeben, miteinzukalkulieren. Gerade hier dürfte ein spezifisches Gefährdungspotential im Bereich der Gesundheitsfachberufe liegen.

Aber auch Gefährdungen anderer Art gilt es zu berücksichtigen. Der Befund einer Entwicklungsstörung bei Minderjährigen kann nicht nur zu erheblicher Verunsicherung bei den Eltern und eventuell auch den Minderjährigen selbst führen, sondern auch zu Diskriminierungen durch Dritte. Auch diese assoziierte Form der Gefährdung ist im Rahmen einer Risiko-Nutzen-Bewertung mit einzubeziehen. Keinesfalls sollte eine voreilige Unbedenklichkeitsannahme dazu führen, dass die Beteiligung an Forschungsprojekten als grundsätzlich unproblematisch angesehen wird. Andererseits sollten Risiken und Belastungen, die mit Forschungsvorhaben verbunden sind, auch nicht dramatisiert werden. Eine nüchterne und umfassende Erwägung ist erforderlich, aus der sich klar abzeichnet, was auf die Probanden zukommt und welche Überlegungen sie bei ihrer Entscheidung für oder wider eine Teilnahme berücksichtigen sollten.

Wie in der medizinischen Forschung, so stellt auch in der Forschung in den Gesundheitsfachberufen das Thema Placebo-Forschung eine besondere ethische Herausforderung dar. Wissenschaftstheoretisch können Experimente mit einem Placeboarm durchaus sinnvoll sein. Ob sie ethisch akzeptabel sind, hängt vor allem von den verfügbaren Alternativen und deren erwiesener Wirksamkeit ab.

Das Auflegen einer Placebostudie erfordert jedenfalls eine besondere ethische Rechtfertigung, die insbesondere die Gefährdung, die mit einer Nicht-Behandlung bzw. Behandlung mit einem Placebo-Verfahren verbunden ist, sorgfältig erwägt. Das spezielle Design einer Placebostudie muss den Probanden bzw. ihren gesetzlichen Vertretern im Rahmen des Aufklärungsprozesses erläutert werden, auch wenn die Erfahrung zeigt, dass das Verständnis für wissenschaftliches Studiendesign bisweilen nicht sehr ausgeprägt ist und die Aufklärung hier an Grenzen stößt. Dies kann unter Umständen dazu führen, dass ein potentieller Proband nicht aufgenommen werden sollte.

Die Stellung des Therapeuten

Wie oben dargelegt, kommen Gerechtigkeitsfragen bei Forschungsvorhaben auf unterschiedlichen Ebenen zum Tragen. Zum einen stellt sich auf individueller Ebene das Problem einer fairen Probandenauswahl. Dies kann in der Regel durch vor Studienbeginn fixierte Ein- und Ausschlusskriterien gelöst werden. So wird verhindert, dass die Auswahl der Probanden den subjektiven Präferenzen des Forschers (z.B. Geschlecht, Ethnie) folgt. Gerade bei Therapien, die ein besonders vertrauensvolles Verhältnis zwischen Therapeut, Proband und eventuell des gesetzlichen Vertretern voraussetzt, kann es indes sein, dass die Berücksichtigung von Präferenzen des Therapeuten nicht illegitim sind. Gleichwohl wird auch dann die grundsätzliche Bedeutung des Gerechtigkeitsprinzips nicht außer Kraft gesetzt. Eine gewissenhafte Überprüfung der Probandenauswahl an diesem Prinzip und eine Offenlegung der Entscheidungen bei der Aufnahme oder Ablehnung von Probanden bleiben ethisch geboten. Auf einer allgemeineren Ebene stellen sich Fragen der Diskriminierung gesellschaftlicher Gruppen. Hier gilt es, die Rekrutierungsstrategien bei Forschungsprojekten daraufhin zu prüfen, ob sie unbegründeten, etwa sozial motivierten Einseitigkeiten Vorschub leisten.[18]

IV. Ausblick

Die im Vorangegangenen skizzierten allgemeinen forschungsethischen Prinzipien sind im Bereich der medizinischen Forschung seit vielen Jahren etabliert und haben in der Praxis ihre Wirksamkeit bewiesen. Zwar gibt es Bereiche, in denen nach wie vor darüber gestritten wird, welche spezifischen Regeln und

---

18 Zu bedenken ist zudem, dass eine einseitige Probandenauswahl auch aus wissenschaftlichen Gründen problematisch sein kann, da sie zu nicht-repräsentativen Ergebnissen führen kann.

Normen für eine ethisch vertretbare Forschung erforderlich sind. Dessen ungeachtet bietet die Forschungsethik insgesamt mittlerweile ein robustes Rahmenwerk für die ethische Evaluation von Forschungsprojekten an. Innerhalb dieses Rahmenwerks kann auch die Forschung in den Gesundheitsfachberufen, und speziell auch die Forschung mit Minderjährigen in diesem Bereich, ethisch evaluiert werden. Auf Besonderheiten der Forschungsstrategien in diesem Bereich kann durch gezielte Schwerpunktsetzungen bei der Anwendung dieser Prinzipien reagiert werden. Erste Hinweise, wie solche Schwerpunktsetzungen aussehen können, sind in diesem Beitrag angedeutet worden. Eine ausformulierte Forschungsethik für die Gesundheitsfachberufe müsste diesen Ansatz systematisch anlegen und ausformulieren. Das zentrale Desiderat besteht darin, dies aus einem interdisziplinären Ansatz heraus durchzuführen und eventuell in Form eines forschungsethischen Kodex festzuschreiben. Ein solcher Kodex muss, und dies stellt ein weiteres Desiderat dar, in der praktischen Anwendung überprüft und kontinuierlich fortgeschrieben werden, so wie es im Bereich der Medizin seit Jahren der Fall ist.

Literatur

Beauchamp, T. L., Childress, J. F. (2009). *Principles of Biomedical Ethics.* 6. ed. Oxford: Oxford University Press.

Beushausen, U. (2005). Evidenz-basierte Praxis in der Logopädie – Mythos und Realität. *Forum Logopädie*, 19(2), 6–11.

Council of Occupational Therapists for the European Contries (COTEC) (2009). Code of Ethics.

Deutscher Bundestag (2009). *Beschlussempfehlung und Bericht des Ausschusses für Gesundheit (14. Ausschuss) zu dem Gesetzentwurf des Bundesrates – Drucksache 16/9898 – Entwurf eines Gesetzes zur Einführung einer Modellklausel in die Berufsgesetze der Hebammen, Logopäden, Physiotherapeuten und Ergotherapeuten.* Drucksache 16/13652.

Hack, B. M. (2004). Annäherung an das Verhältnis von Ergotherapie und Ethik. In: B. M. Hack (Hrsg.). *Ethik in der Ergotherapie* (pp. 1-15) Berlin: Springer.

Heinrichs, B. (2006). *Forschung am Menschen. Elemente einer ethischen Theorie biomedizinischer Humanexperimente.* Berlin: De Gruyter.

Heinrichs, B. (2010a). Medizinische Forschung am Menschen. In M. Fuchs et al. (Hrsg.): *Forschungsethik. Eine Einführung* (pp. 56–81). Stuttgart: Metzler.

Heinrichs, B. (2010b): Ethische Aspekte der Forschung mit Minderjährigen. In: D. Sturma, D. Lanzerath & B. Heinrichs (Hrsg.), *Forschung mit Minderjähri-*

gen. Medizinische, rechtliche und ethische Aspekte (pp. 97-164). Freiburg/Br.: Alber.

Kant, I. (1785). *Grundlegung zur Metaphysik der Sitten.* Hamburg: Meiner, 1999.

National Commission for the Protection of Human Subjects of Biomedical and Behavioral Research (1978). *The Belmont Report. Ethical Principles and Guidelines for the Protection of Human Subjects of Research.* Washington/ D.C.: Government Printing Office (DHEW Publication Nr. (OS) 78-0012).

Pearn, J. (1987). A classification of clinical paediatric research with analysis of related ethical themes. *Journal of Medical Ethics,* 13, 26–30.

Ramsey, P. (1976). The enforcement of morals: nontherapeutic research on children. *Hastings Center Report,* 6(4), 21–30.

Ramsey, P. (2002). *The Patient as Person. Exploration in Medical Ethics.* 2. ed. New Haven: Yale University Press.

Siegmüller, J. & Pahn, C. (2009). Akademisierung ist mehr als Lehre. Zur Entwicklung einer eigenen Wissenschaftstheorie und Forschungsidentität in der Logopädie. *Forum Logopädie*, 23, 34-41.

Ethische Überlegungen zu Forschung an Kindern in den Heilberufen. Placebogruppen und eine Alternative

Christoph Schickhardt

Abstract

Die Heilberufe werden sehr wahrscheinlich ihre Forschungsanstrengungen intensivieren, da sie sich auf dem Weg der Akademisierung und unter einem gewissen Rechtfertigungsdruck befinden. Forschung an Kindern unter Rückgriff auf Placebogruppen ist für die Heilberufe wissenschaftlich und methodologisch sehr attraktiv, ethisch aber höchst problematisch, da sie das Recht eines jeden Kindes auf schnellstmögliche Therapie verletzt. Um eine differenzierte ethische Bewertung von Placeboforschung zu ermöglichen, werden Tendenzregeln vorgeschlagen, die sich auf Einzelfälle anwenden lassen. Außerdem werden drei mögliche Ansätze für die Rechtfertigung von Placeboforschung diskutiert. Schließlich wird ein Weg vorgeschlagen, auf dem sich eventuell zumindest teilweise Placeboforschung an Kindern umgehen lässt.

Akademisierung: Wissen und Ethik

Die Heilberufe Logopädie, Ergotherapie und Physiotherapie – im weiteren Verlauf des Aufsatzes als „die Heilberufe" bezeichnet – sind, so die allgemeine Sprachregelung, auf dem Weg der Akademisierung. Was dieser Prozess im Einzelnen beinhaltet und beinhalten sollte, ist nicht völlig offenkundig. Neben dem Aspekt, dass die Heilberufe in bestimmten Institutionen verankert werden, in denen sie gelehrt und erlernt werden, scheint mit der Rede von der Akademisierung auch eine Verwissenschaftlichung der Heilberufe gemeint zu sein. Worin kann diese Verwissenschaftlichung konkret bestehen und was bedeutet sie?

Sowohl mit Blick auf die Heilberufe als Bestände von Kenntnissen und Techniken als auch mit Blick auf ethische Fragestellungen erscheint Folgendes als ratsam: Worin auch immer die Akademisierung und Verwissenschaftlichung der Heilberufe genau bestehen wird, sollten dabei in keinem Fall ihre bisherige Geschichte und ihr Fundus an Kenntnissen, Einsichten und Erfahrungen außer Acht gelassen werden. Die verschiedenen Kenntnisarten, die die bisherige Praxis der Heilberufe implizit oder explizit stützten, z.B. über Jahre gesammelte Erfahrungen aus vielen sich in Teilaspekten ähnelnden Einzelfällen, sollten bewahrt und fruchtbar gemacht werden. Ein Blick auf die aktuelle Praxis im deutschen Gesundheitssystem, in dem Therapien seitens der Heilberufe in der Regel von Ärzten bestimmt und verschrieben werden, wirft die brisante Frage auf, welche Art von Verhältnis zur Medizin von den Heilberufen in Zukunft angestrebt wird bzw. angestrebt werden sollte. Aufgrund der fachlichen Nähe der Heilberufe zur Medizin sowie aufgrund des bereits bestehenden hohen Grades an Akademisierung und Wissenschaftlichkeit der Medizin lässt sich provokativ fragen, ob einzelne Heilberufe nicht zu Fachbereichen der Medizin werden sollten oder ob z.B. Forscher und Lehrer dieser Heilberufe nicht als Grundlage eine medizinische (und kinderspezifisch eine medizinisch-pädiatrische) Ausbildung haben und den Heilberuf als fachmedizinische Spezialisierung ausüben sollten. Wo die Nähe von Heilberufen und ihrer Teilgebiete zur Medizin weniger stark ist als ihre Nähe zur Psychologie, z.B. eventuell in Teilen der Logopädie, lässt sich Ähnliches für das Verhältnis zur Psychologie fragen: sollten sich (Teilgebiete einzelner) Heilberufe eventuell stärker als bisher der Psychologie annähern? Für diejenigen Forschungs- und Betätigungsdimensionen der Heilberufe, in denen Entwicklungsstörungen von Kindern im Zentrum der Aufmerksamkeit stehen, bietet sich eine enge Anknüpfung an die medizinische Sozialpädiatrie oder die Entwicklungspsychologie besonders an. Analog zum wissenschaftlichen Aspekt des Verhältnisses zu Medizin und Psychologie ergibt sich langfristig die Aufgabe, auch in Hinsicht auf ethische Fragestellungen bezüglich Forschung an Kindern und weitere ethische Fragestellungen in den Heilberufen systematisch zu sondieren, ob und wie eine Anknüpfung an die Ethik der Medizin und Psychologie gewinnbringend sein könnte.

Unter Druck: Forschungsbedarf und Kindesschutz

Der Anspruch einer Verwissenschaftlichung der Heilberufe beinhaltet die Forderung nach einer Steigerung der epistemischen Gewissheit im Allgemeinen und insbesondere dafür, dass die in den Heilberufen getätigten Aussagen und Vorhersagen wahr oder mit einem hohen Grad an Wahrscheinlichkeit wahr und die angewandten Techniken effektiv sind. Die Heilberufe stehen im Gesundheitssystem unter beachtlichem Druck, die für sie anfallenden Kosten zu rechtfertigen. Dies gilt auch für ihre jeweiligen kinderspezifischen bzw. pädiatrischen Betätigungsfelder, um die es im Folgenden hauptsächlich gehen soll.[1] Der Anspruch der Heilberufe, Krankheiten und Entwicklungsstörungen zuverlässig zu

1 Der Begriff „pädiatrisch" wird im Folgenden generell für alles gebraucht, was sich – unter anderem auch in den Heilberufen – auf Kinder bezieht, und *nicht* im engen Sinne von „kinderärztlich" bzw. von Pädiatrie als bereits existierendem Fachgebiet der Medizin.

diagnostizieren und zu prognostizieren sowie effektiv zu therapieren bzw. präventiv zu behandeln, wird von Skeptikern und außenstehenden Prüfern als in Teilen unzureichend belegt und nur eingeschränkt glaubwürdig betrachtet (Institut für Qualität und Wirtschaftlichkeit im Gesundheitswesen, 2009).

Mit den Zweifeln an der Zuverlässigkeit und Leistungsfähigkeit der Heilberufe stellen sich auch ethische Fragen: Welche Versprechen oder Hoffnungen dürfen die Heilberufler Kindern und Eltern machen, wenn die Zuverlässigkeit ihrer Methoden und Techniken nur unbefriedigend belegt ist? Was dürfen sie den Kindern (und Eltern) an Belastungen und Anstrengungen zumuten, wenn und sofern Effektivität und Nutzen von Behandlungen mangelhaft erforscht und somit ungewiss sind? Mit Bezug auf die Allokationsgerechtigkeit im Gesundheitssystem mit seinen vielfach begrenzten Ressourcen ist zu fragen, ob die verwendeten Ressourcen nicht anderweitig eingesetzt werden sollten, wo der erhoffte Nutzen gewisser bzw. wahrscheinlicher ist.

Vor dem Hintergrund des Rechtfertigungsdrucks, dem die Heilberufe sich ausgesetzt sehen, ist von einer ethischen Perspektive aus auch auf die Motivlage der praktizierenden, forschenden und lehrenden Heilberufler einzugehen. Sie dürften zumindest grundsätzlich von der Leistungsfähigkeit und dem Potenzial ihres jeweiligen Fachs überzeugt sein. Ihnen muss zunächst einmal die hehre Absicht unterstellt werden, aus purem Kenntnisinteresse zur Erforschung der Methoden und Techniken ihrer Disziplin beitragen zu wollen und gegebenenfalls das Gerüst ihrer beruflichen Überzeugungen auch für Außenstehende plausibel darzustellen und zu belegen. Die härtest mögliche wissenschaftliche Überprüfung langjähriger, für richtig gehaltener Überzeugungen und Praktiken kann jedoch eventuell auch schmerzhaft sein und zu persönlichen Enttäuschungen führen. Diese Gefahr droht umso mehr, je weniger solide die wissenschaftliche Absicherung der bisherigen Überzeugungen und Praktiken bzw. die Absicherung des Glaubens an deren Zuverlässigkeit und Effektivität war bzw. ist. Den Heilberuflern muss jedoch nicht nur abverlangt, sondern auch zugetraut werden, dass sie sich ergebnisoffen mit Teilen ihres Fachs auseinandersetzen und sich dabei auch gegenüber möglicherweise persönlich enttäuschenden und Eigeninteressen abträglichen „negativen" Forschungsergebnissen nicht verschließen.

Von der kinderethischen Perspektive aus ist dennoch auf einen potenziellen Interessenkonflikt aufmerksam zu machen. Die Heilberufe bzw. ihre pädiatrischen Teilbereiche stehen möglicherweise unter einem fast existenziell anmutendem Druck, was ihre Stellung und Finanzierung im deutschen Gesundheits- und Bildungswesen betrifft. Mit Zweifeln an der Leistungsfähigkeit ihres jeweiligen Fachs sind auch die einzelnen Menschen, die in diesem Fach tätig sind, in ihrer beruflichen Existenz, ihrem Prestige und ihren Karrierechancen betroffen. Dass es die Heilberufe aus eigener Initiative heraus in Angriff genommen haben, sich eine pädiatrische Forschungsethik zu geben, muss ihnen hoch angerechnet werden. Nichtsdestotrotz ist unter dem ethischen Postulat des Schutzes eines jeden einzelnen Kindes warnend auf die nicht auszuschließende Gefahr hinzuweisen, dass die Heilberufe sich in ihrer aktuellen Lage und unter dem Druck, sich wissenschaftlich so glaubwürdig und „hart“ wie möglich zu beweisen und gegen Zweifel skeptischer Qualitäts- und Kostenprüfer in Stellung zu bringen, eine tendenziell forschungsfreundliche Ethik geben, die dem Schutz und den Rechten eines jeden einzelnen Kindes eventuell nicht das gebührende Gewicht einräumt.

Goldstandard und Placebogruppen

Das Ideal der Evidenz-basierten-Medizin (EBM) wird an die Heilberufe herangetragen (Ritchie & Vitali, 2009) und von diesen selbst verfolgt. Der Goldstandard der medizinischen Forschung besteht in doppeltverblindeten, randomisierten und kontrollierten Studien – sogenannten „randomized controlled trials“, kurz „RCT“ (Smith & Ryan, 2009; Bowling 1997). Die Forschungsdesigns dieser Studien sehen neben der Interventionsgruppe eine Kontrollgruppe vor, die (sofern die Probanden der Kontrollgruppe nicht eine bereits bestehende und erforschte Standardtherapie erhalten) in einer Placebogruppe besteht (Smith & Ryan, 2009). Die Interventionsgruppe, in der die Probanden die wahrhaftig zu erforschende Intervention erhalten, auch Verumgruppe genannt, wird also durch eine Kontrollgruppe ergänzt. In der heilberuflichen Forschung dürfte die Verblindung einer Studie, was die Seite der Forscher bzw. Therapeuten angeht, weit weniger einfach sein als sie es zumeist in der Medizin ist.[2] In der Medizin ist es häufig unkompliziert, ein dem zu erforschenden Mittel verwechselnd ähnliches Placebo zu kreieren, z.B. wenn es sich bei dem zu erforschenden Medikament um eine Tablette handelt. Bei den in den Heilberufen zu erforschenden Interventionen wird es sich den Forschern bzw. Therapeuten, die eine Placebointervention durchführen sollen, hingegen meist von allein erschließen, dass es sich bei dem von ihnen auszuführenden Interventionstyp nicht um eine ernst gemeinte und plausiblerweise wirksame Intervention handelt, sondern eben um eine Placebointervention. Als Goldstandard für die Heilberufe kommt also häufig nur eine Studie mit einfacher Verblindung in Betracht.

Auch unter der Bedingung einer nur einseitigen Verblindung ist es für den pädiatrischen Bereich der Heilberufe von besonders großer Bedeutung, dass ihre

---

2 Diesen Hinweis entnehme ich der Projektskizze von Frau Prof. Dr. Julia Siegmüller und Svenja Ringmann zur Klausurwoche „Ethik in der interdisziplinären Therapieforschung bei Kindern mit Entwicklungsstörungen“ in Rostock vom 5.-9. März 2012.

Forschung auch Placebogruppen umfasst; nicht nur, um den Placeboeffekt bei der Evaluierung der Wirksamkeit einer zu erforschenden Intervention herauszufiltern und Verzerrungen vorzubeugen, sondern auch weil sich die therapeutische Intervention mit dem „natürlichen", von der Entwicklungsdynamik hervorgebrachten Fortschritt, der sich bei Kindern ohne therapeutische Intervention einstellt, messen und vergleichen lassen muss. Um als wirksam zu gelten, muss der Fortschritt einer therapeutischen Maßnahme bei Entwicklungsstörungen denjenigen Fortschritt, den ein Kind allein kraft seiner eigendynamischen kindlichen Entwicklung macht, klar übertreffen.

Grundlegende kinderethische Hindernisse für die Placeboforschung

Die Unterbringung eines Kindes mit einer Entwicklungsstörung in einer Placebogruppe kann jedoch aus ethischer Sicht kaum gerechtfertigt werden. In Deutschland wird grundsätzlich jedem Menschen das Recht auf eine medizinische Behandlung im Krankheitsfall eingeräumt. Das Recht auf eine angemessene Therapie schließt ein, dass eine Therapie grundsätzlich so effektiv wie möglich und so schnell wie möglich nach Bekanntwerden einer Krankheit bzw. eines Therapiebedarfs eingeleitet wird. Das Recht eines Menschen auf Gesundheitsleistungen ist ethisch keine Selbstverständlichkeit und kann durchaus in Frage gestellt werden. In den USA genießt dieses Sozialrecht z.B. weit weniger Anerkennung als in Deutschland. Aber auch bei Ausklammerung der Frage, ob es ein generelles Grundrecht auf Gesundheitsfürsorge geben sollte, ist es doch mit Blick auf unmündige Kinder naheliegend, diesen ein solches Recht einzuräumen.[3] Wenn man nun von einem ethischen Gesichtspunkt aus das Recht der Kinder auf Gesundheitsfürsorge anerkennt, dann ergibt sich als Ausgangspunkt für die folgenden Überlegungen die ethische Prämisse, dass Kinder ein Recht auf eine angemessene Therapie im Krankheitsfall haben. Dem entspricht die Pflicht der behandelnden Therapeuten gegenüber einem kranken Kind, das Kind angemessen und möglichst effektiv zu therapieren und sein gesundheitliches Wohlergehen verantwortlich zu fördern und sicherzustellen.

Als ethisches Grundproblem für die Einreihung von Kindern in Placebogruppen zeichnet sich somit ab, dass Kinder ein Recht auf Therapie haben, dass die

3 Art. 24 des UN-Übereinkommens über die Rechte des Kindes enthält ein Recht auf Gesundheit: „Die Vertragspartner erkennen das Recht des Kindes auf das erreichbare Höchstmaß an Gesundheit an sowie auf Inanspruchnahme von Einrichtungen zur Behandlung von Krankheiten und zur Wiederherstellung der Gesundheit."

Eingliederung eines kranken Kindes bzw. eines Kindes mit Entwicklungsstörungen in eine Placebogruppe *keine* Therapie darstellt *und* dass (junge) Kinder aufgrund ihrer Unmündigkeit ihr Recht auf eine angemessene Therapie nicht durch eine kompetente und anzuerkennende Willenserklärung aufgeben oder aufschieben können. Die Äußerung eines unmündigen Kindes, dass es eine bestimmte Therapie nicht wolle, verpflichtet nicht dazu, das Kind nicht zu behandeln – eine derartige verpflichtende Wirkung hat im Rahmen des Selbstbestimmungsrechts eine Willensäußerung, wenn sie von einem mündigen Patienten vorgebracht wird. Die Ablehnung einer Therapie durch ein unmündiges Kind oder seine Zustimmung dazu, eine Therapie zu verschieben, erlaubt und rechtfertigt es nicht, dem Kindeswillen nachzukommen.[4] Die Heilberufler haben – gleich wie Ärzte gegenüber ihren Patienten – jedem Kind gegenüber die Pflicht, diesem die den Umständen entsprechende bestmögliche Therapie zukommen zu lassen. Von dieser Pflicht kann sie ein unmündiges Kind mit keiner wie auch immer gearteten Willensäußerung entbinden. Die ethische Grundproblematik der Placeboforschung an Kindern zeigt sich also in der Form, dass das Recht des Kindes auf Therapie missachtet wird.

Für eine differenzierte Betrachtung: Tendenzregeln

Auch wenn sich theoretisch eine ethische Grundproblematik ausmachen lässt, so nimmt sich doch die konkrete Placeboforschung an Kindern je nach Fall und Umständen unterschiedlich aus und ist daher auch ethisch differenziert zu betrachten. Unter den Umständen und Faktoren, aufgrund derer sich konkrete Placeboforschung an Kindern je nach Fall unterscheidet, sind auch solche, die man mit Blick auf die ethische Rechtfertigungslast konkreter Placeboforschung als Variablen bezeichnen kann. Diese Umstände bzw. Variablen erhöhen oder senken die Rechtfertigungslast der Forschungsmaßnahme, ein Kind in einer Placebogruppe zu platzieren. Unter Beachtung dieser Variablen lassen sich einige normative Tendenzregeln bezüglich der Rechtfertigungslast formulieren:

1) Je größer das subjektive, vom Kind selbst empfundene Leiden ist, umso größer ist die Rechtfertigungslast.

---

4 Zur Vereinfachung und Darstellung der ethischen Problematik wird hier und im Folgenden die völlige Unmündigkeit und Inkompetenz des betroffenen Kindes vorausgesetzt, wie sie bei jungen Kindern bis zum Alter von drei oder vier Jahren gewöhnlich der Fall sein dürfte. Zur Frage der Berücksichtigung des Willens eines Kindes, das bereits einen gewissen Grad an Kompetenzen und personaler Autonomie entwickelt hat, siehe Schickhardt, 2012.

2) Je größer die objektive Beeinträchtigung des Kindes ist, desto größer ist die Rechtfertigungslast. Eine objektives Beeinträchtigung kann z.B. eine Spracherwerbsstörung sein, die das Kind nicht bemerkt oder die es nicht (negativ) zu empfinden scheint.
3) Je mehr die Chancen bzw. die Gewissheit, dass eine therapeutische Intervention die Krankheit bzw. Störung behebt, mit dem Vergehen der Zeit abnehmen, desto größer ist die Rechtfertigungslast. Hier, wie auch beim folgenden Punkt, ist an sich schließende Zeitfenster zu denken.
4) Wenn eine Heilung zu einem späteren Zeitpunkt noch genauso gewiss erreicht werden kann wie mit einer sofortigen Intervention, aber nur im Rahmen einer massiveren Intervention, gilt: Je mehr mit dem Vergehen der Zeit die zu erwartenden Belastungen für das Kind, die mit der für die Heilung erforderlichen Intervention verbunden sind, anwachsen, umso größer wird die Rechtfertigungslast.[5]
5) Auch wenn ein Kind während einer Forschungsstudie in der Placebogruppe ist, kann sich für das Kind daraus eine Art therapeutischer Nutzen ergeben. Es handelt sich um einen potenziellen zukünftigen Nutzen, der darin besteht, dass das kranke Kind (unmittelbar) nach Ende der Studie gemäß den aus der Studie gewonnenen neuen Erkenntnissen behandelt werden kann.[6] Je größer der potenzielle bzw. vernünftigerweise zu erwartende zukünftige therapeutische Nutzen durch die Forschung, in deren Rahmen ein krankes Kind in der Placebogruppe eingegliedert ist, für das Kind selbst ist, desto *geringer* ist die Rechtfertigungslast.

Die genannten Tendenzregeln 1–5 sind *in Ergänzung* zum ethischen Kernproblem von Placeboforschung an Kindern zu sehen, das – wie oben beschrieben – darin besteht, dass das Recht des Kindes auf Therapie verletzt wird. Von den Tendenzregeln lassen sich mehrere auf einen Fall anwenden. Dabei kann es vorkommen, dass bezüglich ein und desselben Falls (der möglichen Placebointervention an einem Kind) eine bestimmte Variable bzw. die diese Variable berücksichtigende Tendenzregel dafür spricht, dass die Rechtfertigungslast eher groß ist, und eine andere Variable bzw. die entsprechende Tendenzregel dafür, dass die Rechtfertigungslast eher gering ist.

Bezüglich des möglichen oder wahrscheinlichen zukünftigen therapeutischen Nutzens für ein Kind ist anzumerken, dass das Kind grundsätzlich fast immer

5 Zum Begriff der Belastung bei Kindern siehe Radenbach & Wiesemann, 2010.

6 Der hier verwendete Begriff des potenziellen zukünftigen therapeutischen Nutzens unterscheidet sich von dem potenziellen Nutzen, der sich *direkt* aus einer zu erforschenden Intervention während der Forschungsstudie für einen Probanden (in der Interventions- bzw. Verumgruppe) ergibt; siehe zu dieser Art des Nutzens Hoffmann & Schöne-Seifert, 2010.

den größeren bzw. größten Nutzen hat, wenn es von Beginn an die zu erforschende Therapieart erhält, von der plausiblerweise erwartet wird, dass sie einen therapeutischen Effekt hat und in jedem Fall nicht schadet. Im Vergleich dazu hat das Kind einen geringeren Nutzen bzw. wird das Kindeswohl nicht auf die bestmögliche Weise verfolgt, wenn das Kind zuerst in einer Placebogruppe ist und erst nach Abschluss der Forschungsstudie eine Therapie erhält.

Es kann jedoch nicht *a priori* ausgeschlossen werden, dass es Konstellationen gibt, in denen es im Eigeninteresse eines Kindes ist, an einer Forschungsstudie teilzunehmen und dabei eventuell auch in einer Placebogruppe zu sein, nämlich dann, wenn der zu erwartende zukünftige bzw. potenzielle therapeutische Nutzen für das Kind bei vernünftiger Abwägung wahrscheinlich größer sein wird, als wenn es sofort einer Therapieform unterzogen werden würde. Dann liegt es im Interesse des Kindes und entspricht seinem Wohl, dass es an einer solchen Studie teilnimmt – die Teilnahme des Kindes ist dann nicht nur erlaubt, sondern geboten. Abgesehen von der Ausnahme dieser besonderen Konstellation ist die Einreihung eines Kindes in eine Placebogruppe ethisch schwer zu rechtfertigen, da sie eine Missachtung des Rechts auf Therapie darstellt, auch wenn die Rechtfertigungslast gemäß den Tendenzregeln in Abhängigkeit von den Variablen von Fall zu Fall variiert.

Drei mögliche Ansätze für die Rechtfertigung von Placeboforschung

Die These, dass sich Placeboforschung an unmündigen kranken Kindern kaum oder nur sehr schwer rechtfertigen lässt, mag nicht jeden unmittelbar überzeugen und es lassen sich durchaus Einwände formulieren. Im Folgenden werden drei mögliche Ansätze zur Rechtfertigung von Placeboforschung an Kindern vorgestellt und erwogen. Erstens, so kann argumentiert werden, könnten Kinder, die aufgrund mangelnder therapeutischer Ressourcen nicht sofort behandelt werden können und auf einer Warteliste stehen, für eine Placebogruppe herangezogen werden. Das Attraktive an dieser Strategie besteht darin, dass diesen Kindern ihr Recht auf eine (möglichst schnelle und wirksame) Therapie nicht zum Zwecke der Forschung vorenthalten würde, sondern dass nur die ohnehin bis zum nächstmöglichen Anfang der Therapie bestehende Wartezeit für die Teilnahme an einer Placebogruppe genutzt würde. Gegen diesen pragmatischen Ansatz spricht jedoch, dass er auf die Begrenztheit der strukturellen Gesundheitsversorgung setzt, dazu anreizt, die bestehenden Mängel aufrechtzuerhalten, und für Intransparenz und Manipulationen anfällig wäre. Außerdem müsste überzeugend gezeigt werden, dass es kein Widerspruch ist, dass die Kinder zwar aus Ressourcenmangel nicht therapiert werden können, dass aber gleichzeitig die notwendigen Ressourcen vorhanden sind, um die wartenden Kinder im Zuge einer Placebotherapie zu betreuen und an ihnen die Placebointerventionen systematisch vorzunehmen.

Als zweites ist zu erörtern, ob ein Kind für die Teilnahme an einer Placebogruppe mit Geld oder einer ähnlichen finanziellen Wertanlage angemessen entlohnt oder geachtet werden könnte.[7] Man könnte einem Dreijährigen z.B. ein Konto mit einem bestimmten Geldbetrag einrichten, über den das Kind zu einem späteren Zeitpunkt, wenn es reifer und mündiger ist, z.B. mit 14 oder 16 Jahren oder bei Erreichen der Volljährigkeit, verfügen darf. Einem Kind, das an einer Placebogruppe teilnimmt, einen Finanzwert oder eine Wertanlage zuzusprechen, klingt zunächst materialistisch. Dennoch sollte der Gedanke nicht gleich von der Hand gewiesen werden – auch mündige Erwachsene lassen sich für die Teilnahme an Forschung häufig bezahlen. Allerdings kann mit einem Geldbetrag das ethische Grundproblem der pädiatrischen Placeboforschung, dass das Recht eines Kindes auf Therapie missachtet wird, nicht überzeugend gelöst werden. Wäre Geld die *ex ante* „Entschädigung“ für ein Unrecht und einen Schaden, die dem Kind bewusst zugemutet werden, oder wäre es eine „Vergütung“, die dem Kind im Rahmen eines Geschäfts dafür gegeben wird, dass es auf sein Recht verzichtet? Im ersteren Fall bliebe die Tatsache des absichtlichen Unrechts bestehen, und im zweiten Fall würde man fingieren, mit dem Kind einen für das Kind vorteilhaften Vertrag abzuschließen, obwohl das Kind dazu keinen mündigen und kompetenten Willen äußern kann und nicht geschäftsfähig ist.

Der dritte Ansatz zur Rechtfertigung von Placeboforschung sieht vor, die Beurteilung darüber, ob ein Kind einer Placebogruppe zugeführt werden darf, allein den Eltern zu überlassen. Die Heilberufler würden demnach die Placeboforschung immer dann für erlaubt halten, wenn die Eltern ihre Einwilligung dazu geben, dass ihr Kind in eine Placebogruppe kommt. Gegen diesen Ansatz, die Eltern als allein entscheidende Verfahrensinstanz zu betrachten, spricht, dass die Heilberufler sich auf diese Weise in zweifelhafter Weise ihrer Verantwortung und ihren Pflichten, die sie *gegenüber dem Kind* haben, entledigen würden. Dass die Heilberufler sich dem Wohl der Kinder, die ihnen als Patienten und/oder Probanden anvertraut und ausgeliefert sind, uneingeschränkt verantwortlich fühlen, sollte Teil ihres Standesethos sein und ist unabdingbares Postulat für einen effektiven und unzweideutigen Schutz der Kinder in Therapie und Forschung. Nicht zuletzt ist zu bezweifeln, dass die Eltern überhaupt ein morali-

7 Zur finanziellen Kompensation von Kindern siehe u.a. Ramsey, 2006, und Wendler, Rackoff, Ezekiel & Grady, 2002.

sches Recht darauf haben, zu bestimmen, dass ihr Kind an einer Placebogruppe teilnimmt, anstatt es schnellst möglich einer Therapie zuzuführen.[8]

Wie dringend ist die ethisch problematische Placeboforschung (und die sie betreffende Ethik)?

Es bleibt festzuhalten, dass Placeboforschung an unmündigen und kranken bzw. entwicklungsgestörten Kindern ethisch sehr problematisch ist und sich nur schwer oder nur unter sehr spezifischen Umständen rechtfertigen lässt. Dies bedeutet nicht, dass alle Arten und Konstellationen der Placeboforschung über einen Kamm geschert werden können. Es kann von Fall zu Fall durchaus ethisch relevante Unterschiede geben, sodass die Rechtfertigungslast eines jeden Falls differenziert zu betrachten und zu bewerten ist und Placeboforschung nicht kategorisch als (in jedem Fall gleichermaßen) problematisch angesehen werden darf.

Treffen die vorgebrachten ethischen Überlegungen zu, befinden sich die Heilberufe bezüglich ihrer pädiatrischen Dimension (sofern es um die Behandlung sehr junger und unmündiger Kinder geht) in einem Dilemma. Einerseits stehen sie unter dem politischen, wirtschaftlichen, aber auch ethischen Druck, die Zuverlässigkeit und Effektivität ihrer Methoden, Thesen und Techniken wissenschaftlich zu belegen; andererseits dürfen sie aus ethischen Gründen nur unter sehr bestimmten Bedingungen oder gar nicht auf die stärkste Methode, die ihnen zum Überprüfen und Belegen ihrer Zuverlässigkeit zur Verfügung steht, d.h. auf randomisierte Studien mit Placebogruppen, zurückgreifen. Das Dilemma für die Heilberufe und die in ihnen tätigen Personen ist dabei umso größer, je höher die Bedeutung der spezifisch pädiatrischen Anwendung und Ausübung ist. Eventuell ist daher das Dilemma für die Ergotherapie und Logopädie gravierender als für die Physiotherapie.

Vor dem Hintergrund der mit der Placeboforschung an Kindern verbundenen ethischen Schwierigkeiten erscheint es daher pragmatisch ratsam zu prüfen, ob die ethischen Schwierigkeiten in der Praxis und Realität das einzige bzw. ein bedeutsames Hindernis für die Durchführung größerer pädiatrischer Forschungsstudien mit Placebogruppen in den Heilberufen sind, oder ob es weitere praktische Gründe gibt wie z.B. Knappheit an Ressourcen oder die geringe Zahl infrage kommender kindlicher Probanden, die auch unabhängig von der theoretischen

8 Zur Debatte dieser Frage siehe die klassischen Beiträge von Ramsey, 1976 und 1977, und McCormick, 1976; außerdem Johnson, 2006 und Heinrichs, 2006. Zusätzlich besteht die Problematik, ob und inwiefern Eltern den medizinischen Sachverhalt und die Konsequenzen ihrer Entscheidung, wie mit ihrem Kind verfahren wird, angemessen einschätzen (können).

und ethischen Ebene derartige Forschung in der Praxis mehr oder weniger schwierig oder unmöglich machen. Das Gewicht, das den ethischen Bedenken in der Praxis als Hindernis für die Durchführung von pädiatrischer Forschung mit Placebogruppen zukommt, sollte bei der Ausarbeitung und Entwicklung einer Forschungsethik für die Heilberufe berücksichtigt werden. Auf der theoretischen Ebene der Ethik stellt pädiatrische Placeboforschung bzw. ihre Rechtfertigung eine große Herausforderung dar. Ist hingegen Placeboforschung in der Praxis auch aus anderen, praktischen Gründen nur sehr schwer und selten durchführbar, dann sollte die in den Anfängen steckende Forschungsethik der Heilberufe der Placeboforschung keine unverhältnismäßig große Aufmerksamkeit schenken.

Eine Alternative zur Placeboforschung an Kindern in den Heilberufen?

Wenn jedoch Placeboforschung in der Praxis nicht nur wünschenswert, sondern auch häufig realisierbar ist, bleibt die ethische Problematik selbstverständlich bestehen, fällt jedoch als tatsächliches Hindernis stärker ins Gewicht. Dann würde es sich besonders anbieten, nach ethisch weniger problematischen Alternativen zur Placeboforschung zu suchen. Eine Alternative, die Forschung an erwachsenen bzw. mündigen Personen, kommt dabei von vornherein nicht in Betracht. Es ist zwar ein allseits anerkanntes ethisches Prinzip der medizinischen Forschung, dass an Kindern (und anderen vulnerablen und nicht einwilligungsfähigen Gruppen) nur dann geforscht werden darf, wenn die gleiche Forschung nicht an mündigen und einwilligungsfähigen Probanden vorgenommen werden kann. Zur Erforschung (von Therapien) kindlicher Entwicklungsstörungen dürfte die Forschung an mündigen Erwachsenen allerdings kaum eine Alternative sein.

Eine Alternative mit besseren Aussichten auf Erfolg könnte sich bei der Erörterung der Frage auftun, ob *Forschung an gesunden Kindern* in bestimmten Fällen für die Heilberufe eine Alternative zur Forschung an kranken oder entwicklungsgestörten Kindern darstellen kann. Diese Frage müsste mit besonderer Aufmerksamkeit, Offenheit und Flexibilität sowie von Fall zu Fall bzw. von Forschungsproblem zu Forschungsproblem genau geprüft werden. Randomisierte und kontrollierte Forschungsstudien an gesunden Kindern bergen bezüglich der Placebogruppe nicht die gleiche ethische Problematik wie Placeboforschung an kranken Kindern. Bei gesunden Kindern besteht kein Therapiebedürfnis und somit auch kein Recht auf Therapie, das durch die Platzierung in einer Placebogruppe missachtet werden könnte. Die in den Heilberufen zu erforschenden Interventionen sind, im Gegensatz zur Medizin, für die Kinder zumeist ohne gesundheitliche Risiken und können wohl auch ohne größere psychische Belastungen für die Kinder gestaltet werden. Daher ist besonders intensiv und flexibel zu prüfen, ob bestimmte Forschung auch an gesunden Kindern durchgeführt werden könnte und approximativ bzw. mit einem akzeptablen Grad an Verlässlichkeit Aufschluss über die Wirksamkeit bestimmter Interventionen hinsichtlich ihrer therapeutischen oder präventiven Anwendung bei *kranken oder entwicklungsgestörten* Kindern geben kann.

Literatur

Bowling, A. (1997). *Research Methods in Health. Investigating Health and Health Services*. Buckingham, Philadelphia: Open University Press.

Heinrichs, B. (2006). *Forschung am Menschen. Elemente einer ethischen Theorie biomedizinischer Humanexperimente*. Berlin: de Gruyter.

Hoffmann, M. & Schöne-Seifert, B. (2010). Potenziell eigennützige Forschung an Kindern: Kriterien ethischer Zulässigkeit. In: G. Marckmann & D. Niethammer (Hrsg.). *Ethische Aspekte der pädiatrischen Forschung* (pp. 19-35). Köln: Deutscher Ärzte-Verlag.

Institut für Qualität und Wirtschaftlichkeit im Gesundheitswesen (IQWIG) (2009). *Früherkennungsuntersuchung auf umschriebene Entwicklungsstörungen des Sprechens und der Sprache*. Abschlussbericht. Köln: IQWIG.

Johnson, A. (2006). Nontherapeutic research with children: The Ramsey versus McCormick Debate. *The Journal of Pediatrics*, 149, 12-14.

McCormick, R. A. (1976). Experimentation in Children: Sharing in Sociality. *The Hastings Center Report*, 6 (6), 41-46.

Radenbach, K. & Wiesemann, C. (2010). Risiko und Belastung als Kriterien der Zulässigkeit von Forschung mit Kindern und Jugendlichen. In: G. Marckmann & D. Niethammer (Hrsg.). *Ethische Aspekte der pädiatrischen Forschung* (pp. 37-49). Köln: Deutscher Ärzte-Verlag.

Ramsey, B. W. (2006). Appropriate Compensation of Pediatric Research Participants: Thoughts from an Institute of Medicine Committee Report. *The Journal of Pediatrics*, 149, 15-19.

Ramsey, P. (1976). The enforcement of morals: Nontherapeutic research on children. *The Hastings Center Report*, 6 (4), 21-30.

Ramsey, P. (1977). Children as Research Subjects: A Reply. *The Hastings Center Report*, 7 (2), 40-42.

Ritchie, C. &Vitali, S. (2009). Why Research? In: J. Neale (Hrsg.), *Research methods for health and social care* (pp. 3-15). New York: Palgrave.

Schickhardt, C. (2009). Kinderethik. *Der moralische Status und die Rechte der Kinder*. Münster: Mentis Verlag.

Smith, L. & Ryan, T. (2009). Randomised Controlled Studies. In: J. Neale (Hrsg.). Research methods for health and social care (pp. 152-165). New York: Palgrave.

Vereinte Nationen (UN) (2002). *Übereinkommen über die Rechte des Kindes.*

Wendler, D. & Rackoff, J., Ezekiel, E. & Grady, C. (2002). The ethics of paying for children's participation in research. *The Journal of Pediatrics*, 141 (2), 166-171.

Vom Verschwinden des Sozialen Mit Kant und Hegel in der Kindertherapieforschung

Susanne Dungs

Einleitung

Nicht nur in der Sozialen Arbeit, sondern auch in anderen Disziplinen ist ein eindeutiger wissenschaftlicher Bezugspunkt inzwischen zur Disposition gestellt. Andreas Gerber zeigt für die Medizin, dass der medizinische Erkenntnisprozess unterdessen mit der Unüberschaubarkeit konfrontiert sei, wie sich geplante Handlungen in der Praxis auswirken. Ein nach Wertigkeiten gegliedertes System solle diesem Informationsdefizit Abhilfe verschaffen. Medizin wandele sich in eine „Evidence-based Medicine“, sie bleibe zwar „evident“, aber das im speziellen ‚Fall‘ anzuwendende Wissen werde zunächst hierarchisiert, um den PatientInnen die bestmögliche Therapie („best practice“) anbieten zu können. Über einen kontrollierten Vergleich von Testergebnissen würden Standards gewonnen, die Aussagen darüber zuließen, wie bestimmte Fälle am besten zu behandeln seien (vgl. Gerber, 2005, S. 139ff). Evidenzbasierung bedeutet, vorhandene Forschungsergebnisse in einem Pool bereits erbrachter Evidenzen zu dokumentieren, um die medizinische Behandlung zunehmend zu optimieren. Dass dieses Verfahren möglich wurde, steht in Zusammenhang mit der modernen Datenverarbeitung.

Im Kontext der Kinder- und Jugendhilfe und des Gesundheits- und Pflegewesens ist auch die Soziale Arbeit inzwischen in die Entwicklungen einer „Evidence-based Practice“ (EbP) einbezogen. „Insbesondere in der angloamerikanischen Literatur wird zunehmend der Anspruch erhoben, Soziale Arbeit müsse ‚evidenz-basiert‘ sein, müsse also einen Vorrat an Leitlinien haben, wie bei bestimmten Fallgruppen ‚richtig‘ vorzugehen sei. Diese Forderung verkennt jedoch, dass es Soziale Arbeit gerade mit Personengruppen zu tun hat“ (Wendt, 2005, S. 168), die aus Systemen und deren Logiken herausfallen. Es fragt sich, ob sich die Soziale Arbeit in der gleichen Weise wie die Medizin „evidence-based“ fundieren lässt, zumal sie als in der Tradition der Kritischen Theorie stehende Geisteswissenschaft ein Verständnis vertritt, nach dem ein wissenschaftlicher Bezugspunkt immer schon unterbestimmt ist. Matthias Hüttemann und Peter Sommerfeld zweifeln dementsprechend, ob in der „EbP“ Wissenschaft und

Profession für die Erfüllung der Aufgaben der Sozialen Arbeit angemessen aufeinander bezogen sind (Hüttemann & Sommerfeld, 2006, Hüttemann, 2012).

Diese Kritik, die hiermit an der „EbP“ angebahnt ist, gilt nicht nur der Sozialen Arbeit, sondern auch den Therapieverfahren der nun akademisierten Berufsgruppen der Ergo-, Logo- und Physiotherapie. Dem Druck nach Evidenzbasierung, dem sich verschiedene Disziplinen ausgesetzt sehen, werden in diesem Beitrag ausgehend von der Sozialen Arbeit und den Praktischen Philosophien Kants und Hegels alternative Sichtweisen gegenüberstellt. Die ‚gute Praxis‘ jener Berufe, die direkt mit dem Menschen arbeiten, bemisst sich an der Qualität der Beziehung zwischen Klientel und Professional, deren Umrisse nicht abschließend einzurichten sind. Das helfende und heilende Moment liegt oftmals in der Erfahrung, sich als Mensch inmitten von widrigen Umständen von einem Anderen getragen zu wissen. Junge Menschen, die sich in ihrer Biographie mit pädagogischen und therapeutischen Angeboten der Kinder- und Jugendhilfe auseinandergesetzt haben, berichten, so Herbert E. Colla, „in ihren Selbstzeugnissen [..] von der Bedeutung intersubjektiver Beziehungen, die für sie mehr als bloße Zweck-Mittel-Relationen waren. Sie thematisieren die Bedeutung von gelebter und erfahrener verlässlicher pädagogischer Beziehung als Besonderheit von sozialen Beziehungen mit Erwachsenen und ihrer aufmerksamen Zuwendung“ (Colla, 2011, S. 896). Die daraus gewonnene These dieses Beitrags lautet, dass Evidenzbasierung, Wirkungsforschung etc., die sich für Viele als geeignete Strategien erweisen, den unterbestimmten wissenschaftlichen Bezugspunkt einer eindeutigen Referenz („best practice“) zuzuführen, mit einem *Verschwinden der sozialen Seite des Menschen* einhergehen. Den tragenden Elementen einer verlässlichen Beziehung, wie Einfühlung und Vertrauen, ist auf wissenschaftlichem Weg nicht beizukommen. Dieses Verschwinden werde ich über die Praxis der neurotechnischen Behandlung der ADHS-Problematik im vierten Punkt des Beitrags darlegen, nachdem zuvor unter 1. die Evidenzbasierung und unter 2. die Praktischen Philosophien von Kant und Hegel diskutiert wurden. Der dritte Punkt widmet sich einer Kritik der evidenzbasierten Vernunft im Ausgang von den Überlegungen, die zu Kant und Hegel angestellt wurden.

1. Die Macht der Erfahrung

In der ZEIT vom 3. Mai 2012 sind unter dem Titelthema *Die Macht der Erfahrung* vier Artikel erschienen, die auf die „EbP“ ein anregendes Licht werfen. „Erfahrungswissen gilt inzwischen als hinderlich, es produziert Fehler. Der aufgeklärte Mensch verlässt sich lieber auf Statistiken, Berechnungen, wissenschaftliche Studien" (Albrecht, 2012, S. 33). In den Gesellschaften der aufgeklärten Moderne wird ein evidenzbasiertes Wissen präferiert, das Erfahrung nach dem physikalisch-informationstechnologischen Modell denkt und es von dem Surplus des persönlichen Erfahrungsschatzes abtrennt. „Am auffälligsten erscheint der Verlust des Vertrauens in die eigenen Erfahrungen in der Medizin. Weil sie sich stets an der Schnittstelle zwischen harter Wissenschaft und schwer fassbaren menschlichen Regungen bewegen, sind Ärzte beständig in der Gefahr, etwas zu übersehen oder falsch einzuschätzen. Diagnose- und Therapiefehler können ernste juristische Folgen haben. Darum verlassen sich viele Mediziner lieber auf statistisch fundierte Regelwerke und verbindliche »Leitlinien« als auf ihr erfahrungsgeprägtes Bauchgefühl" (ebd.). Die „EbP", die zu den Varianten empirischer Forschung gehört, stützt sich auf einen reduzierten Erfahrungsbegriff, der auf die Verbindung zum Subjekt verzichtet. Man glaubt, das Subjekt verabschieden zu können, obwohl dieses in seiner Beurteilung des ‚Falls' die anstehende Diagnose blitzschnell mit seinem Erfahrungsschatz verknüpft. Dieser Schatz scheint in Zeiten einer „medizinischen Kurskorrektur", deren Behandlungsmuster sich aus einem computergenerierten Wissenspool speisen, nicht mehr gefragt. „Längst steht der Begriff »Evidenz« für Objektivität schlechthin" (ebd.).

Harro Albrecht konfrontiert in seinem Artikel *Lob der Erfahrung* die Ansichten zweier Medizinerpersönlichkeiten, eine Ärztin, die „mit der Kälte einer an Zahlen orientierten Medizin" hadert, und ihren Kollegen, der als ein strikter „EbM"-Verfechter gilt (Albrecht, 2012, S. 33). Die „EbM" will das ärztliche Handeln für alternative Entscheidungsmuster öffnen, um zu verhindern, sich in einer einmal gewählten Behandlungsroutine einzurichten. Der „EbM"-Ansatz stiftet Orientierung in unübersichtlichen Zeiten und lässt Kontrolle des eigenen Handelns zu. Angesichts der rechtlichen Konsequenzen, die auf einen Behandlungsfehler folgen, ist die Entwicklung zur „EbM" plausibel. Jedoch droht dadurch das, „was einst als Hilfsinstrument für den praktischen Arzt gedacht war, [..] in Orthodoxie zu erstarren. Eine gefährliche Entwicklung, denn diese Methode erzählt nur einen Teil der komplexen Wahrheit über Krankheiten. Eine von vielen Beschränkungen ist, dass sie die Vorstellung vom Patienten zu sehr vereinfacht" (ebd.). Mit Gerd Gigerenzer spricht sich Albrecht für die Anerkenntnis eines „Bauchgefühls" aus, das zu komplexen Interpretationen in der Lage sei, demgegenüber sich die evidenzbasierten Leitlinien als zu reduktionistisch erwiesen. So sehr die medizinische Kurskorrektur einerseits notwendig ist, um zu mehr Objektivität zu gelangen, so sehr führt sie andererseits zu einem abstrakten Bild vom Patienten und seiner Krankheit, weil die *Verbindung zur eigenen Wahrnehmung des Anderen* gekappt wird. Gigerenzer plädiert für die Methode der »Heuristik«. „Der Trick liegt in der schrittweisen Annäherung an die beste

Lösung – und vor allem im intuitiven Weglassen überflüssiger Informationen. […] Ein guter Notfallmediziner denkt nicht über alle Details seines Handelns nach, er überlässt sich seiner in Jahren antrainierten »leiblich verankerten Kognition«" (ebd., S. 33f.). Gigerenzer stellt die Datenerhebung nicht per se in Frage, sondern bemängelt, dass die Grenzen des „EbM"-Ansatzes nicht diskutiert würden. Schließlich sei der Trend zur „EbM" auch der Entwicklung geschuldet, dass sich „immer mehr Geräte zwischen Arzt und Patient" drängen, „und das Dumme ist, dass die Ärzte auch die Geräte nicht verstehen" (Gigerenzer zit. n. Albrecht, 2012, S. 34). Albrecht rundet seine Überlegungen mit Worten Friedrich Hagemüllers ab, nach dem das medizinische Handeln nur zu 20 Prozent auf wissenschaftlichen Fakten beruhe, „und zu 80 Prozent auf Erfahrung, handwerklichem Geschick, Psychologie. Seine Erfahrung lehrt ihn, im manchen Fällen Leitlinie eben Leitlinie sein zu lassen und einen ganz anderen Weg einzuschlagen" (Hagemüller zit. n. Albrecht, 2012, S. 34).

Erhellend an diesen Ausführungen ist, dass in der Medizin abermals eine Kurskorrektur gefordert wird, die auf das *intersubjektive Geschehen zwischen Arzt und Patient* aufmerksam macht, das *jenseits* der in den Wissenspools generierten objektiven Leitlinien liegt und ein intuitives Erfahrungswissen reklamiert. Es fragt sich, wie ein Rekurs auf diesen Erfahrungsschatz möglich ist, wenn die Technisierung der Gesellschaft diesen unterbindet und sich die statistische Evidenz in der Medizin, wie auch anderen Disziplinen, ausbreitet. Mir scheint, dass es zu einseitig argumentiert wäre, diesen Rekurs einzufordern, wenn die *Beziehung zwischen Ärztin und Patientin* in der Medizin gleich mehrfach verstellt ist. Sie ist zum einen verstellt durch die Hochtechnisierung der Medizin. Sie ist aber auch verstellt, weil die Gesellschaften der Spätmoderne den Erfahrungsbegriff auf dasjenige, was wissenschaftlich *vermessen* und *bewiesen* werden kann, verkürzen. Quantitative Empirie bildet einen von allem Subjektiven bereinigten Sektor. „Pausenlos mathematisieren wir unsere Erfahrung, wir lassen sie statistisch erfassen, vermessen und bewerten, und selbst wer nur ein paar Meter durch den Wald hüpft, vertraut nicht mehr der Erfahrung seines Körpers, sondern nur noch seinem Pulsmessgerät. […] Im Vergleich zu dem, was wissenschaftlich zweifelsfrei »gemessen« werden kann, zieht die Erfahrung von vornherein den Kürzeren, sie wird klein und unscheinbar – man traut ihr nicht mehr über den Weg" (Assheuer, 2012, S. 34). Die wissenschaftlich-technische Expertise ist in unsere Lebenswelten vorgedrungen, durch all die Geräte, die unser Alltaghandeln erleichtern. Sie routinisiert und entwertet unsere Erfahrungen in einem Zug. Mit Thomas Assheuer kann man eine dritte Verstellung hinzufügen. „Der Einzelne hat zwar jede Menge Erlebnisse, aber es gelingt ihm nicht mehr, diese Erlebnisse in Erfahrungen zu verwandeln […]. Was [...] an Lebenserfahrung noch übrig bleibt, das droht durch technische Entwicklungen und Innovationen rasend schnell entwertet zu werden“ (ebd.). Es bedarf offensichtlich in verschiedenen Disziplinen einer professionellen Urteilskraft, die im Moment des Handelns die objektivierenden Standards übersteigt, um mit dem (Inter-)Subjektiven verbunden zu sein. In diesem Überstieg konkretisiert sich das Ethische.

2. Die Praktischen Philosophien von Kant und Hegel

Ethische Orientierungen werden dann erforderlich, wenn Verlässliches von komplexen Gesellschaftsentwicklungen unaufhörlich überboten wird. In manchen Gegenwartsdiskursen geht es daher um eine Revitalisierung von ethischen Tugenden. Das wirkt „ein wenig gewaltsam und wie eine künstliche Implantation, läuft aber auf den Versuch der Remoralisierung hinaus, auf einen Kanon normativ verbindlicher Werthaltungen angesichts der vorgeblichen Unverbindlichkeit des heutigen Lebens“ (Legnaro & Birenheide, 2008, S. 31). Die zwanghaften Versuche, die Ethik zu bemühen, um der gesellschaftlichen „Drift“ (Sennett) Einhalt zu gebieten, sind einerseits verständlich, denn der Preis, den die steigenden Anforderungen den Menschen abverlangen, ist hoch. Andererseits werfen sie ein Unbehagen auf, denn die Komplexität der Arbeits- und Lebenswelten verweigert sich dem Versuch, sie über Tugendkataloge oder Checklistenethiken klein zu rechnen. In diesem Beitrag wird daher ein Verständnis von Ethik bemüht, das sich über das Gesetz sozialer Praktiken konstituiert und sich dessen bewusst ist, die Drift heutiger Erfahrungen nicht harmonisieren zu können.

2.1 Kants Praktische Philosophie der Selbstgesetzgebung

Immanuel Kant (1724-1824) will die Ethik begründen, ohne sie auf Erfahrung oder Metaphysik zu stützen. Er versucht für den Bereich der praktischen Vernunft den Nachweis zu erbringen, dass sich ethische Normen autonom herleiten lassen. Dazu verfolgt er eine Unterscheidung von theoretischer und praktischer Philosophie. Während das theoretische Erkenntnisvermögen gesetzgebend durch Naturbegriffe sei, wirke das praktische gesetzgebend durch den Freiheitsbegriff. „Die Gesetzgebung durch Naturbegriffe geschieht durch den Verstand und ist theoretisch. Die Gesetzgebung durch den Freiheitsbegriff geschieht von der Vernunft und ist bloß praktisch. Nur allein im Praktischen kann die Vernunft gesetzgebend sein“ (Kant zit. n. Gamm, 1980, S. 79). Thema der Theoretischen Philosophie ist es, aus gegebenen Naturgesetzen zu begreifen, *was geschieht* (Ursachen). Thema der Praktischen Philosophie ist es, sich praktische Gesetze zu geben, um zu bestimmen, *was geschehen soll* (Normen), sich also Allgemeines praktisch vorzustellen und danach zu handeln (vgl. Gamm, 1980, S. 79; Rödl, 2011, S. 101).

Die praktischen Vorschriften gründen nach Kant auf dem Freiheitsbegriff und transzendieren die sinnlichen Bedingungen, die nur im Bereich der Naturgesetze gelten. „Freiheit aber ist eine bloße Idee, deren objektive Realität auf keine Weise nach Naturgesetzen, mithin auch nicht in irgend einer möglichen Erfahrung, dargetan werden kann, die also darum, weil ihr selbst niemals nach irgend einer Analogie ein Beispiel unterlegt werden mag, niemals begriffen, oder auch nur eingesehen werden kann" (Kant, 1995a, BA 120, 121). Freiheit kann nicht wie eine Naturtatsache *erklärt* werden, sondern sie kann nach Maßgabe der vernünftig motivierten Einsicht das Handeln *begründen* und *verständlich machen* (vgl. Gamm, 1980, S. 82). Die Wirklichkeit der Freiheit ist ein „synthetischer Satz a priori". Sie drängt sich als bloßes „Faktum der Vernunft" auf, das nicht aus einer grundlegenderen metaphysischen Tatsache abgeleitet werden kann, „denn es ist das ‚Faktum' unserer eigenen radikalen und unabgeleiteten Spontaneität selbst" (Pinkard, 2011, S. 46).

Weil der Mensch als vernunftbegabtes Tier (*animal rationabile*), anders als das Tier, in die Freiheit hineingestellt ist, steht er nach Kant immer schon im Zwiespalt zwischen der Natürlichkeit seiner Neigungen und der Vernünftigkeit seiner Handlungen. Er erfahre in sich die „doppelte Zugkraft" dessen, was er tun will, und dessen, was von ihm unbedingt gefordert ist (vgl. Pinkard, 2011, S. 35). Kant verbindet diese Tatsache der menschlichen Freiheit, aus der die moralische Nötigung folgt, mit dem absoluten Wert des Menschen, sich selbst als „Zweck an sich" (Würde) zu denken. Kants Lösung für die Begründung der Ethik lautet somit: Wir geben uns selbst ein Gesetz (Autonomie), das wir nicht ergründen können, mit dem wir uns aber identifizieren (müssen), da wir andernfalls die Achtung vor uns selbst und vor dem Anderen verlören.

Ein Gesetz, das wir zum Grund all unserer Handlungen machen, solle alle rational Handelnden unabhängig von deren besonderen Neigungen und subjektiven Maximen, binden (vgl. Pinkard, 2011, S. 33). Dazu führt Kant die *Form* des Imperativs als das kategorisch Gültige ein. „Als ein solches praktisches Gesetz, das all unsere Maximen regieren soll, hat dieser Imperativ daher, wie Kant es formuliert, die Form der ‚Allgemeinheit', das heißt, die Form, für *alle* Handelnden verbindlich zu sein, ohne Rücksicht auf ihren gesellschaftlichen Stand, ihre besondere Lebensweise oder die Geschmacksvorlieben, Neigungen oder Vorhaben, die sie für ihr Leben hegen mögen" (ebd.).

Kant hält seine Moralbegründung von allen empirischen Erwägungen frei, indem das „Faktum der reinen Vernunft" einem (von allem Empirischen) gänzlich unabhängigen Grund aufruht (vgl. Kant, 1995b, A57, 81, 82). Die Stärke von Kants Praktischer Philosophie liegt somit darin, Freiheit als apriorische, transzendentale und unverfügbare Voraussetzung zu nehmen, die nicht aus Erfahrung abgeleitet werden kann, aber ein praktisches Moralgesetz erkennen lässt, das das Handeln bindet. Den *theoretisch unerklärlichen* „leeren Platz“ vermag mithin nur *reine praktische Vernunft* zu füllen (vgl. Kant, 1995b, A 84, 85). Kant sieht, dass es sich bei dieser Argumentation um etwas „ganz Widersinnisches“ (vgl. ebd., A 81, 110) handelt, das an die Stelle der vergeblich gesuchten Ableitung des moralischen Prinzips tritt, „nämlich dass es umgekehrt selbst zum Prinzip der Deduktion eines unerforschlichen Vermögens dient, welches keine Erfahrung beweisen“ kann (Kant, 1995b, A 83). Bei diesem „kantischen Paradox“ (Pinkard, 2011, S. 47) haben wir es mit einer „Art von Cirkel“ (Gamm) zu tun: Es wird etwas als Begründung für das Moralgesetz genommen (Freiheit), von dem „gefordert ist, keinen vorhergehenden Grund zu haben als auch einen solchen Grund zu haben“ (Pinkard, 2011, S. 48). Die Transzendentalität der Freiheit und die Verbindlichkeit der Normativen sind nach Kant unerforschlich ineinander verwoben.

Nach dieser kurzen Skizze zur Praktischen Philosophie Kants gehe ich zu Hegel über. Bei beiden liegt der Beginn des moralischen Gesetzes in einer Zeit, in der die „Lebensordnungen zum ersten Mal reflexiv die Frage stellen, was es bedeutet, als vernunftbegabter Handelnder frei zu sein“ (Pinkard, 2011, S. 59). Kant sucht aus dieser Reflexivität, mit der sich das moralische Sollen fortan als vom gesellschaftlichen Kontext abgespalten erfährt, einen Freiheitsbegriff zu gewinnen, der ein allgemein verbindliches Moralgesetz mit sich führt. Trotz der eingetretenen gesellschaftlichen Drift versucht Kant also, das Moralgesetz, das wir uns selbst geben, und das Gesetz, das verallgemeinerbar ist, zusammen zu denken. Er glaubt dabei, dass sich die Verallgemeinerungsfähigkeit des moralischen Gesetzes in seinem praktischen Gebrauch (d. h. im gesellschaftlichen Raum) entäußert. Die *interne* Verknüpfung von Moral und Freiheit (im autonomen Subjekt) vermag nach Kant sozusagen die *externe* gesellschaftliche Drift zu überbrücken. Freiheit und Verbindlichkeit seien imstande, sich trotz der Anfragen, die die Lebensordnungen fortan an das Handeln stellen, in einem Zug zu artikulieren (vgl. Khurana, 2011, S. 7). Kants Idee der Autonomie, Freiheit und Gesetz zusammenzubinden, gelingt nach Maßgabe der Vorstellung, dass das transzendentale Subjekt (das moralische Gesetz in uns) und das empirische Subjekt (im gesellschaftlichen Raum) zur Deckung kommen könnten.

Anders Hegel: Während Kant die Verallgemeinerungsfähigkeit gegen die gesellschaftlichen Kontingenzen stellt, rückt Hegel das Überborden in den Mittelpunkt des moralischen Gesetzes selbst. Dessen Verallgemeinerungsfähigkeit werde im gesellschaftlichen Raum sowohl konstituiert als auch destruiert. Aufgrund dieser Drift, die auch die Vorstellung des Allgemeinen einholt, können Gesetz und Freiheit nach Hegel nicht mehr im autonomen Subjekt zur Deckung gelangen, so dass sich das Subjekt einer Dezentrierung ausgesetzt sieht, durch die der Ort der Moral exakt in den überbordenden gesellschaftlichen Kräften und den sozialen Kämpfen, die sie auslösen, zu suchen ist. Die normative Verbindlichkeit könne daher nicht den Charakter *formaler* Gesetze besitzen, sondern sei besser in Form von sozialen Praktiken zu verstehen (vgl. Khurana, 2011, S. 20).

2.2 Hegels Praktische Philosophie der Fremdgesetzgebung

Georg Wilhelm Friedrich Hegel (1770-1831) greift das „Paradox der Autonomie" (Pinkard) von Kant auf und fasst es in sozialen Termini. Gesetz und Freiheit sind bei Kant intern verknüpft, während Hegel das „Zueigenhaben eines Gesetzes als Teilnahme des Subjekts an einer sozialen Praxis erläutert" (Menke, 2011, S. 181). Durch diese Kontextualisierung sind Prinzipien der Praktischen Philosophie bei Hegel keine abstrakten und formalen Regeln, sondern gewinnen ihre Bedeutung in der realhistorischen Genese. „Das Gesetz der sozialen Praxis wird zum eigenen Gesetz des Subjekts, nur durch einen Akt der Aneignung, der es als einen Grund artikuliert und damit Praxis und Subjekt in ein und demselben Zug ihre autonome Gestalt gibt" (ebd., S. 182). Hegel formuliert einen externen, dem Subjekt vorhergehenden Grund des Moralischen, der im Kontext und seinen sozialen Interaktionen (»Kampf wechselseitigen Anerkennens«) wirklich wird. Das auf sich allein gestellte Subjekt vermöge dem moralischen Gesetz keine allgemeine Verbindlichkeit zu verleihen, sondern es bedürfe der Anerkennung „durch einen anderen, der das Prinzip als für beide verbindlich bestätigt. Jeder verlangt vom Anderen die Anerkennung, dass das von ihm erlassene ‚Gesetz' Autorität besitzt" (Pinkard, 2011, S. 49). Hegel beschreibt dies als eine „Verdopplung des Selbstbewusstseins" (Hegel, 1986a, S. 147), d. h. des autonomen Selbstbewusstseins Kants. Der Eine fordert vom Anderen die Anerkenntnis, dass die Verpflichtung, die er auf sich genommen hat, rechtens ist, d. h. zu Beginn des Kampfes sind beide im Prinzip „gesetzlos" (vgl. Pinkard, 2011, S. 51). Der Schritt vom gesetzlosen Willen zur moralischen Autonomie wird von Hegel als eine soziale Leistung und ein geschichtlicher Prozess begriffen, also nicht als die normative Kraft einer apriorischen Pflicht, die immer schon im einzelnen Subjekt wirksam ist (vgl. ebd., S. 53). „Jedes Bewusstsein ist dem Anderen die Mitte, durch welche sich jedes sich mit sich selbst vermittelt und zusammenschließt" (Hegel, 1986a, S. 147). Nur durch die Vermittlung mit dem Anderen ist das Bewusstsein für sich. „Sie *anerkennen* sich als *gegenseitig sich anerkennend*" (ebd.).

Die kantische Ethik neigt, so halten verschiedene PhilosophInnen fest, zu einem „Versagen vor der Praxis" (Adorno, 2003, S. 2). Auch nach Hegel hat das moralische Gesetz, das sich das Subjekt bemühe, sich selbst zu geben, in seiner letzten Spitze der theoretischen Vernunft nur abstrakte Identität. Diese „kann nur Kanon, Regel zu abstrakten Ordnungen abgeben. [...] Das formale Prinzip der Gesetzgebung kommt in dieser Bestimmung zu keinem Inhalt, keiner Bestimmung. Die einzige Form, die dieses Prinzip hat, ist die der Identität mit sich selbst" (Hegel, 1986b, S. 367f). Ein an ‚reiner' praktischer Vernunft orientierter Wille könne keine hinreichende Basis für die Bestimmung des moralischen Sinns abgeben. Das Verhalten des Individuums – sei es noch so ‚reinen' Willens – reiche nicht an die Realität heran, die ihm die konkreten Bedingungen seines Handelns vorschreibt (vgl. ebd.). Hegel hat nicht eigentlich eine Ethik vorlegt, will diese Schwierigkeiten der kantischen Moralphilosophie aber überwinden, indem er die riskanten gesellschaftlichen Verhältnisse in seine Praktische Philosophie aufnimmt. Mit seiner *Rechtsphilosophie* bettet er die »Sittlichkeit« in die Lehre vom Recht in den konkreten Gestalten Familie, bürgerliche Gesellschaft und Staat ein.

2.3 Kants und Hegels Praktische Philosophien im kurzen Vergleich

Kant: Autonomie als Selbstgesetzgebung

- Freiheit ist die Verwirklichung des moralischen Gesetzes, das dem Subjekt inhärent ist.
- Freiheit und Gesetz sind intern (autonom) miteinander verknüpft.
- Das „Paradox der Autonomie" bedeutet, dass die moralischen Urteile nur dann frei sein können, wenn sie formal und leer sind und etwas als Grund genommen wird, das theoretisch unergründlich ist.
- Kant findet den unbestimmten Bestimmungsgrund des Moralischen („Faktum der Vernunft") im Subjektiven.

Hegel: Anerkennen als Fremdgesetzgebung

- Hegel löst dieses Paradox, indem er das Zueigenhaben eines moralischen Gesetzes als Teilnahme an der sozialen Praxis erläutert (»Kampf wechselseitigen Anerkennens«).
- Freiheit und Gesetz sind extern und kontextuell (über die Anerkenntnis des Anderen) miteinander verknüpft (Heteronomie).
- Damit hat das moralische Gesetz, welches die Autonomie des Subjekts konstituiert, immer schon einen gesellschaftlichen, historischen und sozialen Gehalt (»Sittlichkeit«).
- Diese „Doppelautonomie von Subjekt und Praxis" konkretisiert sich im »Geist« (vgl. Menke, 2011, S. 164).

- Hegel findet den unbestimmten Bestimmungsgrund des Moralischen im »Geist« als einer sozialen Angelegenheit.

Zwischenergebnis

- Kant systematisiert die Unergründlichkeit des moralischen Grundes, der durch keinerlei Anstrengung der theoretischen Vernunft (Erkenntnisideal der Naturwissenschaften) erschlossen werden kann.
- Hegel fasst das moralische Gesetz in sozialen Termini, da es sich in »Kämpfen wechselseitigen Anerkennens« konstituiere.

3. Kritik der evidenzbasierten Vernunft

Kants praktische Philosophie führt eine Kritik am Empirismus mit sich, indem er das Faktische (Natur) und Normative (Freiheit) hinsichtlich ihrer theoretischen Erklärbarkeit voneinander trennt, weil der Mensch ein „Noumenon" sei (vgl. Kant, 1995b, A84, 85). Aber im Felde der Erfahrung verbindet Kant beide Reiche auch miteinander, weil der Mensch zugleich ein „Wesen der Sinnenwelt" sei (vgl. ebd.). Das bloß negativ gedachte moralische Gesetz entäußere sich in seinem praktischen Gebrauch.

Auch in der Evidenzbasierung geht es um ein Sollen, das hinsichtlich seiner Wirksamkeit auszuweisen ist. Damit ist aber nicht dem Maßstab der Freiheit genüge getan, der nach Kant unser Handeln nur in seiner Negativität (Unerforschlichkeit) orientiert. Die Frage nach dem Gesollten bestimmt sich nach Kant nur ausgehend von der Transzendentalität der Freiheit, ist daher nicht der Kategorie der Messbarkeit zu unterwerfen. Die Evidenzbasierung weist umgekehrt das als wertvoll aus, was mess- und positivierbar ist. Sie bewegt sich damit fern der Sphäre kantischer Moralität. Sich nach der Evidenzbasierung ausrichtende Wissenschaften können, mit Kant gesagt, nichts zur philosophischen Begründung der ethischen Vernunft beitragen. Sie versuchen, das Befinden oder Verhalten des Menschen zu erklären und zu vergegenständlichen, nicht aber zu *begründen*, zu *verstehen* oder zu *verantworten*. Die Ideen (wie Freiheit, Gerechtigkeit usf.) gehen, so Gerhard Gamm, in ihrer transzendentalen Funktion jedem gegenständlichen Wissen- und Nichtwissenkönnen *voraus*. „Wissen – und Nichtwissen erst recht – hat in seinen Produktions- wie Legitimationsbedingungen unwiderruflich praktische Voraussetzungen. […] Wissen und Nichtwissen sind überhaupt erst unter Freiheitsbedingungen verständlich und explizierbar. Man muss die Schwelle der Urteils-(Handlungs-)Freiheit immer schon überschritten haben, um auch nur von Wissen oder Nichtwissen im Sinne von richtig oder falsch […] reden zu können" (Gamm, 2010, S. 125). Anders gesagt: Mit Kant lässt sich auf ein „prinzipielles Nichtwissenkönnen" (ebd.) rekurrieren, das die naturwissenschaftliche Herangehensweise an das Menschliche infrage stellt und sich über Wissensgrenzen und ihre Sicherung verständigt. Eine solche Verständigung gelinge erst mit dem Übertritt in die *Urteilsfreiheit*, die den moralisch-praktischen Spielraum zwischen Erwartung und Erfüllung, Anspruch und Realisierung eröffne, „der nicht kausal geschlossen, sondern nur intentional beurteilt bzw. verantwortet werden kann" (ebd., S. 126). Erst von dieser Erklärungslücke zwischen theoretischer und praktischer Vernunft aus können positive (d. h. im Sinne von Kant *praktische*) Urteile über Gut und Böse abgegeben werden. Ausgehend von diesem *Urteilsspielraum* sieht sich das autonome Subjekt herausgefordert, *zu sich* und seinem Handeln ethisch Stellung nehmen zu müssen.

Hegel formt das moralische Gesetz in eine soziale Angelegenheit um. Er überschreitet einen sich in sich selbst abschließenden Autonomiebegriff und macht die soziale Seite des Menschen sichtbar. Der »Geist« ist ein Gebilde der Dekonstruktion, das die Verhältnisse von Subjekt und Objekt, Individuum und Gesellschaft synthetisiert, so dass ein objektivierendes Wissenschaftsverständnis der Evidenzbasierung, das sich vom (Inter)Subjektiven trennt nach Hegel per se ausgeschlossen ist.

4. Mit Kant und Hegel in der Kindertherapieforschung: das Beispiel ADHS

Nach Dieter Mattner beklagen immer mehr Eltern die Verhaltens- und Lernschwierigkeiten ihrer Kinder. Diese zeigten „zunehmend Verhaltensstörungen [..], wie einen Überschuss an motorischen Bewegungen (Hyperaktivität) und spezifische Aufmerksamkeitsstörungen" (Mattner, 2012, S. 317). Auch die „Schule" moniere immer öfter die Aufmerksamkeitsdefizite der Kinder (vgl. ebd., S. 318). Das störende Sozialverhalten und die mangelnde Leistungsfähigkeit werden mit dem Etikett einer hirnorganischen Störung belegt. Daraus resultiert eine Biomedikalisierung abweichenden Verhaltens, in deren Folge Ritalin verabreicht wird. Ritalin soll die Funktionsweise des „Gehirns" normalisieren.

Mattner bezeichnet den biomedizinischen Blick innerhalb der ADHS-Diagnostik als eine „diagnostische Blickreduzierung", der ein biologistisches Menschenbild zugrunde liege. „Dieser Daten sammelnde, dem individuell Bedeutsamen entsagende diagnostische Blick resultiert aus dem Erkenntnisideal der Naturwissenschaften". Danach können nur exakte Aussagen, „die [..] durch methodische Regeln der Objektivität verifizierbar sind, zugelassen werden" (Mattner, 2012, S. 322). Der verstehend-hermeneutische Zugang zu den Verhaltensauffälligkeiten der Kinder wird demgegenüber aus dem Bereich human- und sozialwissenschaftlicher Forschung und Praxis weitgehend verabschiedet (vgl. ebd.). Gamm hält dazu fest: „Je tiefenschärfer eine Einstellung auf die Sache erfolgt, desto mehr verschwimmen nicht nur die Ränder, es sinkt auch die Bedeutung, welche die Sache für uns hat. Die Verwissenschaftlichung der humanen und sozialen Welt (von der Psychologie, über die Medizin bis zur Ökonomie) hat zur Folge, dass die Relevanz zugunsten methodischer Strenge geopfert wird: Je höher die Objektivität, Zuverlässigkeit und Validität der Verfahren, desto größer die Irrelevanz" (Gamm, 2010, S. 128). Im Gegensatz zur Evidenzbasierung fordert Gamm: „Strategisches Wissen sollte gegen ein verständigungsorientiertes, sprachspezifisches gegen ein evidenzbasiertes Wissen abgegrenzt werden" (ebd., S. 123).

Interessant ist, dass die Diagnosestellung des ADHS dennoch über symbolvermittelte Termini erfolgt (Selbstberichte oder Befragung der Eltern), aufgrund der konstitutiven Erklärungslücke zwischen »Geist« und »Gehirn«, die es der Gen- und Hirnforschung bisher nicht möglich machte, die These der hirnorganischen Störung zu belegen. Trotz der prinzipiellen Wissensgrenze, an die die ADHS-Forschung also stößt, avanciert das zu behandelnde „Gehirn" zum Subjekt der Störung. Ein schlecht verstandener Autonomiebegriff wird gleichsam auf das „Gehirn" der betroffenen Kinder übertragen, der im Umgang mit ihnen dominiert. Das „Gehirn" aber kennt kein Affiziertwerden vom Anderen. Das Involviertsein des Subjekts in seine soziale Mitwelt existiert in den biomedizinischen Modellen kaum. Die Antlitzhaftigkeit des Anderen (Lévinas), in der vordem der kindliche Übermut und die eigenwillige Widerspenstigkeit ihren Platz hatten, wird im Universum verbessernden Neuro-Enhancements, das auf die Autonomie des „Gehirns" kapriziert, erstickt.

Der zeitgenössische Autonomiebegriff ist von der Verkürzung geprägt, dass sich in ihm weder ein Sinn für die kantische Unerforschlichkeit der Freiheit noch für die hegelianische Anerkenntnis des Anderen findet. Die Bedürfnisse der Kinder, die ausschlaggebend für ihr Verhalten sein mögen, treten in den Hintergrund. Der US-amerikanische Ethikrat merkt zur Biomedikalisierung des ADHS kritisch an, dass die Kinder ihrer Kindlichkeit und Sensibilität beraubt würden, „die ihr Erwachsenenleben wahrhaftig verbessern könnten" (vgl. PCBE 2009, S. 342).

Zusammengefasst gesagt: Möglicherweise kommt die Moral in Zukunft aus dem Biomedizinschrank, so dass sie ganz im Gegensatz zur Idee der Freiheit von Kant nach Maßgabe des naturwissenschaftlichen Erkenntnisideals (Naturgesetze des „Gehirns") kultiviert würde. Zum einen wird im Rahmen der gängigen ADHS-Therapie der kantische Urteilsspielraum verschlossen, der erst ein subjektives Verstehen des Verhaltens der Kinder eröffnete. Zum anderen verlieren die hegelianischen wechselseitigen Anerkennungsprozesse zwischen Erwachsenen und Kindern an Relevanz, in denen moralische Praktiken erst ausgehandelt werden. Aufgabe der Disziplinen, die direkt pädagogisch und therapeutisch mit Menschen arbeiten, ist es daher, sich über prinzipielle Wissensgrenzen auszutauschen und die Bedeutung verständigungsorientierten Wissens zu schärfen. Der ethische Konflikt der Kindertherapieforschung liegt nicht nur im Verpassen neuronal-sensibler Entwicklungsfenster (vgl. Siegmüller & Ringmann, 2011), sondern vor allem darin, die geistige und körperliche Entwicklung von Kindern allzu sehr nach der empirischen Logik der Bio- und Neurowissenschaften zu deuten. Der gelingende Verlauf jeder pädagogischen und therapeutischen Situation lebt von seiner Offenheit, d.h. im »Geistigen«, das *jenseits* biomedizinischer Erkenntnisse über die Körperlichkeit des Menschen liegt.

Literatur

Adorno, Th. W. (2003). Marginalien zu Theorie und Praxis. In: Th. W. Adorno (Hrsg.), *Gesammelte Schriften*, Bd. 10.2, (pp. 759-782). Frankfurt/M: Suhrkamp.

Albrecht, H. (2012). Lob der Erfahrung. Unser Leben wird von Statistiken dominiert. Ein Plädoyer für den Wert persönlichen Wissens in Alltag und Medizin. *DIE ZEIT,* 19, 33.

Assheuer, Th. (2012). Worauf ist noch Verlass? Für John Locke und David Hume war Erfahrung alles. Bis Immanuel Kant an ihr zu zweifeln begann. *DIE ZEIT,* 19, 34.

Colla, H. E. (2011). Liebe und Verantwortung. In: H.-U. Otto & H. Thiersch, (Hrsg.), *Handbuch Soziale Arbeit* (pp. 894-900). München, Basel: Ernst-Reinhardt Verlag.

Gamm, G. (1980). Zu Kants Idee der praktischen Vernunft. In: K.O.Apel et.al. (Hrsg.), Reader zum Funkkolleg ‚Praktische Philosophie/Ethik' (pp. 180-196). Frankfurt/M: Fischer.

Gamm, G. (2010). Der kluge Kopf. Unwissenheit, Ignoranz, Urteilskraft – Tabus der Wissensgesellschaft. *Lettre International*, 89, 123-130.

Gerber, A. (2005). „Evidence-based Medicine" und der Einzug der Hermeneutik in die Medizin. In: S. Dungs & H. Ludwig (Hrsg.), *profan sinnlich religiös. Theologische Lektüren der Postmoderne* (139-147). Frankfurt/M: Peter Lang Verlag.

Hegel, G. W. F. (1986a). Phänomenologie des Geistes. Werke Bd. 3. Frankfurt/M: Suhrkamp.

Hegel, G. W. F. (1986b). *Vorlesungen über die Geschichte der Philosophie III.* Werke Bd. 20. Frankfurt/M: Suhrkamp.

Hüttemann, A. & Sommerfeld, P. (2006). Evidence-based Social Work. In: S. Dungs, U. Gerber, H. Schmidt & R. Zitt (Hrsg.), *Soziale Arbeit und Ethik im 21. Jahrhundert* (pp. 114-125). Leipzig: Evangelische Verlagsanstalt.

Hüttemann, A. (2012). Plurale Normen des Sozialen Arbeit – eine Skizze ausgewählter normativer Kontexte. In: H.-U. Otto & Ziegler, H. (Hrsg.), Das Normativitätsproblem der Sozialen Arbeit. Zur Begründung des eigenen und gesellschaftlichen Handelns. *Neue Praxis Sonderheft,* 11, 102-115.

Kant, I. (1995a). *Grundlegung zur Metaphysik der Sitten.* Hg. v. W. Weischedel. Werke Bd. 7. Frankfurt/M: Suhrkamp.

Kant, I. (1995b). *Kritik der praktischen Vernunft.* Hg. v. W. Weischedel. Werke Bd. 7. Frankfurt/M: Suhrkamp.

Khurana, Th. (2011). Paradoxien der Autonomie. Zur Einführung. In: Th. Khurana & Chr. Menke (Hrsg.), *Paradoxien der Autonomie. Freiheit und Gesetz I* (pp. 7-23). Berlin: August Verlag.

Legnaro, A. & Birenheide, A. (2008). *Regieren mittels Unsicherheit. Regime von Arbeit in der späten Moderne.* Frankfurt/M., New York: UVK Verlagsgesellschaft.

Mattner, D. (2012). ADHS im Kindes- und Jugendalter. Zur Kritik der Biologisierung kindlichen Verhaltens. In: S. Bliemetsrieder & S. Dungs (Hrsg.), Kindheit in der Funktionale. Ambivalenzen ihres Wandels in disziplinären und professionellen Perspektiven (pp. 317-334). Frankfurt/M: PeterLang Verlag.

Menke, Chr. (2011). Autonomie und Befreiung. In: Th. Khurana & Chr. Menke, (Hrsg.), *Paradoxien der Autonomie. Freiheit und Gesetz I* (pp. 149-184). Berlin: August Verlag.

Pinkard, T. (2011). Das Paradox der Autonomie: Kants Problem und Hegels Lösung. In: Th. Khurana & Chr. Menke (Hrsg.), *Paradoxien der Autonomie. Freiheit und Gesetz I* (pp. 25-59). Berlin: August Verlag.

PCBE (2009). Bessere Kinder: Enhancement mit psychotropen Medikamenten. (President's Council on Bioethics). In: B. Schöne-Seifert & D. Talbot (Hrsg.), *Enhancement. Die ethische Debatte* (pp. 319-344). Münster: Mentis Verlag.

Siegmüller, J. & Ringmann, S. (2011). Projektskizze „Entwicklung einer Forschungsethik für die interdisziplinäre Therapieforschung bei Kindern mit Entwicklungsstörungen". Rostock.

Rödl, S. (2011). Selbstgesetzgebung. In: Th. Khurana & Chr. Menke (Hrsg.), *Paradoxien der Autonomie. Freiheit und Gesetz I* (pp. 91-111). Berlin: August Verlag.

Wendt, W. R. (2005). Maßgaben für eine gute Praxis. Die Evidenzbasierung Sozialer Arbeit. *Blätter der Wohlfahrtspflege*, 5, 168-173.

Sprachtherapeutische Forschungsethik?

Kathrin Schulz

Abstract

Der Text versteht sich als *Denkversuch,* als Essay zur *Sprachtherapeutischen Forschungsethik.* Er tritt dafür ein, eine der Sprachtherapie angemessene Forschungsethik aus einem geisteswissenschaftlichen Begriff von Sprache zu entwickeln. Der Gedankengang entfaltet eine transfunktionale Auffassung von menschlicher Sprachlichkeit: Sprache ist mehr als Austausch von Informationen zwischen zwei Subjekten. Die Frage nach sprachtherapeutischer Forschungsethik beginnt mit einer Positionierung zum Wert des Sprachlichen an sich. Erst dann lassen sich das *Gute*, der Benefit von Sprachtherapie für den Einzelnen und zuletzt auch begründbare Maßstäbe einer Sprachtherapeutischen Forschungsethik erkennen und vereinbaren.

Conditio Humana

Es ist die Sprachlichkeit des Menschen, die den Horizont des menschlichen Miteinander-in-der-Welt-Seins markiert. Das Sprachliche ist das Medium aller Medien. Stimme, Sprache, Sprechen, Gesten, Gebärde, Schreiben und Lesen sind das Bezugsgewebe jeder menschlichen Beziehung. Erst im Medium des Sprachlichen konstituieren sich Welt und Psyche, gewinnt das menschliche *Da-Sein* Bedeutung und Reichtum. Ohne ein angemessenes Verständnis dieser Rahmung kann weder der Benefit von Sprachtherapie erklärt noch der Bezugspunkt einer sprachtherapeutischen Forschungsethik begründet werden. Weder erklärt sich der Gewinn sprachtherapeutischer Intervention aus sich selbst heraus, noch erschöpft sich der Wert menschlicher Sprachlichkeit in der Fähigkeit zum Austausch zweckmäßiger Informationen. Erst über die Bestimmung des Beitrags menschlicher Sprachlichkeit zur *Conditio Humana* zeigen sich der Wert sprachtherapeutischer Arbeit wie auch die Messlatte berechtigter und erwünschter Forschung.

Eine umfassend gelingende Sprachlichkeit ist Merkmal und Voraussetzung gelingender *Conditio Humana.* Die Teilhabe am Sprachlichen ist eine Bedingung der Möglichkeit des Einzelnen zur Entfaltung seines stets intersubjektiv verfassten Menschseins im Geflecht von Teilhabe und Mitwirkung an einer vernünftigen, gerechten und guten Gesellschaft. Mit ihrem Beitrag zu Erhalt oder Wiederherstellung gelingender Sprachlichkeit leistet Sprachtherapie einen ethisch wertvollen und begründeten Beitrag zur Entfaltung der *Conditio Humana.* Der sprachlich behinderte Mensch erscheint dort weniger als *kranker* Mensch, denn als *gekränkter* Mensch, als Wesen, das *in seinem Menschsein verletzt* ist. Mit dem Erkennen von Sprachlichkeit als Ausdruck gelingender *Conditio Humana* entfernt sich das Selbstverständnis sprachtherapeutischen Handelns von einem medizinischen, psychologischen, linguistischen oder kognitionswissenschaftlichen Denkhorizont. Es formt ein Verständnis zum Kosmos menschlichen Sprechens, das sich nicht darin erschöpft, Sprache als ein symbolhaftes Informationssystem (Sroufe und Cooper) zu verstehen, das sich nicht damit zufrieden gibt, Sprache in ihre syntaktischen, semantischen und pragmatischen Strukturen (Morris), in Oberflächen- und Tiefenstrukturen (Chomsky) zu zerlegen, das weder im Organon-Modell Bühlers die Letzterfüllung findet, noch in Verweisen auf die Intentionalität des Sprachlichen, die kommunikative Kompetenz (Habermas) oder von Sprechakten (Austin, Searle) verharrt. Vielmehr rückt es das subjektive Moment von Sprache und Sprechen in den Fokus: ein Moment, das paradoxerweise nur und ausschließlich im Modus der Intersubjektivität zu denken ist.

Erst unter dieser veränderten Perspektive gerät das *Eigentliche* der Sprachtherapie, das prinzipielle *Gutsein* von Sprachtherapie in den Blick und öffnet Möglichkeiten zu einer begründbaren, zu einer sprachtherapeutischen Ethik bzw. Forschungsethik, die sich gleichberechtigt und eigenständig neben (!) Medizin, (Neuro-) Linguistik, Psychologie und den Kognitionswissenschaften positioniert. Eine geistes- und kulturwissenschaftliche Perspektive würde die Sprachtherapie nicht nur inhaltlich befruchten; sie würde sie auch ethisch legitimieren.

Medikalisierung der Sprachtherapie

Das die Sprachtherapie beherrschende medizinisch-naturwissenschaftliche Paradigma setzt den Maßstab dafür, was als „minimales Forschungsrisiko" zu gelten hat und worin der „erhebliche Forschungsnutzen" besteht. Gegenwärtig ist es die Medizin, die Grenzen und Inhalte der Sprachtherapie definiert, sie in ihrer jetzigen Form legitimiert und – lautlos durch die sprachtherapeutischen Institutionen akzeptiert – deren Denkhorizonte absteckt. Innerhalb des medizinischen Paradigmas können Sprache, Sprechen und Stimme *nur* unter dem Aspekt ihres Krankheitswertes thematisiert werden. Eine *andere* Perspektive auf die zum Problem gewordenen menschlich-sprachlichen Angelegenheiten müsste sich neu begründen und rechtfertigen und sich außerhalb der Sphäre der Medizin positionieren. Methodisch orientieren sich sprachtherapeutische Forschungen an den naturwissenschaftlichen Methoden der Medizinwissenschaft oder dem Mainstream quantitativer und – seltener – qualitativer Forschungsparadigmen der Sozialwissenschaften.

Nun sind Methoden keineswegs *harmlose* Erkenntnis-Instrumente: Methoden bewirken kein objektives Wissen, im Gegenteil: sie verändern bzw. de-formieren ihre Untersuchungsgegenstände (hier sprachliche Erkrankungen, Diagnostiken, Therapieverfahren). Sie zwängen den sprachtherapeutischen Untersuchungsgegenständen eine bestimmte (Daten)Struktur auf und in deren Folge erzeugen sie Ergebnisse, die ausschließlich in vorab festgelegten Kategorien interpretierbar sind und damit womöglich das eigentlich Kennzeichnende, das was es zu erkennen gilt, aus dem Blick drängen. Sprach-, Sprech- und Stimmerkrankungen werden gegenwärtig in einem engen, überwiegend naturwissenschaftlich orientierten Rahmen untersucht und ausgelegt. Was für die naturwissenschaftliche Medizin ein geeignetes Untersuchungs- und Prüfverfahren sein mag, kann sich für sprachtherapeutische Forschungsfragen als blind, ja sogar als doppelt-blind, herausstellen. Die Besonderheiten des prekären Sprachlichen lediglich in den Feldern Medizin, Neurolinguistik oder Kognitionspsychologie zu verorten, kommt einer Käfighaltung der menschlichen Sprachlichkeit gleich. Sprachtherapie, die sich in ihren Theorien, Diagnostiken und Therapien an den empirischen Natur- oder Sozialwissenschaften orientiert, kann dem *Eigentlichen* des Sprachlichen nicht auf die Spur kommen. Vor dem Hintergrund medizinischer Annahmen bleibt der ethisch-normative Sollensanspruch der Sprachtherapie immer an die Medizin zurückverwiesen, und verfehlt damit das Wesentliche. Die empirischen Wissenschaften (gleich ob Medizin oder Psychologie) müssen das Lebendige zum Ding oder zur Sache herabwürdigen, um es in quantifizierbare Variablen, Items, Sequenzen oder Frequenzen zu zerlegen.

Es mangelt nicht an empirisch-wissenschaftlichen Versuchen, Therapeutisches und Sprachliches, zwecks *Ver*-messung zu *objektivieren*, und doch haben sich das Sprachliche und das Therapeutische ihr Geheimnis gegenüber empirisch-wissenschaftlichen Zugriffen bewahrt. Selbst bei Empirie-Hardlinern wächst die Einsicht, dass die bloße Ansammlung von Daten, die pure Erweiterung des (empirischen) Wissens über die materiellen und neuronalen Grundlagen des Gehirns und der dort verorteten Sprachlichkeit null und nichts und noch mal nichts an Erkenntnisgewinn erbringen: weder über das Wesen des Sprachlichen noch des Therapeutischen, geschweige denn über deren Wechselwirkungen.

Sprachtherapeutische Praxis

Um Missverständnissen vorzubeugen: Jeder empirisch erforschte Teilaspekt des Sprachlichen ist unbestreitbar wichtig für eine präzise sprachtherapeutische Diagnostik und Therapie. Doch lässt sich aus empirischer und deskriptiver Forschung keine Ethik gewinnen. Aus einem bloßen faktischen Sein kann kein normatives Sollen abgeleitet werden. Die menschliche Sprachlichkeit ist nichts *Akzidentelles*, nichts was zum eigentlichen Menschsein noch hinzukommt und damit prinzipiell funktional ersetzbar wäre, wie es z.B. die Leber, die Haare, eine Hand oder die Rechenfähigkeit eines Menschen sind. Der Mensch *hat* nicht Sprachlichkeit, er *ist* das Sprachliche. Das Menschliche ist das Sprachliche und damit sind Sprachlichkeit und Menschsein letztlich eins und tragen ihre Zwecke in sich selbst. Weder das Sprachliche noch das Subjektive sind Mittel zu anderen Zwecken.

Würde Sprachtherapie sich nur auf Empirie und Tatsachen berufen, wäre sie Mittel zu anderen Zwecken: Sie wäre nur eine *Technik* und keine *Praxis.* Will Sprachtherapie anderes und mehr sein, muss sie ihr *Objekt,* die problematische Sprachlichkeit einiger Menschen, unter einer – ihr zugegeben derzeit noch fremdartig erscheinenden – geisteswissenschaftlichen Perspektive beobachten. Für die Sprachtherapie gilt: Wie jeder Bildungsprozess, jedes pädagogische, jedes psychotherapeutische Handeln ist auch sprachtherapeutische Intervention sprachlich verfasst. Das Sprachliche ist das Medium aller therapeutischen Vermittlung. Sprachtherapie kann den am Gebrauch des Sprachlichen behinderten Menschen zu einem für ihn bestmöglichen Sprechen verhelfen. Dabei kommt die Therapeutin nicht umhin, im Rahmen der Therapie – ob reflektiert oder nicht – eine ethisch-moralische Haltung einzunehmen. Das ethisch Gute, das Gesollte der Sprachtherapie begründet sich genau darin, via des filigranen sprachlichen Vermögens der Sprachtherapeutin im Modus der Intersubjektivität – als dem (unbestimmten) *Zwischen* Patient und Therapeutin – dem einzelnen Patienten das Reich des Sprachlichen (wieder) zu eröffnen.

Das Besondere der Sprachtherapie ist, dass Mittel und Zweck als sprachtherapeutische Praxis zusammenfallen: Das therapeutische Mittel ist das Sprachliche der Therapeutin, eingesetzt zum Zweck der Verbesserung des Sprachlichen des Patienten. Die heilende Wirkung lässt sich wiederum nur als ein Moment tiefster Intersubjektivität verstehen. Das Sprachliche ist untrennbar mit der Subjektivität von Patientin und Therapeutin verbunden. Sprachtherapie verändert die Subjekte, ihre Selbst- und Weltverhältnisse. Wenn das so ist, dann stellen Mittel und Zweck gleichermaßen ein *Gut* dar. Sprachtherapie kann unter dieser philosophischen Perspektive niemals nur technisch-instrumentell verstanden werden und so könnte – die ethische Position Immanuel Kants fortschreibend – ein erstes ethisches Prinzip lauten: »Handle als Therapeutin und/oder Forschende stets so, dass Du sowohl das Subjekt – hier die Therapeutin, den Patient und/oder Probandin einer Studie – als auch das Sprachliche als Zweck an sich selbst begreifst und niemals als Mittel für einen anderen Zweck«.

Das gilt uneingeschränkt für Kinderpatienten und/oder den Probandinnen einer Therapieforschungsstudie. Sprachtherapie verliert ihre ethische Grundierung, wenn Therapeutinnen sich selbst und ihre Sprachlichkeit als bloße dinghafte Mittel oder gar technische Werkzeuge begreifen. Ähnliches trifft für die Beziehung zwischen Patient und Therapeutin zu; gerade in der Kindertherapie ist es das tief beglückende intersubjektive Moment, das *Zwischen-Zweien*, das therapiewirksam wird. Eine Therapeutin, die ihre Sprachlichkeit auch als Glück, Lust, Poesie, Witz und Ironie erlebt, vermag die Sehnsucht nach glückender Sprachlichkeit im Patienten zu evozieren. Fehlt der Therapeutin dieses künstlerisch-kreative Element schon für die eigene Sprachlichkeit, ist ihr der Weg versperrt, jene ethisch-moralische Haltung einzunehmen, die es ermöglicht eine – im moralisch-ethischen Sinn – *gute* Sprachtherapeutin zu sein. Erst in der Überlagerung eines ästhetischen wie ethischen Verhältnisses, sowohl zum Sprachlichen wie auch zum Patienten, realisiert sich die ethisch gute sprachtherapeutische Praxis.

Sprachtherapeutische Forschungsethik

Um die von den Krankenkassen geforderte Wirksamkeit ihrer Therapien nachzuweisen, sehen sich Sprachtherapeutinnen gezwungen, ihre Therapieansätze Studien zu unterziehen und vergleichende Versuche durchzuführen. Weil auch nicht-medizinische bzw. nicht-invasive Untersuchungen psychische oder soziale Konsequenzen für das beforschte Subjekt haben können, ist eine ethische Prüfung des Forschungsanliegens verpflichtend. Im Mittelpunkt steht die ethische Frage, ob aus dem in genereller Betrachtung ethisch positiv begründbaren Anliegen einer Vermehrung des allgemeinen Gutes *Wissen* (insbesondere medizinischen Wissens), das – allgemeine und ethisch legitime – Recht erwächst, in das Leben einzelner Menschen einzudringen, auch ohne deren explizite Zustimmung, wie im Falle von Kinderprobanden. Allgemein akzeptierte Antworten aus den medizin-affinen Ethikkommissionen stehen aus. Ein Heilsweg am Leitfaden naturwissenschaftlich-positivistischer Argumentation ist nicht in Sicht: Keine noch so ausgeklügelte Rechenoperation vermag ethisch-moralische Entscheidungsprozesse algorithmisch abzuarbeiten. Forscher und Forscherin bleiben darauf zurückgeworfen, die letzte Verantwortung für das Wohl der je konkreten menschlichen Probandinnen zu übernehmen.

Siegmüller und Ringmann (2012) beschreiben das gegenwärtige Dilemma der sprachtherapeutischen Forschung so: „Verschiedene therapeutische Berufsgruppen führen Interventionsstudien mit Kindern durch. [...] das Verweilen von Kindern in untherapierten Kontrollgruppen kann sich auf Grund sensibler Entwicklungsfenster negativ auf die weitere kindliche Entwicklung auswirken. Trotz solcher brisanten Fragestellungen sind ethische Clearings im Bereich der Kindertherapieforschung eher die Ausnahme." Dabei liegt der Kern dieses ethischen Konflikts nicht ursächlich allein bei der – prinzipiell ethisch legitimen – Forderung der Krankenkassen nach evidenzbasierten Therapien.

Die Problematik liegt vielmehr in der ungeprüften oder unkritischen Übernahme der medizinisch-naturwissenschaftlichen Perspektive durch die Akteurinnen im Feld der Sprachtherapie. Zu fragen ist hier: Warum überhaupt diskutieren und akzeptieren sprachtherapeutische Akteurinnen die nach naturwissenschaftlichen Kriterien herangetragenen Forderungen der Krankenkassen nach „Evidenzbasierter Medizin" oder „Evidenzbasierter Praxis"? Das mag vielfältige Gründe haben, die von einer historisch tradierten Sehnsucht nach Anerkennung des eigenen Berufsfelds durch die Medizinwissenschaft, über eine damit verknüpfte Erwartung eines Reputationsgewinns für die gesamte Profession bis zu einer durch individuelles Statusstreben verblendeten Wahrnehmung oder dem Fehlen einer fachspezifischen Reflexionskultur reichen. In Konsequenz der vorangestellten Überlegungen aber wird deutlich, dass sich im Festhalten an der Medizin als Leitwissenschaft sprachtherapeutischen Handelns die grundlegenden ethischen Fragen nicht beantworten lassen. Erkennbar wird, dass die Übertragung des medizinisch-naturwissenschaftlich Paradigmas auf das vielmehr über geisteswissenschaftliche Parameter zu erschließende Feld der Sprachtherapie eine fachspezifische Antwort auf ethische Fragen eher verschließt als befruchtet. Erst in der Überschreitung oder zumindest Erweiterung des medizinischen Paradigmas werden sich Lösungsoptionen öffnen.

Sprachtherapeutische Forschungsethik ?

Festzuhalten ist, dass die Entwicklung einer eigenständigen sprachtherapeutischen Forschungsethik zuallererst Klarheit bei den Akteurinnen über die historischen, politischen und wissenschaftlichen Verwicklungen sowie über die ökonomischen Abhängigkeiten der Sprachtherapie von den medizinischen Institutionen voraussetzt. Auch müsste die Sprachtherapie ein eigenständiges, theoretisch basiertes Verständnis des Sprachlichen gewinnen. Erst vor diesem Hintergrund scheint es möglich, angemessene Positionen zu einer spezifischen sprachtherapeutischen Forschungsethik zu gewinnen.

Ich bin zuversichtlich, dass es der Sprachtherapie gelingen wird, eine sprachtherapeutische Forschung zu entwickeln, die sich nicht den Präliminarien und Standards einer positivistisch-empirischen, naturwissenschaftlich-medizinischen

Forschung unterwirft; einer Forschung, die es ermöglicht, Therapieansätze präzise zu untersuchen, auch ohne den hohen Preis des untherapierten Kindes zu zahlen. Sprachtherapie birgt das ethische Potenzial, sowohl individualethisch zum Glück des einzelnen Menschen, v.a. der Kinderpatienten, beizutragen als auch sozialethisch an der Verwirklichung einer guten (vernünftigen) Gesellschaft mitzuwirken. Derzeit ist Sprachtherapie und ihre Forschung durch die allzu enge Bindung an die Medizin und die Kognitionswissenschaften (noch) nicht frei genug, um ihr *eigentliches* – zutiefst ethisches – Potenzial zu entfalten.

Die Klausur-Ethikwoche in Rostock, initiiert von Julia Siegmüller und Svenja Ringmann, ist ein wichtiger Schritt in die richtige (gute!) Richtung zur transdisziplinären Diskursivierung der Sprachtherapie. Beiden Wissenschaftlerinnen sei herzlich gedankt für ihr Engagement!

Literatur

Schulz, K. (2011). *Ethik der Sprachtherapie.* Idstein: Schulz-Kirchner-Verlag.

Schulz, K. (2008). *Logopädie zwischen Moderne und Spätmoderne, Sprache Stimme Glück.* Marburg: Tectum Verlag.

Siegmüller, J. & Ringmann, S. (2012). Projektskizze „Entwicklung einer Forschungsethik für die interdisziplinäre Therapieforschung bei Kindern mit Entwicklungsstörungen". Rostock.

Anthropologische und ethische Betrachtungen zur Bewegung und Bewegungsentwicklung aus Sicht der Physiotherapie

Katharina Scheel

Abstract

Obwohl die menschliche Bewegung der zentrale Gegenstand der Physiotherapie ist, rückt sie, abgesehen von der spärlichen Anzahl an Modellen der Physiotherapie – z.B. von Cott (1995) und Probst (2007) –, die sich ihr verschrieben haben, als grundlegendes Phänomen kaum in den Forschungsfokus. Sie wird vielmehr als Bedingung von Leben und Entwicklung vorausgesetzt. So drängen sich die Sport- und Bewegungswissenschaften in den Vordergrund, wenn es um die Erforschung von Bewegung und ihrer zahlreichen Facetten geht. Die Bewegungsdebatten haben – wenn man von dem Mehrwert einer therapiewissenschaftlichen Betrachtungsweise ausgeht völlig unbegründet – bisher an der Physiotherapie vorbeigeführt.

Trotz der Bekundungen der verschiedenen Disziplinen, der menschlichen Bewegung einen wesentlichen Platz in ihren Konzeptionen zuweisen zu wollen, wird sie häufig als „Anhängsel“ anderer Phänomene verstanden. Sie ist Voraussetzung für Handeln oder für Spielen usw. Dies wurde in einer Dissertation zum Anlass genommen, die Lebensnotwendigkeit der Bewegung an sich herauszustellen, ihr ein eigenes Menschenbild, den „Homo movens“, zu widmen und dessen „Geburt“ auf die besondere Herangehensweise der Physiotherapie an das Phänomen zurückzuführen. Eines der Verhältnisse, auf das dieser Mensch projiziert wurde, war das zwischen Leib und Körper, welches eine Grundbedingung der philosophischen Anthropologie zur Beschreibung des Wesens des Menschen ist. In den ersten beiden Abschnitten dieses Beitrags wird dieses Verhältnis erklärt und sowohl Betrachtungen der philosophischen Anthropologie, der Phänomenologie als auch der Physiotherapie erläutert.

Im Kontext der physiotherapeutischen Überlegungen über Bewegung kann das Bobath-Konzept eine Rolle spielen, das sich, eingesetzt bei Kindern, vor allem als eines, das Bewegungsentwicklung unterstützen will, versteht. An dieser Stelle wird die Beziehung zwischen Physiotherapie, Bewegungs- und Entwicklungspädagogik deutlich. Die anthropologischen Aspekte im Konzept implizieren eine Interaktion zwischen Kind und Therapeut, die auf Achtsamkeit als ethischem Prinzip beruht. Die Ausführungen des Konzepts dazu schließen an die allgemeinen Betrachtungen zu Bewegung und Körper/Leib an.

Das Erforschen von Interaktionen ist hochvoraussetzungsreich. Eine Forschungsmethode, die dazu herangezogen werden kann, ist die Hermeneutik – die Methode des Verstehens. Sie spielte in der beginnenden Physiotherapieforschung in Deutschland bisher keine Rolle. In diesem Beitrag soll sie abschließend in den Kontext physiotherapeutischer Forschung gesetzt und auf ihre mögliche Bedeutung hingewiesen werden.

1. Bewegung in der Perspektive der philosophischen Anthropologie – Vorüberlegungen

Der Mensch fragt seit jeher, woher er kommt oder wohin er geht und welchen Platz er in der Welt besetzen kann. Diese Selbstverständigungsprozesse sind existenziell und Kennzeichen seines Wesens. Die Äußerungen zu diesem Thema sind ebenso zahlreich wie vielfältig. Wird die Anthropologie als diejenige Wissenschaft befragt, die sich dem Verständnis des Menschen verpflichtet sieht, kann man auch durch sie keine einheitliche oder einfache Antwort erwarten. Dies ist u.a. auf die Unterscheidung zwischen naturwissenschaftlichen und geisteswissenschaftlichen Anthropologien zurückzuführen. Die philosophische Anthropologie kann zu den geisteswissenschaftlichen Disziplinen zählen, wobei gerade sie als Vermittlerin zwischen den verschiedenen, komplementären Ansätzen fungieren kann: Sie erklärt die Bestimmung des menschlichen Wesens zu ihrer Generalaufgabe und zur Thematik der Philosophie.

Ihr theoretischer Ansatz verbindet lebensphilosophische Traditionen mit der Kritik am Rationalismus sowie mit Überlegungen aus der allgemeinen (Human-) Biologie. Es finden sich in diesem Bereich Auffassungen vom Menschen als Tier mit besonderen Fähigkeiten oder als Wesen, welches mit der Natur gebrochen hat. Er wird als instinktarm und zur Intelligenz gezwungen beschrieben. Auf diese vielfältigen Kreationen von Menschenbildern, häufig im Vergleich zu nichtmenschlichen Lebewesen, besitzt die philosophische Anthropologie ein Monopol. Das verbindende Element ist das Betrachten des Menschen in der Welt. Er lebt in einem ständigen Austausch mit der Umwelt und dieser Austausch ist, im Gegensatz zum Tier, nicht von Instinkten geleitet, sondern seine Auseinandersetzung mit der Welt – mit anderen Menschen, Lebewesen oder Gegenständen – soll durch Offenheit, Selbst-Tätigkeit und Entwicklung gelingen.

Die philosophische Anthropologie ist für die Physiotherapie im Hinblick auf ihre Spaltung in Subjekt und Objekt gewinnbringend. Sie spezifiziert sich in der Differenzierung von Körper, Leib, Geist und Seele und liefert damit eine Basis für das Herausarbeiten eines Bewegungsverständnisses, das hilft, den Gegenstand der Physiotherapie zu beschreiben. Die materielle Gebundenheit der Bewegung an Leib bzw. Körper ist die Grundbedingung, vor dem das Phänomen Bewegung erklärt werden kann. Interessant sind in diesem Kontext die Arbeiten von Plessner, in denen er die ontologische Frage, was Körper und Leib sind, in die anthropologische Frage, in welchem Verhältnis der Mensch zu seinem Körper bzw. Leib steht, überführt und Wesensgesetzte erläutert, die er auf seine „Theorie der Umweltbeziehung" (Probst, 2010) zurückführt (Meinberg, 2011). Plessner geht von einer unterschiedlichen Positionierung der Lebewesen in der

Umwelt aus, mit der Konsequenz, dass das Verhältnis des Menschen zu seinem Körper ein Doppeltes ist: Der Körper ist dem Menschen einerseits im Sinne eines „Körperhabens", andererseits im Sinne eines „Leibseins" gegeben. Dabei ist die Unterscheidung zwischen „Köperhaben" und „Leibsein" rein analytischer Natur – im freien Lebensvollzug sind sie miteinander verschränkt. Die „Zweiheit" des Körpers spiegelt eine Dualität wider: Der "körperliche Leib" (Jäger, 2004) führt „Körperhaben" und „Leibsein" als zwei Facetten menschlicher Existenz zusammen (Gugutzer, 2004). Die These des Seins und Habens formuliert Plessner auf der Basis der „Positionalität", die als Unterscheidungskriterium zwischen Mensch und Tier gilt und der zufolge der Mensch in einer besonderen Beziehung zu seiner Umwelt steht. Während die tierische Position „zentrisch" ist, ist die des Menschen „exzentrisch". Durch die Möglichkeit der Reflexion ist der Mensch aus der „zentrischen" Position des Tieres herausgehoben, die ein Leben „als Mitte" unmöglich macht (Plessner, 1981). Nur der Mensch kann sich seines leiblichen Standpunkts bewusst werden und nicht nur die Umwelt erleben, sondern sich selbst als umwelterlebend erfahren (Plessner, 1982). Er kann allerdings auch in seiner Stufe der „Exzentrizität" nicht aus dem Hier-Jetzt der „zentrischen" Position ausbrechen. Aufgrund seines organischen Verhältnisses ist er, wie das Tier auch, „zentrisch" positioniert und sowohl an sein leibliches Erleben als auch an die Welt zeitlich und räumlich gebunden. Andererseits ist der Mensch in der Lage „außer sich zu sein", aus dem „Hier-und-Jetzt" herauszutreten, und eine reflexive Gegenposition einzunehmen:

> „Der Mensch [existiert] als Leib in der Mitte seiner Sphäre, die, entsprechend seiner empirischen Gestalt, ein absolutes Oben, Unten [...] Früher und Später kennt, und der Mensch [existiert] als Körperding an einer beliebigen Stelle eines richtungsrelativen Kontinuums möglicher Vorgänge" (Plessner, 1982, S. 12).

Allerdings stellt sich dem Menschen der Körper im Sinne eines „Körperhabens" als eine lebenslange Aufgabe: Er ist sein Körper – seine Gliedmaßen, Gelenke und Muskeln. Diese körperliche Existenz ist ihm als Zustand gegeben. Aber durch die Notwendigkeit, den Körper stetig zu beherrschen, gehört er dem Menschen nicht automatisch. Die körperliche Existenz wird erst durch die Aneignung kulturspezifischer Techniken möglich (Gugutzer, 2004). Dazu gehört das Erlernen von Bewegungstechniken und folglich das Überführen der „Erbmotorik" in eine „Erwerbsmotorik". Jedes Lernen zu Stehen, zu Laufen oder zu Greifen vollzieht sich vor dem Problem des „Körperseins" und „Körperhabens" (Plessner, 1982) und der damit verbunden Ablegung von Trieben und Reflexen hin zu kontrollierten Körper- und Bewegungsäußerungen.

2. Bewegung aus Sicht der Physiotherapie vor dem Spiegel von Körper und Leib

Grundannahme in Bezug auf die menschliche Bewegung ist auch in der Physiotherapie, dass sie sowohl im Körper als auch im Leib ihren Niederschlag findet. Die „exzentrische Position" bringt Körper und Leib hervor und macht ein Wechselspiel zwischen einem „In-sich-ruhen" und einem „Außer-sich-sein" möglich. Im „Außer-sich-sein" ist der Mensch Beobachter seiner selbst, ein „Doppelgänger", wobei er sich der zweiten Rolle stets entledigen kann. Das mehrdimensionale Dasein als Körper, Leib, Geist und Seele lässt den Menschen beim Bewegen ein komplexes Verhältnis mit sich selbst und der Lebenswelt („Ich-Leib-Welt-Verhältnis" (Grupe, 1982)) eingehen. Zur Außenbewegung tritt die Innenbewegung, die sich als Bewegungsstrom und -gefühl entäußert.

Um mit der Umwelt in Kontakt treten zu können, ist zunächst der Körper unentbehrlich: Die äußere Bewegung, die über den Körper ausgeführt wird, entwirft den Menschen zur Welt hin. Zunächst ist der Mensch über den Körper „Körperding", das sich, gemessen an seiner räumlichen Ausdehnung, gleich den Gegenständen und Objekten seiner Umgebung begreifen lässt. In diesem Rahmen interessiert der physikalische Körper des Menschen im Kontext von Raum, Zeit oder Kraft. Es können Ortsbestimmungen vorgenommen, Winkelgrade, Bewegungsausschläge usw. festgestellt werden. Diese Sichtweise auf Bewegung findet sich vor allem in den manualtherapeutischen Konzepten und Methoden (Maitland, Kaltenborn/Evjenth, Cyriax) der Physiotherapie. Auf organischer Ebene ist der Mensch als Körperding „unbeseelter" Organismus, der auf die Bewegung insofern angewiesen ist, dass sie seine körperlichen Überlebensfunktionen regelt und steuert. Die Bewegungen des Menschen können dann z.B. über Regelkreismodelle, wie im Hislopschen Modell der Physiotherapie (Hislop, 1975), nachvollzogen werden, die die lebensnotwendige Bedeutung der Bewegung über Feedbackschleifen verankern. Der Mensch erfährt neben der zeitlich-räumlichen Dimension also lediglich die organischen Funktionen als objektiv gegebene Zustände.

Der Mensch ist geprägt von einem Ich-Leib-Welt-Verhältnis, das durch physiologische bzw. neurophysiologische Mechanismen mitbestimmt ist. Diese Tatsache ist in allen Modellen und Praxiskonzepten der Physiotherapie zu entdekken, wenn man sie dahingehend analysiert. Zudem werden Bewegungen aber auch durch situative Anforderungen und normative Bedingungen herausgefordert. Diese Gegebenheit wird vor allem im Bobath-Konzept akzeptiert und genutzt. Darüber hinaus wird innerhalb dieser Grundbedingungen Bewegung aber auch vollzogen, ist aufgrund innerer Entscheidungen ausgewählt, mit Bedeutung behaftet und setzt ein eigenes Aktiv werden des Subjekts voraus (Grupe, 1982). Vor allem in dem Sinne, die Bewegung im Bewegungsvollzug belassen zu können, nicht aus sich selbst heraustreten und sich auf die Bewegung aufgrund eines mehr oder weniger großen Scheiterns der Leib-Welt-Vermittlung konzentrieren zu müssen. „Leistung" ist Passung zwischen Ich, Leib und Welt. Der Mensch ist daher im Bewegungsvollzug grundsätzlich Leib: Er wechselt zwischen „Leib haben" und „Leib sein", zwischen Nicht-Können und Können, zwischen Hinderlichem und Funktionierendem.

Eine Form der anthropologischen Betrachtung über Bewegung in der Physiotherapie mündet in dem Herausstellen von biomechanischen Grundbedingungen. In diesem Zusammenhang ist innerhalb des Ich-Leib-Welt-Verhältnisses weniger die Welt von Interesse als das Verhältnis zwischen „Ich" und „Leib". Die Originalität drückt sich in mechanisierten oder mechanischen Bewegungen aus, bei der die Umwelt keine Rolle spielt. In diesen Kanon gehört neben dem Bewegen ein „Bewegt-Werden", das in den manualtherapeutischen Konzepten und Methoden beispielsweise während einer Gelenktraktion augenscheinlich wird. Es präsentiert die Abgabe der Eigenbewegung an einen Dritten und damit ein Entledigen der eigenen Leistung. In dem Moment des „Bewegt-Werdens" hat ein Erleben der passiven Bewegung bewusst Vorrang vor dem „Bewegung-machen". In diesem Modus des Bewegens geht es weniger um ein Hin-und-her-wandern zwischen einem „Körper haben" und „Leib sein", denn es wurde sich bereits für ersteres entschieden. Der Mensch ist zum Zeitpunkt des „Bewegt-Werdens" ein physikalischer Körper.

Jedoch lässt sich die Bewegung nur in Grenzen auf diese pure Körperlichkeit reduzieren. Damit sich der Mensch in der Welt verorten kann, müssen die „Körpergrenzen" überschritten werden. Im Weltbezug wird der „beseelte" Körper des sich-bewegenden Menschen zum Leib, die Existenz leibhaftig:

> „Der eigene Leib ist in der Welt wie das Herz im Organismus: er ist es, der alles sichtbare Schauspiel unaufhörlich am Leben erhält, es innerlich ernährt und beseelt, mit ihm ein einziges System bildend" (Merleau-Ponty, 1974, S. 239).

Ohne die leibliche Konstituierung und die eigenleiblich gebundene Bewegung wüsste der Mensch nichts über seine Weltverankerung: „Ding und Welt sind mir gegeben mit den Teilen meines Leibes" (Merleau Ponty, 1974, S. 241), weshalb das Subjekt untrennbar von diesem Leib und der Welt agiert. Die „Welt" stellt dabei einen abstrakten Begriff dar. Den Zugang zu dieser findet das Subjekt über seine Lebenswelten. Die Bewegung wird vor diesem Hintergrund in ihrer Doppeldeutigkeit sichtbar und ist Ausdruck der Beziehung zwischen Mensch und Lebenswelt. Bewegungshandlungen sind von einem erarbeiteten Gleichgewicht zwischen Körper und Leib, Sozial-kulturellem bzw. Naturhaft-organischem getragen. Der Mensch verhält sich in der Welt, wenn sich die Bewegungshandlungen gegenüber der „individuellen Eigenwelt“ sowie seiner sozialen und ökologischen Lebenswelt ausformen. Zu betonen ist an dieser Stelle die Selbsttätigkeit als die Art und Weise, wie sich Bewegungshandlungen ereignen. Dieser Sachverhalt wird im Folgenden am Beispiel des Bobath-Konzepts – ein Neurofazilitationskonzept der Physiotherapie – genauer betrachtet.

3. Menschen in Bewegung – Menschen in Begegnung

Die Selbsttätigkeit des sich-bewegenden-Menschen ist eine Grundbedingung der anthropologischen Betrachtung im Bobath-Konzept. Sie erweist sich im Lichte des Ich-Leib-Welt-Verhältnisses als eines, das seine Gestalt findet, sowohl in der Verschränkung von Körper und Leib im Rahmen der Bewegungshandlungen, entäußert über den Körper, als auch dem Kontakt mit dem Umfeld. Im Folgenden wird das Konzept in seinen Grundprinzipien kurz beschrieben, um dann genauer auf die implizit enthaltenen anthropologischen Ideen eingehen zu können. Diese sind die Grundlage für anschließende ethische Reflexionen in Bezug auf das Prinzip der Achtsamkeit.

2.1 Das „Bobath-Konzept[1]“ – Eine kurze Einführung

Das Bobath-Konzept wird insbesondere bei Kindern, Jugendlichen und Erwachsenen mit angeborenen oder erworbenen Hirnschädigungen verschiedener Art eingesetzt. Die G.K.B.[2] definiert es als ein „neurologisch begründeter, interdisziplinär anwendbarer Ansatz zur Befunderhebung, Therapie und Hilfe für die Bewältigung des Alltages bei Menschen, deren Fähigkeit zur Teilhabe am täglichen Leben durch eine neurologische oder Entwicklungsstörung eingeschränkt ist“ (G.K.B., 2007, zit. nach Grafmüller-Hell, 2008, S. 25).

---

1 Der Name des Konzepts geht auf Karel und Berta Ottilie Bobath zurück, die es zur Behandlung von Menschen mit zerebralen Bewegungsstörungen entwickelt haben und deren Verdienst in diesem Zusammenhang weit über die Grenzen der Physiotherapie hinaus reicht. Es ist ebenso unter dem Namen „Neurodevelopmental Treatment“ (NDT) verbreitet.

2 Die „Gemeinsame Konferenz der deutschen Bobath-Kurse e. V.“ bietet eine der zwei verschiedenen Weiterbildungsformen im Bobath-Konzept an: Sie ist für die Kurse der Behandlung von Kindern, Jugendlichen und Erwachsenen mit zerebralen Bewegungsstörungen sowie anderen neurologischen Erkrankungen zuständig (Munsch, 2008). Die Lehrer der G.K.B. sind die „Lehrtherapeuten“.

Den Charakter des Konzepts zu erklären, stellt(e) sich aus Gründen der hohen Komplexität stets als schwierig heraus. Welling (2008) empfiehlt zur Erschließung eines Therapiekonzepts „das Ansinnen seiner Konstrukteure zu formulieren, also nach seiner Entstehungsgeschichte zu fragen, und das System der zentralen Begriffe zu ergründen." Diese Aufgabe übernahm eine Arbeitsgruppe, die auf Basis der gesichteten Originalliteratur eine Liste zentraler Begriffe und Prinzipen zusammenstellte. Das „System der zentralen Begriffe" (Welling, 2006) war die Grundlage für zehn aktualisierte Prinzipien, die in einer Übersichtsarbeit zur Kindertherapie veröffentlicht wurden. Bei der Neubearbeitung flossen gegenwärtige Modelle zur Bewegungsentwicklung sowie handlungstheoretische Gesichtspunkte ein.

Die zehn Prinzipien „Komplexität" und „Selbstorganisation in der Bewegungsgestaltung", „Anpassungsentwicklung an Umweltanforderungen", „Integration der Aspekte des motorischen Lernens", „Individualisierung", „Lebensweltorientierung", „Konzeptuelle Beziehung zwischen Befundung und Therapiepraxis", „Interdisziplinäre Koordination und interprofessionelle Zusammenarbeit", „Integriertheit von Bewegungsziel und Handlungsziel" und „Kooperatives Bewegungshandeln" (Ritter & Welling, 2008) haben eines gemeinsam: Sie setzen die Person in den Vordergrund und machen die Interaktion zwischen Therapeut und Patient zur zentralen Kategorie im Bobath-Konzept.

2.2 Eigenaktivität als anthropologische Grundbedingung

Es gibt zahlreiche Konzepte, Methoden und Techniken in der Physiotherapie, doch das Bobath-Konzept zeichnet eine wesentliche Komponente aus: Es verbindet anthropologische Ideen, die sich beispielsweise auch in der anthropologischen Medizin finden lassen, und pädagogische Aspekte mit den Erkenntnissen aus Natur- und Neurowissenschaften. Der Mensch wird im Bobath-Konzept konsequent als organisches Wesen verstanden, als einen von Wechselwirkungen geprägten Organismus, in dem sich alle Prozesse vollziehen und der als Einheit von körperlichen, psychischen und sozialen Faktoren agiert. Störende Einflüsse auf den Organismus werden möglichst von der Person selbst erkannt und in Eigenaktivität verändert, die von einer stetigen und bewussten Beschäftigung mit dem eigenen Organismus und seinen Grenzen, dem eigenen Gesamtzustand, geprägt ist. Diese „organismische Selbstreflexion[3]" (Gindler, 1926) ist das konkrete Ziel

3 Die „organismische Selbstreflexion" ist ein Begriff aus der Gindler-Jacobi-Arbeit, die der Gymnastikbewegung zuzurechnen ist. Berta Bobath absolvierte von 1924 bis 1926 eine Gymnastikausbildung an der Anna-Herrmann-Schule in Berlin und unterrichtete danach selbst an die-

des Konzepts und bedeutet ein achtsames Umgehen des Individuums mit sich selbst und folglich eine bedachte aber zugleich leistungsfähige Auseinandersetzung mit den Anforderungen der Umwelt zu unterstützen. Der Mensch wird mit der Gewissheit wahrgenommen, dass die Möglichkeit zur Entwicklung und Entfaltung von (Bewegungs-)Fertigkeiten gegeben ist. Es wird den Fähigkeiten des Organismus vertraut, einer schwierigen Situation angemessene und sich selbst bewusste Verhaltensweisen entgegenzusetzen. Gegebenheiten und Ereignisse, die eine Erkrankung mit sich bringen, werden nicht als naturgegeben hingenommen, sondern können beeinflusst und verändert werden. Es wird ein Potential erkannt, das einmal entdeckt, jederzeit in das Bewusstsein zu holen ist, um situationsadäquate Lösungen zu ermöglichen.

Eigenaktivität bedeutet freie Bewegungsgestaltung. Die Bewegung bedarf einer Gestaltung, die selbsttätig passiert und eine gewisse Bewegungsfreiheit voraussetzt, die jedoch von in der Person selbst liegenden und/oder Umweltfaktoren begrenzt werden kann. Die Bewegung ist in vielerlei Hinsicht störanfällig: Fehlsteuerungen des Gehirns, Deformitäten im Skelettsystem, verminderte Kraft in verschiedenen Muskelgruppen oder Tonusveränderungen können u.a. als interne Faktoren beschrieben werden, die zu Einschränkungen in der Bewegungsfreiheit führen können. Ebenso können in der personellen und gegenständlichen Umwelt Freiheitsgrenzen begründet sein, die das Individuum in seiner Bewegungsgestaltung behindern. Bewegung kann aber auch gelernt werden: Sie unterliegt Lernprozessen, die an bestimmte Bedingungen geknüpft sind. Erfolgsfaktor ist z.B. die Relevanz der Bewegung für das tägliche Leben (Ritter & Welling, 2008).

Die menschliche Bewegung wird als eine „Gesamtbewegung" begriffen: Eine Bewegung in einem bestimmten Körperteil bringt automatisch Bewegungsveränderungen auch in den anderen Körperabschnitten mit sich. Den Blick für diese Gesamtbewegung teilt sich das Konzept mit der Bewegungspädagogik, die sich auf die spezifische Förderung der Bewegungsentwicklung richtet. Die Bewegungspädagogik greift wiederum auf die Entwicklungspädagogik zurück, wenn es darum geht, einen Maßstab dafür festzulegen, wie weit ein Mensch schon in seiner Entwicklung gefördert ist. Es werden Entwicklungslinien bestimmt, die auch im Bobath-Konzept eine Rolle spielen/gespielt haben. Gerade Entwicklungsmodelle, die auf der Grundlage entwicklungsneurologischer Erklärungen der sensomotorischen Stadien bei Kindern konzipiert wurden, und die Bedeutung derer innerhalb der Behandlung haben bis heute eine wichtige Orientierungsfunktion bei der Unterstützung der Bewegungsentwicklung (Ritter & Welling, 2008). Das Verständnis von Entwicklung ist zunächst auf die frühe Beobachtung

---

ser Schule die „Gindler-Arbeit". Es sind Ähnlichkeiten zwischen dem Bobath-Konzept und der Gindler-Jacobi-Arbeit zu finden.

der „normalen Bewegung[4]“ zurückzuführen, wobei sich von einer anfänglich starren Orientierung an Entwicklungsfolgen im Laufe der Zeit distanziert wurde:

> „Wir studierten die normale Entwicklung des Kindes. Wir versuchten, in festgelegter dogmatischer Entwicklungsfolge eine Fähigkeit nach der anderen nachzuvollziehen. […] Die Erwartungen erfüllten sich nicht“ (Bobath, 1984, S. 26).

Kindliche Entwicklung wird gegenwärtig als ein Prozess gesehen, der an die Eigenaktivität des Organismus und eine Auseinandersetzung mit einer personellen und materiellen Umwelt gebunden ist (Grafmüller-Hell, 2008). Kindliche Bewegung findet in einer Wechselbeziehung zwischen dem Kind, das sich bewegt, und der Umgebung, in der es sich bewegt bzw. mit den Dingen, die es bewegt, statt. Einige Autoren haben dies zum Anlass genommen, ein „Sich-Bewegen“ als Dialog zu beschreiben – einen Dialog zwischen Mensch und Welt. Kind und Umwelt befinden sich in einem „Zwiegespräch“, bei dem das Kind die Umwelt fragend erkundet. Die Selbsttätigkeit drückt sich in der originären Leistung des Kindes/Subjekts aus, das durch sein „Sich-Bewegen“ die Welt selbstständig erschließt (Funke-Wieneke, 2004; Probst, 2007). Diese Erkundung durch Bewegung und die damit verbundene Bewegungsentwicklung findet mit anderen Entwicklungsprozessen, z.B. kognitive oder soziale, gemeinsam statt (Ritter & Forst, 2008).

2.3 Bewegung als Dialog und die Mündung in das Prinzip der Achtsamkeit

Ein Bewegen im Sinne eines Dialogs zwischen Kind und Welt setzt, wenn man diesen Dialog als durch das Kind selbstgesteuert und schützenswert ansieht, voraus, dass ein Eingreifen des Therapeuten in diesen Prozess achtsam passiert. Wehkamp (2008) spricht in diesem Zusammenhang von dem Markenzeichen „Begegnung in Achtsamkeit“. Seiner Ansicht nach kann das Bobath-Konzept, das für Förderung, Entwicklung und Interaktion steht und das „Eigene“ des Gegenübers mit all seinen Konsequenzen akzeptieren will, ohne Achtsamkeit nicht existieren. Es enteignet weder Gesundheit noch Krankheit und befindet sich damit einen deutlichen Schritt weiter als die (Bio-)Medizin, deren pädagogischer Anspruch in dieser Hinsicht noch immer zu bemängeln ist. Das Bobath-Konzept impliziert eine „Tugend der Achtsamkeit“, die als spezifische Haltung und Überzeugung bei den Therapeuten zu entdecken ist: „Den Anderen sensibel als Eigenen erspüren und respektieren und seine Entwicklung zur Leitlinie machen“

4 Sie wird heute als eine Bezugsnorm genutzt, die benötigt wird, um Bewegungskomponenten zu entschlüsseln und optimale Bewegung zu ermöglichen (Mayston, 2008).

(Wehkamp, 2008, S. 6). Gefüllt wird das Prinzip der Achtsamkeit mit der Verantwortung für das Kind und Autonomie. Der Versuch einer Arbeitsgruppe die Begrifflichkeit „Autonomie“ in der Bobath-Behandlung zu definieren, ist in dem Ergebnis gemündet, sie als „Förderung von Selbstständigkeit“, ein „Helfen bei der Erfüllung der Bedürfnisse des Lebens“, „eine Begeisterung des Kindes, wenn es ‚seins‘ ist, was da geschieht“ und „gemeinsam empfundenes Glück“ zu verstehen, neben dem wachsenden Stolz auf sich selbst und die gelungene Begegnung (Wehkamp, 2008).

Doch wie kann eine gelungene Beziehung gefasst werden? Einige Philosophen haben sich dem Phänomen des „Zwischen“ angenommen und den Blick von zwei gegensätzlichen Polen weggeführt hin zu deren Bezügen aufeinander. Aktives Begegnen bedeutet, das „Zwischen“ zu untersuchen, das Wahrnehmen des anderen in uns selbst (Wehkamp, 2008). Einer dieser Philosophen ist Buber, der in seinen philosophischen Werken vor allem dem Dialog als anthropologisches Prinzip Raum gibt. Sein Hauptwerk „Ich und Du“ behandelt das Verhältnis des Menschen zu Gott und zu seinen Mitmenschen als existentielle, dialogische und religiöse Gegebenheit. Buber unterscheidet zwischen zwei verschiedenen Arten von Begegnungen: einer „Ich-Du-Begegnung“ und einer „Ich-Es-Begegnung“, wobei allein erstere eine wahre Beziehung beschreibt. Das „Es“ wird erfahren: Der Mensch erfährt die Welt, die Natur, die Dinge, den Anderen. Die Erfahrung ist jedoch ausschließlich im Ich (Es) und wird nicht mit dem Gegenüber geteilt. Die Welt beteiligt sich nicht an dieser Erfahrung des Ich, sie tut nichts für diese und berührt sie daher nicht. Die „Ich-Du-Beziehung“ wiederum kann als wahre Beziehung nach Buber (2006) in drei Sphären zu Tage treten:

- „Das Leben mit der Natur“: Die Interaktion mit der Natur wird als Ich-Du-Beziehung gestaltet, aber aufgrund der Sprachschwelle nicht als ausgesprochenes „Du“ verwirklicht.
- „Das Leben mit den Menschen“: Die Beziehung kann sprachlich zum Ausdruck gebracht werden; der Mensch kann ein „Du“ geben und empfangen.
- „Das Leben mit den geistigen Wesenheiten“: Die Beziehung offenbart sich sprachlos. Der Gegenüber vernimmt kein „Du“, fühlt sich jedoch „angerufen“ und antwortet „denkend, handelnd“.

Eine tatsächlich gelungene therapeutische Begegnung bzw. Beziehung kann nach Meinung der Autorin in einem stetigen Wechsel von „Ich-Es-Begegnung“ und „Ich-Du-Beziehung“ zum Ausdruck kommen. Das Kind ist dann nicht ausschließlich „Objekt“, kein „Es“, das ein/e Therapeut/in alleinig beobachtet, erkundet, erfährt. Vielmehr besteht die Möglichkeit, das Kind in dem „Zwischen“ als „Du“ zu begreifen.

Achtsamkeit, Verantwortung und ein Verständnis im Sinne einer „hermeneutischen Tätigkeit“, bei der es „darauf ankommt, die Sprache des Kindes zu verstehen, Übersetzer zu spielen zwischen Kind und Eltern; die Eltern-Kind Beziehung zu achten“ (Wehkamp, 2008, S.8), sind die Charakteristika des Besonderen im Bobath-Konzept: Es geht um Sinnverstehen. Das veränderte Bewegungsverhalten des Kindes wird beobachtet und in komplexer Art und Weise interpretiert. Ständig werden Ebenen gewechselt und bestimmte Faktoren der Hermeneutik hinzugefügt, wie Struktur und Funktion, Interaktion und Kommunikation, Bindungsentwicklung und Ausdruck. Dieses Sinnverstehen funktioniert durch Dialog und durch den Willen zur „Befriedigung primärer Bedürfnisse“ eines Gegenübers, wobei „dieses Leise [wichtig ist], im Moment der Anpassung, wo man merkt, das Kind fängt an etwas zu verarbeiten. Da entsteht auch Hoffnung“ (Wehkamp, 2008, S. 6). Das Leise und Stille, das es möglich macht, Sinn entstehen zu lassen. Für die Bobaths war daher leitend für die Behandlung, allen Kindern Raum zum Reagieren zu geben:

> „Warten Sie auf das Kind! Die einzige Antwort auf die Frage, ob das, was Sie tun, das Richtige ist, ist die Reaktion des Kindes auf das, was Sie tun. Geben Sie dem Kind die Fähigkeit, zu reagieren“ (Bobath, 1983, zit. nach Schönberger, 1986, S. 1).

Das aktive Beziehungsgeflecht, das sich aus der Stille und dem Leisen ergibt, aus Aktion und Reaktion, kann bis zu einem sogenannten Flow-Erlebnis führen: „Das war wie ein Rausch. Ich habe gearbeitet wie verrückt, weil ‚sie‘ sich in neuen Bahnen bewegt hat“ (Wehkamp, 2008, S. 8). Diese Aussage der Therapeutin erinnert an die Beschreibungen Csíkszentmihályis (2007) zum Flow-Phänomen, der dieses u.a. bei einem Chirurgen erkannt und erläutert hat. Es geht um ein Selbst-Aufgehen in der Arbeit, an dieser Stelle in der Beziehung. Aktion und Reaktion in der Begegnung führen zu einem Rausch, der alles andere vergessen lässt. Die Aufmerksamkeit wird restlos auf das aktuelle Geschehen fokussiert und mündet in einer Leidenschaft zur gegenwärtigen Tätigkeit ein.

Csíkszentmihályi hat sein Werk überschrieben mit dem Titel: „Flow: Das Geheimnis des Glücks“. Eine Begegnung kann Glück entstehen lassen. Bobath-Therapeuten verstehen Glück sogar als Ziel: „Wir versuchen Glück herzustellen“ (Wehkamp, 2008). Glück wird zur Richtschnur für Therapeut und Kind und stellt sich bei Gelingen ein: beim Erreichen einer geglückten Bewegung oder einer geglückten Kooperation im Bewegungshandeln. Eine „geglückte Bewegung“ ist Ausdruck von Kompetenz, entdecktem Potenzial und Bindung (ebd.).

4. Die Tätigkeit der Hermeneutik als Forschungsmethode

Die Tätigkeit der Hermeneutik wurde bereits im Rahmen des alltäglichen Tuns von Bobath-Therapeuten erwähnt. Aber auch als wissenschaftliche Methode ist sie entscheidend, wenn es um Sinnverstehen geht, das Dreh- und Angelpunkt der hermeneutischen Vorgehensweise ist. Diese Tatsache ist problembehaftet. Vor allem, weil sich die beginnende Physiotherapieforschung in der Sorge um ihre Reputation hauptsächlich Forschungsmethoden bedient, die gängig und unstrittig sind. Gelassen ist die Hermeneutik aber gerade in der Hinsicht, detaillierte theoretische Erörterungen zur Verfügung zu stellen, die sie als erkenntnisbringende Methode bestimmen. Es wird vielmehr davon ausgegangen, dass bekannt ist, wie die Hermeneutik zu verstehen ist, möglicherweise deshalb, weil deren Grundoption zu selbstverständlich ist (Meinberg, 1994).

Etwas zu verstehen oder verstehen zu wollen ist Grundbedingung menschlicher Lebenswirklichkeit. Ein Sonderrecht auf diese menschliche Leistung besitzt die Hermeneutik daher nicht, sodass dieser Sachverhalt nicht selten zu Erklärungsnöten führt. Die allgemeine Angewiesenheit menschlicher Lebewesen auf Verständigung und Verstehen macht es der Hermeneutik, die eben auch gerade darauf aus ist, ihre Gegenstände verstehend zu ergründen, im forschungsmethodischen Sinne schwer, sich als wissenschaftliche Vorgehensweise zu behaupten. Das methodengeleitete Verstehen verfolgt das Hauptziel, Sinn zu erkennen. Dazu muss der Forschende eine „Übersetzungsarbeit" leisten, denn er hat den vorliegenden Text (oder die Handlung) in seine eigene Sprache umzuwandeln, und dabei interpretiert er unweigerlich (Meinberg, 1994). Dieser Vorgang ist als Prozess zu begreifen, der an kein festes Ende gelangt, sondern vielmehr in seinem fortschreitenden Charakter für etwas Exemplarisches steht. Meinberg (1994) spricht in diesem Rahmen von „Weiterverstehen." Die Prämisse ist es, prinzipiell neue theoretische oder empirische Erkenntnisse in den Prozess aufzunehmen und ergänzungsfähig – oder mit den Worten Widmers (1977) gesprochen – „komplementär" zu bleiben. Daher kann sie keinen Absolutheitsanspruch auf Erkenntnis verfolgen.

Für die Physiotherapie ist sowohl die Text- als auch Handlungshermeneutik von Interesse. Gegenstand der Handlungshermeneutik sind menschliche Handlungen, die analog zu Texten ‚gelesen' werden, ohne dass sie tatsächlich als Text vorliegen zu müssen. Ein Beispiel ist die „objektive Hermeneutik" von Oevermann (1996) und dessen Anhängern. Gerade wenn es um das Erschließen professionellen Handelns von Therapeuten in Behandlungssituationen mit Kindern geht, ist die Handlungshermeneutik als methodische Vorgehensweise zu empfehlen, die durch Fallverstehen spezifische Handlungsmodalitäten aufdecken lässt. Zum professionellen Handeln gehört im Übrigen moralisches Handeln, daher kann überlegt werden, diese Methode zu nutzen, um dieses auch bei Therapeuten untersuchen zu können. Darüber hinaus kann das Menschenbild der Hermeneutik – jede Forschungsmethode geht von einem bestimmten Bild vom Menschen aus, das mal mehr, mal weniger konkret formuliert ist – fruchtbar für die Physiotherapie sein: Es ist das „animal hermeneuticum", der verstehende Mensch (Meinberg, 1994). So trifft sich eine Grundoption des Handelns von Therapeuten – das Sinnverstehen – mit der Forschungsmethodik im Sinne eines Verstehens des Verstehens.

Literatur

Bobath, B. (1991) [1984]. Die Entwicklung und die Veränderung des Neuro-Development-Treatment (NDT). Nach einem Vortrag am 02.06.1984 in Bremerhaven. In: Vereinigung der Bobath-Therapeuten Deutschlands e. V. (Hrsg.), *Zum Gedenken an Dr. Berta Bobath und Dr. Karel Bobath.* Wiederabdruck. (pp. 26-28). München: Eigenverl.

Buber, M. (2006). *Das dialogische Prinzip. Ich und Du. Zwiesprache. Die Frage an den Einzelnen. Elemente des Zwischenmenschlichen.* Gütersloh: Gütersloher Verlagshaus.

Cott, C.A., Finch, E., Gasner, D., Yoshida, K., Thomas, S.G. & Verrier, M. (1995). The Movement Continuum Theory for Physiotherapy. *Physiotherapy Canada*, 47, 87-95.

Csíkszentmihályi, M. (2007). *Flow: Das Geheimnis des Glücks.* Stuttgart: Klett-Cotta.

Funke-Wieneke, J. (2004). Handlung, Funktion, Dialog, Symbol. Menschliche Bewegung aus entwicklungspädagogischer Sicht. In: G. Klein (Hrsg.), *Bewegung. Sozial- und kulturwissenschaftliche Konzepte.* (pp. 79-106). Bielefeld: transcript.

Gindler, E. (2002) [1926]. Die Gymnastik des Berufsmenschen. Vortrag auf der Düsseldorfer Ausstellung GeSoLei: „Gesundheit, Sozialarbeit und Leibesübungen". In: S. Ludwig. *Elsa Gindler – von ihrem Leben und Wirken. Wahrnehmen, was wir empfinden.* Wiederabdruck. (pp. 83-94). Hamburg: Christians Verlag.

Grafmüller-Hell, C. (2008). Alleinstellungsmerkmale. In: H. Viebrock & B. Forst (Hrsg.), *Bobath.* (pp. 26-45). Stuttgart: Thieme.

Grupe, O. (1982). *Bewegung, Spiel und Leistung im Sport. Grundthemen der Sportanthropologie.* Schorndorf: Hofmann.

Gugutzer, R. (2004). *Soziologie des Körpers.* Bielefeld: transcript.

Hislop, H. J. (1975). Tenth Mary McMillan Lecture. The Not-So Impossible Dream. *Physical Therapy*, 55, 1069-1080.

Jäger, U. (2004). *Der Körper, der Leib und die Soziologie. Entwurf einer Theorie der Inkorporierung.* Königstein: Helmer.

Mayston, M. (2008). Veränderungen des Bobath-Konzeptes: eine persönliche Sicht. In: H. Viebrock & B. Forst (Hrsg.), *Bobath.* (pp. 216-228). Stuttgart: Thieme.

Meinberg, E. (2011). *Leibliche Bildung in der technischen Zivilisation. Über den Umgang mit dem Leibe.* Berlin: LIT Verlag.

Meinberg, E. (1994). Hermeneutische Methodik. In: K.-H. Bette, G. Hoffmann, C. Kruse, E. Meinberg & J. Thiele, *Zwischen Verstehen und Beschreiben. Forschungsmethodologische Ansätze in der Sportwissenschaft.* 2., Aufl. Köln: Sport & Buch Strauss.

Merleau-Ponty, M. (1974). *Phänomenologie der Wahrnehmung.* Übers. und mit einem Vorw. versehen von Rudolf Boehm. Berlin: de Gruyter.

Munsch, K. (2008). Aus-, Fort- und Weiterbildung. In: H. Viebrock & B. Forst (Hrsg.), *Bobath.* (pp. 166-173). Stuttgart: Thieme.

Oevermann, U. (1996). Theoretische Skizze einer revidierten Theorie professionellen Handelns. In: A. Combe & W. Helsper (Hrsg.), *Pädagogische Professionalität.* (pp. 70-183). Frankfurt a. M.: Suhrkamp.

Plessner, H. (1982). *Mit anderen Augen. Aspekte einer philosophischen Anthropologie.* Stuttgart: Reclam.

Plessner, H. (1981). *Die Stufen des Organischen und der Mensch. Einleitung in die philosophische Anthropologie.* Frankfurt a. M.: Suhrkamp.

Probst, A. (2010). *Die soziale Konstruktion von Geschlecht in den Gesundheitsfachberufen. Eine qualitative Studie über die Bedeutung von Geschlecht für das Arbeitshandeln von Physiotherapeuten und Physiotherapeutinnen.* Hannover: Doktorarbeit an der Leibnitz-Universität Hannover.

Probst, A. (2007). Modell der menschlichen Bewegung in der Physiotherapie. Diskussionsbeitrag zur theoretischen Fundierung eines physiotherapeutischen Bewegungsbegriffs. *physioscience*, 3, 131-135.

Ritter, G. & Welling, A. (2008). *Die 10 Prinzipien des Bobath-Konzepts in der Kinder-Therapie.* Stuttgart: Thieme.

Schönberger, F. (1986). „Warten Sie auf das Kind!“ – Eine Maxime des Bobath-Konzepts aus der Sicht der Kooperativen Pädagogik. *Info-Blatt der Vereinigung der Bobath-Therapeuten Deutschlands e. V.*, 15, 26-36.

Wehkamp K.-H. (2008). Begegnung in Achtsamkeit – Das Bobath-Konzept, moderne Anthropologie und Ethik. Unveröffentl. Material zum Vortrag zur Verabschiedung von Hille Viebrock, Leipzig am 3.5.2008, 5-10.

Welling, A. (2008). Konzepte, Prinzipien, Methoden und Techniken der Physiotherapie. Prolog. In: H. Viebrock & B. Forst (Hrsg.), *Bobath*. (pp. XXIV-XXVIII).Stuttgart: Thieme.

Welling, A. (2006). *Niklas und die Bobath-Therapie – Dokumentation einer Einzelfallstudie*. Stuttgart: Thieme.

Widmer, K. (1977). *Sportpädagogik. Prolegomena zur theoretischen Begründung der Sportpädagogik als Wissenschaft*. Schorndorf: Hofmann.

Persönlichkeit oder Störungsbild – das Kinderbild in der Sprachtherapie

Julia Siegmüller / Monika Rausch

1 Einführung

Sprache als artspezifische Errungenschaft des Menschen wird nicht von allen Kindern störungsfrei erworben. Die Gesellschaft hat im Gesundheitswesen und im Bildungssystem Unterstützungssysteme entwickelt, mit denen Sprachentwicklungsauffälligkeiten aufgefangen, ausgeglichen oder behoben werden sollen. Jede Intervention mit Kindern wirft aber die Frage nach der ethischen Rechtfertigung des Handelns auf, die mit dem Bild vom Kindsein eng verknüpft ist. Mit dem Begriff „Kinderbild" bzw. „Bild vom Kind" ist im Rahmen dieses Beitrags die Grundannahme zur kindlichern Entwicklung gemeint, die unter der jeweiligen Intervention liegt, sowie die Rolle, die dem Kind in seiner Entwicklung und in den Interventionen zugedacht wird. Diese sollte nachhaltig die Art und Weise sowie die Zielstellung der Maßnahme bestimmen.

Im Gesundheitswesen dominiert gerade auch vor dem Hintergrund erfolgreicher technologischer und genetischer Weiterentwicklungen ein Bild von Krankheit und Funktionsstörungen, das die Biologie des Menschen fokussiert und von Person und Umwelt abstrahiert. Wird diese Perspektive unreflektiert in die Logopädie/Sprachtherapie übernommen, besteht die Gefahr, dass Kinderpatienten auf ihr Störungsbild reduziert werden. Dies spiegelt sich auch in der therapeutischen Perspektive wider: Die funktionelle Verbesserung überwiegt im Fokus der Sprachtherapeuten, das Gesamtwohl des Kindes rückt in den Hintergrund. Im vorliegenden Beitrag werden im zweiten Abschnitt einige deutsche Therapieansätze vorgestellt. Wir beleuchten die Frage, welches Bild dort vermittelt wird.

Eine der ausdifferenzierteren Positionen zu der Frage, wie Kinder in der Sprachtherapie gesehen werden sollten, findet sich bei Baumgartner (2008), der aus der Sicht der Definition von „was ist Sprachtherapie" Forderungen aufstellt, welche Wichtigkeit und Rechte Kindern im Setting der Sprachtherapie zugedacht werden sollten:

> Die Definition (von Sprachtherapie, Anm. der Autorinnen) degradiert Kinder und ihre Bezugspersonen, die an der Therapie teilnehmen, nicht zu Statisten. Sie sind Personen, die von den technologischen Aspekten von Diagnostik, Therapie und Evaluation und den damit verbundenen Operationalisierungs- und Messbemühungen nicht an den Rand gedrängt werden

> dürfen. Der Kindklient steht vielmehr selbst im Mittelpunkt sprachtherapeutischer Prozesse, weil als Prämisse Personen, sprachliche Interaktion und sprachliche Lernprozesse zentrales Anliegen der Kindersprachtherapie sind (Baumgartner, 2008, S. 22).

Im Bildungssystem sind zur Unterstützung der Sprachentwicklung von Kindern Maßnahmen der Sprachförderung verortet. Das darin verwendete „Kinderbild" wird in den jeweiligen Bildungsplänen der Bundesländer spezifiziert und sollte in Förderkonzepten umgesetzt werden. Das von Schäfer (2007) herausgearbeitete Kinderbild wird beispielsweise in Bildungsplänen für Nordrhein-Westfalen (2007), Berlin (2004) oder Hamburg (2005) verwendet.

> Die Kinderforschung der letzten zwei Jahrzehnte hat das Bild eines aktiven, sich aus eigener Initiative und mit eigenen Mitteln bildenden Kindes entwickelt. (...) Dieses Bild des aktiven, sich im Rahmen seiner Lebensbedingungen selbst entwickelnden Kindes setzt voraus, das Kind von Anfang an als ein auswählendes und damit seine Welt- und Selbsterfahrung (be)deutendes und gestaltendes Individuum zu betrachten (...) (Schäfer, 2007, S. 31).

Diese Vorstellungen, die in den Bildungsplänen zu finden sind, werden im dritten Teil des Beitrags darstellt. Es wird systematisiert, auf welchen Grundannahmen der kindlichen Entwicklung die Bildungspläne aufbauen und welche Rolle dem Kind in Entwicklung und Förderung dabei zugedacht wird.

Dieser Beitrag schließt mit einem Abgleich der verschiedenen Bilder kindlicher Rollen und Entwicklung, die sich im gegebenen gesellschaftlichen Rahmen in Gesundheits- und Bildungssystem entwickelt haben, und diskutiert die Konsequenzen, die sich insbesondere für die Kinder mit Sprachauffälligkeiten ergeben. Diese Diskussion führt zu einem Versuch eines Modells zur Integration von sprachtherapeutischen und Sprachförder- Ansätzen im Rahmen eines einheitlichen theoretischen Rahmens, der der Ethik eine wichtige Rolle zuweist.

2 Annahmen zu kindlicher Entwicklung in der Sprachtherapie und -forschung

Die Ansätze der Sprachtherapie lassen häufig eine Reflexionsebene darüber vermissen, wie sie die Rolle der Kinder in der von ihnen konzipierten Therapie betrachten. Meist wird dieses Bild aus der Erwerbsforschung „geerbt", gerade dann, wenn eines der klassischen Modelle der Entwicklungspsychologie oder Psycholinguistik zugrunde liegen. Bei der Anwendung führt dies häufig dazu, dass Brüche entstehen, wie mit dem eigentlich theoretisch umschriebenen Kinderbild umgegangen wird. Am häufigsten entsteht dies zwischen der Definition eines Therapieziels (= was soll erreicht werden?), das noch recht nah am postulierten theoretischen Rahmen angelehnt ist, und der methodischen Umsetzung, also der Frage, *wie* das Ziel erreicht werden soll (Duchan, 2004). So kann z.B. theoretisch postuliert werden, dass die Wahrnehmung bestimmter sprachlicher Inhalte zur Auslösung eines Entwicklungsschrittes führt (Hollich et al., 2000). Die logische Therapiemethode dazu wäre die vermehrte Präsentation bestimmter sprachlicher Inhalte, um die Wahrnehmung der Zielstrukturen zu unterstützten. Diese Methode wird unter dem Begriff „Inputspezifizierung" seit Ende der 80er Jahre verwendet (Dannenbauer, 1994), seit 2006 aber erst durch den eben genannten Modellhintergrund umrahmt (Siegmüller & Kauschke, 2006).Wird die Therapie nun aber durch produktive Einheiten realisiert, d.h. das Kind muss nicht Inhalte wahrnehmen sondern Inhalte produzieren (z.B. durch Übungen zum Bilderbenennen oder durch Aufforderungen zur Satzproduktion), so entsteht ein Bruch zwischen Theorie und Umsetzung, der vielfältige Folgen haben kann.

1. Effekte der Therapie sind im Rahmen der zugrundeliegenden Theorie nicht interpretierbar: die Therapiemethode löst beim Kind Reaktionen aus, die im theoretischen Modell nicht vorgesehen sind. So führen z.B. Trainingseffekte von Benennübungen einer immer wiederkehrenden Wortliste nicht zur Auslösung von Entwicklungsschritten.

2. Verhaltensweisen des Kindes (z.B. Unwillen zu produzieren, Anzeichen von Überforderung) kann nicht im Rahmen des Interpretationsrahmens begegnet werden. Ein Beispiel für eine therapeutische Reaktion auf Unwillen in einer inputorientierten Therapie, die mit dem Interpretationsrahmen in Übereinstimmung steht: die Inputspezifizierung wird verkürzt und intensiviert, um die relevanten Strukturen für das Kind noch leichter verarbeitbar zu machen.

Eine Therapie, die den Interpretationsrahmen verlässt, ermöglicht keine Verstärkungen bzw. Veränderungen, bei denen die Reaktion des Kindes absehbar ist.

3. Therapie führt möglicherweise zu einem Ziel, welches in der Theorie nicht beschrieben wird. Ein Beispiel wäre die unter 1. bereits genannten Trainingseffekte beim Benennen.

4. Therapie setzt zu schwer an (Sprachproduktion ist schwerer als Sprachverstehen)

Der Bruch zwischen Zielaufstellung und Therapiemethode wird von Duchan (2004) als typisch beschrieben. Ein Grund hierfür mag sein, dass die Sprachtherapie als solche erst in jüngster Zeit eine wissenschaftliche Ebene erreicht hat, in der neben dem Ziel auch die Methode der Therapie theoretisch begründet wird. Traditionell als Handwerk betrachtet, erschien die theoretische Einbettung bisher bei der Diagnosestellung oder bei der Zielstellung der Therapie zu enden. So stammen viele therapeutische Methoden aus der von Baumgartner als prätheoretisch bezeichneten Zeit: Nachsprechen, Satzmuster üben, Übungen zum Benennen wären Beispiele für traditionelle, aber nur wenig bis gar nicht theoretisch abgeleitete Therapiemethoden. Moderne Therapieansätze beginnen langsam, sich mit dem Thema der Rolle des Kindes in der Therapie näher zu beschäftigen. Um den Annahmen, die hinter den jeweiligen Ansätzen stehen, evaluieren zu können, wird auf eine Einteilung aus der Forschungsethik zurückgegriffen. Diese stammt von Dockett und Kollegen und beschreibt Klassen von Forschungsarten, die mit Kindern betrieben werden kann (Dockett, Einarsdottir & Perry, 2009). Im Rahmen dieses Beitrags soll die Einteilung von Dockett und Kollegen als Klassifikationssystem für die Rolle des Kindes in der Intervention verwendet werden.

a) Konsultation

Forschung: vom Erwachsenen initiierte Aktivitäten leiten in Elizitierungen die kindliche Perspektive. So fordert der Experimentleiter das Kind zu bestimmten Handlungen auf und erkennt so die Reaktion auf sprachliche Reize.
Übertragung in die Therapie: das Kind reagiert auf die Aktivitäten des Erwachsenen mit Aktivität. Die Hauptrolle ist reagierend, die Aktivitäten des Kindes werden von außen gelenkt

b) Partizipation

Forschung: es bestehen für die Kinder Möglichkeiten, selbstständig in den Projekten mitzuwirken und Einfluss auf sie zu nehmen bzw. sie zu evaluieren. Ein Beispiel wären Interaktionsroutinen, die einem gleichen Muster folgen, jedoch im Konkreten individuell vom Kind kreiert werden können.
Übertragung in die Therapie: das Kind nimmt eine eigenaktive, bestimmende Rolle ein. Die Aktivität wird angeboten, es liegt jedoch am Kind, ob und wie es dieses Angebot annimmt. Die Rolle des Kindes ist unbestimmt, es kann sowohl reagierend als auch agierend sein.

c) Selbstinitiierung

Forschung: die Kinder werden in die Lage versetzt, eigene Aktivitäten zu initiieren. In diesem Fall besteht im Experiment eine Handlungsauswahl, die das Kind mit dem Interaktionspartner selbstständig beginnen und durchhalten soll.

Übertragung in die Therapie: die Kinder erhalten Angebote und Reize und müssen selbstständig aktiv werden, um ein Ziel zu erreichen. Die Rolle des Kindes ist zwingend aktiv, nimmt es in diesem Setting eine passive Rolle ein, entsteht kein therapeutischer Fortschritt.

Zusätzlich zu Dockett und Kollegen wird noch eine Aufstellung von Baumgartner (2008, S. 22) verwendet, der aus der sprachtherapeutischen Perspektive heraus argumentiert.

1. Kinder haben eigene Hoffnungen und Wünsche, die Beachtung finden sollten.
2. Kinder haben aus ethischen und aus klinischen Gründen ein Recht auf aktive Teilnahme an den Vorgängen in der Therapie. Dieses vor allem, da sie meist unfreiwillig zur Therapie gebracht werden (ohne eigene Einwilligung).
3. Partizipation im Sinne aktiver Teilhabe ist möglich und zeigt sich durch konstruktive und nachdenkliche Kommentare. Dies sollte Raum in der Therapie finden können.
4. Die Erhebung von Patientenzufriedenheit darf vor Kindern nicht halt machen.
5. Kinder wollen Transparenz über den Ablauf und die Gründe für ihre Therapie haben.
6. Kinder sind interessiert an der Person ihrer Therapeutin/ihres Therapeuten an sich.
7. Kinder sind interessiert an der Interaktion mit Peers.

Im Folgenden werden die bekanntesten theoretischen Rahmen, aus denen Sprachtherapieverfahren entstammen, hinsichtlich der Rolle, die Kindern aus der Betrachtung des Modells heraus zuerkannt werden, betrachtet.

2.1 Nativistische Annahme

Nach der nativistischen Annahme basiert der Spracherwerb auf im Kind angelegtemlinguistischem Wissen, welches ab der Geburt nach einem universalen Plan entschlüsselt wird (Ambridge & Lieven, 2011; Chomsky, 1975). Obwohl nach neueren Überlegungen in dieser starken Formulierung als simplifiziert angesehen (Shatz, 2007), kann der Nativismus als einflussreichste Theorie über die kindliche Sprachentwicklung in Deutschland betrachtet werden. Der Entwicklungsmechanismus wird im Prinzipien-und-Parameter-Modell genauer beschrieben: universale, linguistische Prinzipien sind im Kind angelegt und bereiten das Kind auf das Erwerben jeglicher Muttersprache vor. Sie bilden gleichsam die genetische Grundausstattung für den Erwerb der Sprache. Ebenfalls im Kind angelegt sind Parameter, die den Entwicklungsverlauf in einer bestimmten Reihenfolge steuern. Sie werden durch *cues* aus der Umgebungssprache des Kindes eingestellt (Penner & Roeper, 1998), so dass sich auf diese Weise die Einstellung der Sprachverarbeitung auf die Muttersprache nach und nach vollziehen kann.

> The idea that language acquisition was constrained by innate universal grammatical principles guiding their acquisition filled this input gap. (Shatz, 2007, S. 5)

Der Input durchläuft gewissermaßen einen Filter (die Sprachuniversalien des Kindes), der die komplexe Information der Muttersprache kanalisiert. Dieser Filter ist bereits sprachspezifisch eingestellt und lässt das Kind besonders schnell die Markierungen in seiner Muttersprache erkennen (Karpf, 1990). Im Zusammenspiel arbeiten Prinzipien und Parameter recht autonom, die Aufgabe des Inputs ist lediglich, Hinweis dafür zu geben, wie ein Parameter einzustellen ist (gilt/gilt nicht).

2.1.1 Inputtherapie nach Penner & Kölliker-Funk

Verläuft beim Kind der Spracherwerb nicht erfolgreich, so ist das Erkennen der relevanten Inputstrukturen defizitär bzw. das Wissen der Kinder beeinträchtigt. Dementsprechend stagniert der universal angelegte Entwicklungsverlauf. Es besteht nun die Frage, wie ein äußerer therapeutischer Einfluss auf ein derart automatisiertes und von außen unerreichbares System Einfluss nehmen kann. Penner und Kölliker Funk (1998) formulieren einen Therapieansatz aus einer starken nativistischen Position heraus. Nach diesen Überlegungen ist die Inputsequenz die einzig mögliche therapeutische Methode, d.h. ein komprimiertes Präsentieren bestimmter Zielstrukturen, von denen die Therapeutin annimmt, dass sie dem Kind als Auslöser für die Einstellung eines Parameters nützen. Die Erfahrung des Inputs im Dialog ist nicht notwendig, um das Therapieziel zu gewährleisten. Das Kind muss die Inputstrukturen lediglich hören, um das automatisierte System durch den stärkeren Reiz zu stimulieren. Die grundlegende Vorstellung der Therapiewirkung ist es, das Kind so in den eigenständigen, automatischen Erwerbslauf zu führen, dass es anschließende Erwerbsschritte ohne therapeutische Hilfe durchlaufen kann (Yule, 1987).

Penner und Kölliker Funk weisen dem Kind dabei eine ausschließlich reagierende, passive Rolle zu. Die Therapie bleibt für das Kind intransparent: In der konkreten Umsetzung bedeutet diese *Inputtherapie*, dass das Kind Geschichten hört und unbewusst zur Inputverarbeitung kommen soll. Aus Sicht des Kindes wird angenommen, dass dem Kind eine Art „Aha“-Moment widerfährt, der ihm zeigt, dass etwas Gutes auf eine sehr einfache Art stattgefunden hat. Die Therapie wird in Tabelle 1 eingeordnet.

Einstufung nach Dockett et al., 2009	**Abgleich mit den Überlegungen von Baumgartner**
Konsultierend, wobei die Rolle des Kindes nicht aktiv ist sondern in der Wahrnehmung und Verarbeitung des Inputs besteht	Therapeutisch-wirksame Anteile gehen nicht auf Wünsche des Kindes ein. Aktive Teilnahme ist ggf. in Pausen während der Therapiesitzung möglich. Es handelt sich um eine Einzeltherapie, die wenig Wert auf Kommunikation und Interaktion legt: Partizipation und Interesse an Therapeutin werden wenig beachtet.

Tabelle 1: Einordnung der Inputtherapie nach der Rolle des Kindes

2.1.2 Kontextopimierung nach Motsch (2004)

Auf dem Hintergrund eines anderen Modells innerhalb des generativ-nativistischen Entwicklungsphasenmodells von Clahsen (1988), argumentiert Motsch (2004) in der *Kontextoptimierung*. Er betrachtet Sprachtherapie als kompensatorisch und kritisiert damit die Herangehensweise von Penner und Kölliker Funk. Aus seiner Sicht besteht Sprachtherapie in der Kombination aus rezeptiven und produktiven bewussten Lernsituationen, die von metasprachlichen Situationen begleitet werden.

Die Ebene der Entwicklungsmechanismen bzw. deren Auslösung wird von Motsch nicht als therapeutisches Ziel angestrebt. Die Wirkung der Therapie besteht vielmehr in besser trainierten Verarbeitungsprozessen bzw. Teilprozessen, die dem Kind ein erfolgreicheres Verstehen und Produzieren von Sprache im Alltag ermöglichen sollen. Die Beziehung zwischen dem theoretischen Rahmen und der methodischen Umsetzung ist daher eher lose. Um die Wirkung zu erzielen, wird der (bewusste) Fokus des Kindes auf die formalen Anteile der Sprache gelenkt, von denen angenommen wird, dass das Kind sie bisher noch nicht entdeckt hat. Dies gelingt durch eine Anpassung des Kontextes, der vereinfacht wird und dadurch vom Alltagsinput abweicht. Es wird erwartet, dass die vereinfachte Sprache quasi als Lernfeld für das Kind machbarer ist und in Übungskontexten später an die normale Komplexität der Sprache herangearbeitet werden kann.

Hier wird dem Kind ebenfalls eine reagierende Rolle zugedacht. Möglichkeiten zur Eigenaktivität bestehen lediglich im Rahmen der begleitenden Übungsspiele. Übungen und Metasprache gelten als direkte Methoden der Sprachtherapie, die das Kind in einen bewussten Lernprozess führen, durch den Sprache und sprachliche Prozesse ins Bewusstsein des Kindes gebracht werden (Siegmüller & Kauschke, 2006). Durch das Heraustreten aus dem unbewussten Spracherwerb in der Therapiesituation wird dem Kind die Rolle zugedacht, in gewissem Sinne einen bewussten Ersatzweg durch den Spracherwerb zu beschreiten. Ob ein solcher Weg existiert, wird nicht klar beantwortet, einzelne Aussagen verneinen dies eher (Levy, 1996), da sonst nicht begründbar ist, warum dieser Ersatzweg nicht generell von Kindern beschritten wird. In dem hier vorliegenden forschungsethischen Rahmen wirft die Annahme eine problematische Frage auf: wie kann gerechtfertigt werden, dass das Einschlagen eines Ersatzweges richtig ist, wenn dieser bei ungestörten Kindern weder beobachtet noch erprobt werden kann? Wie ist dieser Weg theoretisch umschreibbar in seinem Beginn und Ende? Eine Erprobung an betroffenen Kindern, ohne eine theoretische Einbettung erscheint nicht gerechtfertigt.

Insgesamt könnte man bei der Kontextoptimierung von einem *frame clash* (Duchan, 2004) zwischen der theoretischen und therapeutischen Ebene sprechen: die Wirkungsannahme und Methodik der Therapie entspricht nicht immer dem theoretischen Rahmen. Letzterer spiegelt sich lediglich im Therapieziel wider. Die methodische Umsetzung in sich ist abgerundet, entspricht in vielen Zügen einer systematischen Form des traditionellen therapeutischen Vorgehens und führt zu Übungszielen. Diese sind jedoch nicht theoretisch aus dem zugrundeliegenden Modell ableitbar.

Einstufung nach Dockett et al., 2009	**Abgleich mit den Überlegungen von Baumgartner**
Konsultierend, mit überwiegend aktiver Rolle des Kindes. Kind erhält in metasprachlichen Anteilen relative Transparenz über sprachliche Ziele der Therapie. Therapieziele gehen jedoch vom Erwachsenen aus.	Therapeutisch-wirksame Anteile gehen nicht auf Wünsche des Kindes ein. Aktive Teilnahme ist ggf. in der Umsetzung der Therapiespiele möglich. Kontextoptimierung ist in Gruppentherapie erprobt worden: Interaktion mit Peers möglich. Partizipation durch Teilnahme am Spiel, jedoch ist Übertrag der Partizipation in den Alltag nicht gegeben (Übungseffekte).

Tabelle 2: Einordnung der Kontextoptimierung nach der Rolle des Kindes

2.2 Kognitivistische Annahme

Die kognitivistische Annahme basiert auf Piagets Gedankengut (Oerter, 2008). Demnach ist Sprache eingebettet in die nicht-sprachliche Kognition und entwickelt sich im Zuge derer, kann also nicht isoliert betrachtet werden. Grammatik entwickelt sich als Formalisierung von Kommunikation im Sinne eines konventionellen Regelwerks und folgt der kognitiven Entwicklung. Die Annahme primärer Symptome in der Grammatik ist fraglich.

2.2.1 Therapie nach Zollinger (1986, 1995)

Zollinger geht davon aus, dass in der Therapie die Vorläufer der Sprache (*joint attention*, triangulärer Blick, Objektpermanenz) im Zentrum der Behandlung stehen. Das Kind erkennt durch die Verwendung frühkindlicher Kommunikation dann auch Sprache als Kommunikationsmittel. Das bestimmende Element in der frühen sensomotorischen Phase ist die Handlung als Interaktionsinstrument zwischen Organismus und Umwelt (Zollinger, 1994, S. 26). So formuliert Zollinger (2000, S. 18), dass es das Ziel der frühen Sprachtherapie sein müsse, Interesse an Kommunikation und Spiel zu wecken, damit es Spielangebote von Eltern und anderen Bezugspersonen aufgreifen und sich dadurch leiten lassen kann. Die absichtlich vom Kind aufgenommene sprachliche Kommunikation markiert den Einstieg in die verbale Kommunikation.

Die von Zollinger verwendeten Methoden sind spielerisch und laden das Kind zum selbstständigen Entdecken des Konzeptes Handlung und zum Feststellen der Wirkung von Handlungen ein.

Dem Kind wird in der konkreten Situation eine aktive Rolle zugedacht. Mindestens das Prinzip der Partizipation lässt sich finden, in Teilen könnte die Therapie auch als Selbstinitiierung beschrieben werden. Die von Baumgartner geforderten Punkte werden in Teilen realisiert: das Kind wird ethisch und klinisch als eine Person wahrgenommen, die aktiv an der Therapie teilnimmt und Wertschätzung erfährt. Jedoch erhält das Kind keine Transparenz über die Vorgänge in der Therapie.

Einstufung nach Dockett et al., 2009	Abgleich mit den Überlegungen von Baumgartner
Partizipierend und teilweise selbstinitiierend. Das Kind entscheidet, ob es auf die Handlungsangebote der Therapeutin eingeht. Auswahl der Handlungen liegt weitgehend beim Erwachsenen.	Ablehnung von Handlungen wird akzeptiert, die Rolle des Kindes ist stark partizipativ geprägt. Kind erfährt viel Wertschätzung. Transparenz über Therapieziele wird nicht gegeben.

Tabelle 3: Einordnung von Zollingers Therapie nach der Rolle des Kindes

2.2.2 Dysgrammatismus-Therapie nach Kruse (2002)

Eine weitere Therapie, die auf der Basis des kognitivistischen Denkmodells konzipiert ist, ist die Dysgrammatismus-Therapie von Kruse (2002). Sie beschreibt die Grammatik als Umsetzungsmittel der Kommunikation und die hinter der Grammatik liegende kommunikative Perspektive als primäre Ebene der Störung. So sieht sie die Hauptproblematik des Kindes im Wechsel vom Kommentieren der momentanen Handlung zum Sprechen über abgeschlossen und zeitlich versetzte Ereignisse. In der linguistischen Analyse hierfür liegt das Hauptaugenmerk auf der Aspektmarkierung (Konzept der Abgeschlossenheit) und der sich anschließenden Fähigkeit zur Tempusmarkierung (Konzept der Zeit). Die Prämisse ist, dass sich dysgrammatische Kinder nicht aus der Innenperspektive lösen können und nicht erkennen, dass man Situationen von einer distanzierten Position (zeitversetzt) betrachten kann. In einem Dialog muss der Wechsel von Innen- und Außenperspektive beständig vorgenommen werden (Kruse, 2000, S. 167). Das Kind ist somit eine Person mit zu wenig Kommunikationskompetenzen. Diese zu entwickeln und zu erproben ist dann Aufgabe der Sprachtherapie.

Die Therapie ist geprägt von Interaktionen, z.B. Rollenspielen, in denen Kinder eine Rolle übernehmen sollen und sich so aus der Innenperspektive lösen, um die eigene Rolle erfüllen und von der des Kommunikationspartners abgrenzen zu können. Die Perspektivenübernahme wird in für das Kind sinnvollen Situationen geübt. Das Kind wird nicht in eine künstliche Situation gedrängt. Die von Baumgartner geforderten Partizipationsmöglichkeiten werden in Anteilen realisiert, ebenso ist das Kind aktiv mit initiierend in der Situation.

Trotzdem verlässt Kruse in Teilen ihren theoretischen Rahmen, wenn sie produktive Übungen in die Therapie einstreut. Der eintretende Übungseffekt entspringt einer künstlichen Situation und ist nur schwer mit der grundlegenden Annahme über die Natur der Störung und der Annahme über die Rolle des Kindes zu vereinbaren. Der entstehende Bruch zwischen Modell und Ausführung liegt auf der Ebene des Therapieziels. Ansonsten liegt mit ihrem Ansatz aber ein für das Kind selbstaktives Konzept vor und gibt ihm Raum für Partizipation.

Einstufung nach Dockett et al., 2009	**Abgleich mit den Überlegungen von Baumgartner**
Partizipierend. Das Kind ist aktiv in der Handlung und bestimmt im Rollenspiel den Fortgang der Therapie mit. In Übungen hat die Therapie konsultierende Anteile, hier wird eine reaktive Rolle des Kindes verfolgt. Vom Kind wird das Einnehmen und Akzeptieren von zwei verschiedenen Rollen erwartet.	In den Rollenspielen und Interaktionen ist die Rolle des Kindes stark partizipativ geprägt. Kind erfährt viel Wertschätzung. In übungsorientierten Kontexten wird ggf. Transparenz über Therapieziele gegeben, jedoch fallen partizipative und wertschätzende Anteile hier weitgehend weg.

Tabelle 4: Einordnung von Kruses Dysgrammatismustherapie nach der Rolle des Kindes

2.3 Annahme auf der Basis emergenzorientierten Denkens

Die Überlegungen, die aus den Emergenzmodell stammen, betonen die Wichtigkeit von Entwicklung und die Eigenständigkeit der kindlichen Rolle darin, ohne grundsätzlich auf angeborene Grundvoraussetzungen zu verzichten (Hirsh-Pasek & Golinkoff, 1996; Hollich, Hirsh-Pasek, Tucker & Michnick Golinkoff, 2000). Das angeborene Wissen ist im Gegensatz zum Nativismus aber weniger spezifisch und prozessartiger: es handelt sich um angeborene Spracherwerbsfähigkeiten, vor allem um den Wunsch, Sprache zu erwerben (Ambridge & Lieven, 2011). Emergenzorientierte Ansätze werden teilweise auch als konstruktivistisch bezeichnet (vgl. Kap. 3.1 dieses Beitrags). Die Grundannahme ist, dass Angeborenheit und Erfahrung ineinandergreifen, um Erwerbsfortschritte zu ermöglichen (Hollich, et al., 2000). Aus diesem Grund muss das angeborene Wissen nicht so spezifisch sein wie im Nativismus.

Das Emergenzmodell versteht sich explizit als hybrides Modell, welches die Fronten zwischen den klassischen bestehenden Erwerbsmodellen überwinden will (Hirsh-Pasek, Golinkoff & Hollich, 1999). So wird dem Kind in emergenzorientierten Denkweisen eine aktive Rolle beim Erwerben der Sprache zugesprochen. Die Art des Erwerbs ist als rezeptive Verarbeitung von Input mit anschließender aktiver Erprobungsphase formuliert, in der Kinder die neuen Strukturen ausprobieren und noch Fehler machen. Diese nehmen mit der Zeit ab, so dass sich die neue Struktur durchsetzt (Kauschke, 2007a). Analog ist die Ursachenannahme der Sprachentwicklungsstörung folgendermaßen formulierbar:

> ..., dass die SSES aufgrund einer unzureichenden Art der Verarbeitung von Sprache entsteht. Bei den betroffenen Kindern funktionieren die normalerweise vorhandenen Lernmechanismen nicht in der optimalen Weise. Obwohl ausreichender Input vorhanden ist, kann das Kind diesen nicht ausreichend und effizient nutzen. Daher verlaufen der Spracherwerb und die Sprachverarbeitung mühsamer und langsamer (Kauschke, 2007b).

Ebenso wie in Therapieansätzen aus dem Spektrum des nativistischen Modells liegt die therapeutische Einwirkungsmöglichkeit im Verstärken des Inputs (Evans, 2001). Im Unterschied zum Nativismus stehen sich intrinsische und extrinsische Faktoren jedoch gleichberechtigter gegenüber. Als intrinsisch ist der im Kind angelegte Wunsch zu verstehen, Sprache zu erwerben. Extrensisch ist der Input der Umgebungssprache maßgeblich. Verstärkt man Zielstrukturen in der therapeutischen Umsetzung des Inputs – der Inputspezifizierung – so lässt sich durch das Modell erklären, warum das Kind nun leichter den nächsten Entwicklungsschritt machen sollte. Therapeutische Veränderungen des Inputs sind also im Rahmen dieser Theorie transparenter erklärbar als im nativistischen Modell.

2.3.1 PLAN

Im Deutschen gibt es bis dato drei Therapieansätze, die sich auf das Emergenzmodell beziehen. Der älteste ist die Patholinguistische Therapie (PLAN) von Siegmüller und Kauschke (2006). Der der Methodik zugrundeliegende Prozess ist ein Nacheinander von Instabilität (d.h. ein Entwicklungsprozess findet gerade statt) und Stabilität (d.h. nach erfolgtem Entwicklungsschritt befindet sich das Kind in einer kurzen Konsolidierungsphase, in der es das Neu-Erworbene erprobt) im Sprachsystem des Kindes, welcher von der Therapeutin bewusst durch die Therapie herbeigeführt wird. Für das Kind simuliert dies den natürlichen Ablauf von Entwicklungsphase (Instabilität) und Erproben (Stabilität) (vgl. Siegmüller & Kauschke, 2006, Kapitel 1). Die Therapeutin hat zwei Möglichkeiten, den Input in seiner Spezifizierung dem Kind zu präsentieren: ähnlich wie oben bei Penner und Kölliker Funk (1998) durch eine Inputsequenz (Kind erhält kurzen, hochkomprimierten Input) oder interaktiv, indem der Input in einer gemeinsamen Handlung präsentiert wird. Beide Situationen müssen natürlich gestaltet sein, in einen gemeinsamen Fokus eingebettet und für das Kind sinnvoll sein. Das Kind nimmt aktiv an der Therapie teil, folgt ihr und arbeitet motiviert mit. Auf diese Art wird es ermutigt, den extrinsischen Faktor – Input – stärker zu beachten und seinen Fokus auf ihn zu legen. Zusammen mit der therapeutischen

Verstärkung des Inputs wird die Verarbeitung dem Kind nun möglich. Bei der Anwendung der Methode der Inputspezifizierung ist der PLAN kohärent mit seinem grundlegenden Modell. Im nächsten Schritt, der Erprobungsphase, greift der PLAN auf mehrere Therapiemethoden zurück, was ebenfalls mit dem Emergenzmodell vereinbar ist. Generell ist durch das grundlegende Modell die produktive Erprobungsphase in ihrer Gestaltungsform nicht festgelegt. Im PLAN kann die Erprobung durch produktive Übungen oder durch freie Spielsituationen gestaltet werden, in letzteren wird die kindliche Sprachproduktion modellierend korrigiert bzw. gespiegelt. Während die Modellierung eine aktive Erprobung des Kindes unterstützt (z.B. in Spielsituationen), ist dies bei einer produktiven Übung nur eingeschränkt erkennbar. In der Übung wird die Erprobung von der Therapeutin gesteuert, so dass letztendlich die Gefahr besteht, dass durch zu eingeschränkte Strukturen in der Übung die notwendige Aktivität der Erprobungsphase eingeschränkt wird. Die Autorinnen des PLAN sind sich dessen bewusst und beschreiben Qualitätskriterien für Übungen, die ein starres Trainieren verhindern sollen. Die Rolle des Kindes wird somit beibehalten: es wird zunächst zu einer gezielten Konsumierung aufgefordert, bei der es den Input verarbeitet. Dies muss in einer sinnvollen Situation geschehen, die das Kind als Kommunikationspartner wertschätzt. Anschließend setzt die Erprobungsphase das Kind in eine aktivere Rolle, in der Partizipation gefragt ist. Klassifizieren kann man den PLAN als eine Kombination aus konsultierend und partizipierend.

Einstufung nach Dockett et al., 2009	**Abgleich mit den Überlegungen von Baumgartner**
Je nach angewandter Methode ist der PLAN konsultierend oder partizipativ. In der Inputspezifizierung ist die Form der Therapie die Konsultation. Bei der Modellierung in der freien Spielsituation ist das Kind in einer partizipativen Rolle. In Übungen ist die Rolle des Kindes kosultierend.	Die Wünsche und Ideen des Kindes können in Pausenspielen während der Therapiesitzungen realisiert werden. Therapeutische Inhalte gehen von der Therapeutin aus. Die Wertschätzung gegenüber der Person des Kindes liegt dem Ansatz zugrunde, zeigt sich jedoch nicht in allen Methoden gleich stark. Interaktion mit der Therapeutin umrahmt die therapeutischen Inhalte, ist aber nicht Teil des therapeutischen Modells. Transparenz über die Therapie wird in Übungen und anderen direkten Methoden möglich.

Tabelle 5: Einordnung des PLAN nach der Rolle des Kindes

2.3.2 Late Talker-Therapiekonzept von Schlesiger (2007, 2009)

Eine weitere Therapie, die sich in Deutschland auf der Basis emergenzorientierten Denkens entwickelte, ist das Late-Talker-Therapiekonzept von Schlesiger (2007, 2009). Dieses Konzept ist speziell für Kinder zwischen 2 und 3 Jahren für die Entwicklung des frühkindlichen Lexikons und den Aufbau von Wortkombinationen konzipiert. Schlesiger kombiniert die Therapieziele mit festgelegten therapeutischen Methoden, die von spielerischen zu eher direkten therapeutischen Handlungen übergehen.

Das Emergenzmodell wird in diesem Ansatz anders intrpretiert als im PLAN. Schlesiger fokussiert stärker auf den Gedanken des hybriden Modells, der der Emergenztheorie zugrunde liegt, als auf die dort postulierten Entwicklungsprozesse. So vereinigen sich in ihrem Konzept kommunikationsorientierte Ziele und Methoden, die kognitivistischen Konzepten ähneln mit Zielen und Methoden, die eher aus dem nativistischen Spektrum stammen. In letzterer Gruppe findet sich eine Reihe von direkten Methoden, die das Kind in eine reagierende Rolle setzen. Dagegen ist die kommunikationsorientierte Therapie so gestaltet, dass die Therapeutin dem Kind in seiner Materialauswahl folgt und lediglich in der Vorbereitung der Therapiesitzungen das Material vorstrukturieren kann (Schlesiger, 2007, S. 125).

Einstufung nach Dockett et al., 2009	**Abgleich mit den Überlegungen von Baumgartner**
Durch die Festlegung von Ziel und Methodik ist die Therapie konsultierend ausgelegt. Partizipativ sind einige produktive Anteile, wenn diese im Rahmen von gelenkten Spielsituationen stattfinden.	Die Wünsche und Ideen des Kindes können in Pausenspielen während der Therapiesitzungen realisiert werden. Therapeutische Inhalte gehen von der Therapeutin aus. Aus dem methodischen Konzept ist keine Vorstellung über die Rolle des Kindes ablesbar. Das kindgerechte Setting spricht für hohe Wertschätzung des Kindes. Die Therapie ist häufig in Spielsituationen eingebettet, bei denen intensive Interaktion zwischen Therapeutin und Kind möglich ist.

Tabelle 6: Einordnung des Late-Talker-Therapiekonzeptes nach der Rolle des Kindes

Um die beiden Herangehensweisen im Therapieverlauf voneinander abgegrenzt zu halten, werden die einzelnen Therapiemodule mit festgelegten Methoden konzipiert, die das Kind in verschieden aktive Rollen setzen. So wechselt jedes Kind von den Startmodulen, die auf die Kommunikation fokussieren zu den lexikalisch und grammatisch orientierten Modulen. Die Rolle des Kindes wird mit zunehmender Therapiedauer passiver. Es stellt sich die Frage, ob dies – gerade angesichts des jungen Alters der Kinder – verwirrt und nicht fördert. Klassifiziert werden kann der Ansatz als konsultierend und partizipierend.

2.3.4 THESES

Das in jüngster Zeit entstandene Konzept basiert auf dem PLAN. THESES (theoriegeleitete Therapien bei Sprachentwicklungsstörungen) hat sich zum Ziel gesetzt, die im PLAN beschriebenen Grundsätze noch konsequenter in emergenzorientiertes Denken umzusetzen (Siegmüller & Ringmann, 2013). Verbunden wird THESES mit Therapieforschungsprojekten, so dass eine sichere empirische Basis für das therapeutische Vorgehen entsteht. Bisher bestehen Konzepte für einzelne Störungsbilder auf der lexikalischen und syntaktischen Ebene.

Aus dem emergenzmodelltheoretischen Rahmen betont THESES den Grundgedanken, dass jedes Kind bestrebt ist, sich von einem instabilen in einen stabilen Zustand zu entwickeln (Hollich et al., 2000). Für die Sprachtherapie ergibt sich dadurch die Prämisse, dass auch ein Kind mit Sprachentwicklungsstörungen auf Entwicklungsimpulse reagieren möchte. Für die Begründung des Vorgehens in der Forschungsethik ist dies ein wichtiger Punkt, da es zeigt, dass eine Therapie sich im Rahmen des normalen Entwicklungsverlaufs aufhalten soll und die Entwicklungsprozesse nachstellen sollte.

THESES entwickelt die Inputspezifizierung zur Inputverstärkung weiter, indem Möglichkeiten, wie das Maß der Verstärkung kontrolliert, verstärkt oder auch gemindert werden kann, systematisch erprobt wurden. Damit wird die grundlegende Idee von Julia Evans (2001) konkretisiert, dass eine hochfrequente Präsentation relevanter Inputstrukturen zum Entwicklungsfortschritt führen sollte, da das Kind so zu eigenaktiver Entwicklung gebracht wird.

Die Wirkung der Inputverstärkung wird stärker impulsartig interpretiert als in Vorgängerkonzepten: THESES rückt von der Vorstellung ab, dass die konkreten, in der Inputverstärkung verwendeten Strukturen beim Kind in der Produktion aktiviert werden sollen. Alle Strukturen wirken modellhaft als Vertreter einer Zielstruktur. Auch hier wird das Kind in seiner eigenaktiven Rolle betont: Der Impuls stimuliert die Entwicklung, da die Zielstruktur jedoch nur als Modell präsentiert wird, ist die Eigenleistung des Kindes hoch. THESES geht davon aus, dass zu Beginn der Therapie ein besonders starker Impuls gesetzt werden sollte, der das Erwerben der Zielstruktur initiiert bzw. stimuliert. Mit zunehmender Therapiedauer wird der Impuls in seiner Stärke systematisch reduziert, wobei das

Kind den Erwerb fortsetzen, und während dieser Phase die aktive Erprobungsphase erreichen soll. Die Inputsequenzen sind kurz und komprimiert. Der kurze, besonders starke Impuls wirkt entwicklungsauslösend. Beginnt das Kind eigenständiger Sprache zu verarbeiten, zieht der therapeutische Impuls zurück und überlässt die aktive Rolle dem Kind.

Beginnt das Kind die Art von Zielstrukturen zu produzieren, auf die die Inputverstärkung hinarbeitete, wird die weitere aktive Erprobung in freien Situationen durchgeführt. Das Kind überführt die Zielstruktur in seinem eigenen Erwerbstempo in sein Sprachsystem. Die Rolle der Therapeutin in dieser Phase der Therapie ist die Begleitung in die Stabilität auf der nun erreichten neuen (Zwischen-)Stufe in der Entwicklung.

Dieser Ansatz weist dem Kind eine grundsätzlich aktivere Rolle zu als die anderen beiden emergenzorientierten Ansätze. Er wird als partizipierend interpretiert.

Einstufung nach Dockett et al., 2009	**Abgleich mit den Überlegungen von Baumgartner**
Durch die Inputspezifizierung als vorherrschende Methode ist die Therapie konsultierend.	Die Wünsche und Ideen des Kindes können in Pausenspielen während der Therapiesitzungen realisiert werden. Therapeutische Inhalte gehen von der Therapeutin aus. Es wird das Kindbild aus dem Emergenzmodell übernommen, bei dem dem Kind eine aktiv verarbeitende Rolle zugeschrieben wird, die sich in der Therapie aber nicht in aktiver Mitbestimmung von Handlung ausdrückt.

Tabelle 7: Einordnung des THESES-Konzeptes nach der Rolle des Kindes

2.4 Fazit

Das Kapitel macht deutlich, dass sich die Ableitung von Therapieansätzen aus den neueren Modellen auf höheren theoretischen Ebenen etabliert. Nicht die Hinwendung zum grundlegenden Modell ist in den neuen Ansätzen deutlicher als in älteren, sondern das konsequente Durchhalten dieser Haltung durch die gesamte Durchführung der Therapie. Trotzdem ist die Reflexionsebene in den Ansätzen selbst häufig nicht zu finden. Der Bezug zwischen Modellannahme und

Therapieansatz wurde im Rahmen dieses Kapitels erstellt. Das Kindbild sollte sich aus dem theoretischen Modell ergeben oder mit ihm einhergehen. Beide sollten die therapeutische Umsetzung in Ziel und Methode beeinflussen. Diese Gedankenwelt ist für Sprachtherapieforschung noch neu und entwickelt sich aktuell.

Auffallend ist, dass die meisten neueren Ansätze die Rolle des Kindes zwar betonen, jedoch nicht als selbst-initiierend eingeordnet werden können. Die vorrangige Form der kindlichen Rolle wird konsultierend und teilweise partizipierend dokumentiert. Dies mag daran liegen, dass die wichtigen Modelle von angelegten Entwicklungsgrundlagen für Sprache ausgehen, deren Verlauf sich die Therapie stärker annähert als den Wünschen und Ideen des individuellen Kindes.

3 Annahmen zum Kinderbild in den Bildungsplänen der Bundesländer

Im Unterschied zu den Therapieansätzen formulieren die Bildungspläne der Bundesländer deutlich das Kinderbild, auf dem sie ihre Elementarpädagogik verstanden wissen wollen. Die Grundannahmen lassen sich in zwei Gruppen einteilen: die konstruktivistische und ko-konstruktivistische Theorie. Die konstruktivistische Theorie ist die ältere und wendet sich gegen das verschulte Lernen, welches in den 1980er Jahren in der deutschen Elementarpädagogik vorherrschte. Die ko-konstruktivistische Annahme etabliert sich in Deutschland in der Folge der ersten PISA-Studien und antwortet auf Kritikpunkte des Konstruktivismus.

3.1 Konstruktivistische Annahme

Die konstruktivistische Annahme postuliert das aktive, sich aus eigener Initiative heraus selbstbildende Kind. Dementsprechend ist das Leitbild des Situationsansatzes formuliert (Preissing, 2003): Kinder haben von Anfang an eigene Rechte und vollziehen die für ihre Entwicklung und Entfaltung notwendigen Schritte durch eigene Aktivität.

Die Annahme richtet sich sowohl gegen das verschulte Arbeiten im Kindergarten als auch Einschätzungen über das Kind als nicht-handelndes Wesen und fokussiert auf das spielerische, ganzheitlich Lernen in der konkreten Situation (Schäfer, 2007). Kindergartenarbeit soll von aktuellen Interessepunkten der Kinder ausgehen und diese bearbeiten (Kunze & Gisbert, 2005, S. 36). Verändert sich die Kindheit, verändern sich auch die Wahrnehmungen und Erfahrungen von Kindern, so dass die Orientierung an der (Lebens-)Situation die pädagogischen Aktivitäten in der Kita und Lebenswirklichkeit von Kindern eng verknüpft halten soll (Krenz, 2004).

Eng verknüpft mit diesen Gedankengängen ist der Situationsansatz, der in vielfachen Variationen vorliegt. An der internationalen Akademie für innovative Pädagogik in Berlin werden Grundsätze für den Situationsansatz aufgestellt (Institut für den Situationsansatz, 2008). Aus diesen wird in den folgenden vier Punkten die Rolle des Kindes abgeleitet.

1. Das Kind ist in seiner sozialen und kulturellen Lebenssituation eingebunden. Die Aufgabe des Kindergartens ist es, das Erkunden und Erfahren der Lebensumgebung aus dieser sozialen Eingebundenheit heraus zu ermöglichen. Dabei werden die Kinder in ihrem eigenständigen Wissensdrang unterstützt. Die Erzieherinnen eröffnen ihnen Zugänge zu Wissen und Erfahrungen in realen Lebenssituationen und folgen dabei den Schlüsselsituationen im Leben der Kinder. Die Anforderungen der verschiedenen Kulturen der Kinder sind dabei richtungsweisend. Die Welt wird in der ihrer Entwicklung gemäßen Art und Weise erkundet.

2. Ziel ist die Identitätsentwicklung und die Selbständigkeit der Kinder. Besonderen Stellenwert hat die Entfaltung von Phantasie und schöpferischer Kraft im Spiel. Kinder lernen miteinander, jüngere und ältere Kinder sollen ihre Erfahrungen und Kompetenzen austauschen, voneinander lernen und sich in ihrer Entwicklung so gegenseitig unterstützen. Kinder mit Behinderungen, unterschiedlichen Entwicklungsständen und Förderbedarfen sind in den Kindergruppen integriert und nehmen ihre Rolle möglichst aktiv im Austausch mit anderen Kindern wahr.

3. Im Kindergarten findet im Zusammenleben mit den Erzieherinnen eine bewusste Auseinandersetzung mit Werten und Normen statt. Dies spiegelt sich in den Regeln des Zusammenlebens wider.

4. Die pädagogische Arbeit basiert auf einer prozesshaften Planung, die sich nach den Interessensgebieten und Situationen richtet, die in der Kindergruppe aktuell sind.

Die Rolle der pädagogischen Arbeit im Situationsansatz ist geprägt von der Begleitung des aktiven Kindes. „Lehren“ im Sinne von Bildung als Wissensweitergabe vom Erwachsenen zum Kind ist nicht intendiert. Damit ist der Erwachsene in der Interaktion in gewisser Weise reaktiv und verliert die dominierende Rolle in der Bildung von Kindern. Die Rolle ist als erziehend zu verstehen (Preissing, 2003). Der Begriff der Selbstbildung steht im Zentrum des Ansatzes. Jedes Kind wird sein eigenes Tempo einschlagen und Verständnis von Dingen anlegen. Verbunden ist damit das Verständnis von Bildung in der alltäglichen

Interaktion. Das Kind bildet sich immer, Bildung ist nicht beschränkt auf pädagogische Einheiten. Die Gleichschaltung von Bildung und Bildungserfolgen in der Kindergartenzeit wird abgelehnt. Die Folge sind individuelle Bildungsverläufe in der Frühpädagogik.

Zusammenfassend wird Konstruktivismus nach Schäfer als beständige Selbstbildung unter Zuhilfenahme von Verständigungsprozessen mit der sozialen Umwelt definiert und findet an konkreten Situationen statt (Schäfer, 2006, S. 52). Dieser Prozess wird auch als soziale Konstruktion bezeichnet, der vom Kind eigenaktiv durchgeführt wird.

3.2 Ko-Konstruktivistische Annahme

Der Ko-Konstruktivismus wird auch als Sozialkonstruktivismus bezeichnet. Der Unterschied zum Konstruktivismus besteht in der Gewichtung der kindlichen sozialen Umgebung: das Kind, das sich nach dem Konstruktivismus durch eigene soziale Konstruktion bildet wird im Sozialkonstruktivismus durch Moderation und Steuerung zum Ziel geführt (Schäfer, 2007, S. 49-51). Entsprechend zeigt sich dies im Leitbild dieses Ansatzes (Fthenakis, 2003): Nicht die Vermittlung von Kenntnissen, sondern von Lernkompetenzen steht im Mittelpunkt des Bildungsprozesses. Ziel ist die Vermittlung davon, wie man lernt und sein eigenes Wissen so organisiert, dass Probleme auf eine sozial verantwortliche Weise gelöst werden können. Darüber hinaus sollen die individuellen kindlichen Kompetenzen frühzeitig gestärkt werden (Selbstkonzept, Selbstwertgefühl, Selbstregulation etc.).

Der Ko-Konstruktivismus begründet seine Kritik am Konstruktivismus an dem Punkt, der das Kind als weitgehend selbstständigen (im Sinne von isoliertem) Lerner betrachtet (Fthenakis, 2003, S. 27). Der soziale Kontext ist in der Bildungssituation stärker zu gewichten. Da das Kind in jedem Fall in seinen sozialen Bindungen aufwächst, sind dies Einflussfaktoren für die Inhalte der kindlichen Bildungsprozesse. Der Einfluss liegt sowohl im Zeitpunkt des Lernens (Wann wird das Kind mit einem Problem konfrontiert?) als auch in seiner Umsetzung (Wie wird das Kind mit einem Problem konfrontiert?) (Siegmüller & Fröhling, 2010). Das Kind ist von diesem Einfluss weitgehend abhängig, d.h. Lernen geschieht ausschließlich in sozialer Interaktion und ist damit ein „ko-konstruktiver Prozess" (Palinscar, 1998). Das Kind wird zunächst zum Empfänger einer neuen Kompetenz und versucht erst im zweiten Schritt moderiert oder selbstständig zum Voranschreiten zu kommen.

Das Bild vom Kind in seiner Bildung bzw. Entwicklung ist mehrschichtig. Im ersten Schritt besteht die Anforderung an das Kind im Prozess des Mit-Denkens

(Schäfer, 2006). Im Kita-Bereich ist es die Erzieherin, die den Interaktionsprozess so gestaltet, dass er zum Erreichen eines neuen Entwicklungsniveaus für das Kind geeignet ist. So greifen entwicklungs- und kompetenzfördernde Begriffe im Rahmen von Bildung ineinander, die durch den Erwachsenen an das Kind herangetragen werden. Dabei stehen Wissenskonstruktionen und Metakompetenzen über Wissen im Vordergrund. Im Anschluss daran elaboriert das Kind selbstständig und überträgt das Meta-Wissen auf konkrete Lernmomente. Es weitet sein Wissen aus, dieses ist im Meta-Wissen konkret vorbereitet. Insofern ist Ko-Konstruktivismus kein Rückfall in gleichgeschaltetes Lernen in der Frühpädagogik, sondern vielmehr ein systematisches Erwerben von Kompetenzen und Meta-Wissen, welches durch den Erwachsenen geleitet wird. Weiterhin bestimmt das Kind aktiv mit, ob es aus dem von außen angebotenen Lernanreiz sofort oder später Erfolg daraus zieht. Das Kind erlebt – ähnlich wie im Konstruktivismus – Unterstützung bei seinen Lernprozessen. Dieser Prozess soll von außen (vom Erwachsenen) moderiert und gesteuert werden, sodass individuelles und soziales Lernen möglichst gut ineinandergreifen. Die Eigenaktivität des Kindes wird so kanalisiert und optimiert.

Zusammenfassend wird festgehalten, dass Kinder ihre Bildung und Entwicklung von Geburt an aktiv mitgestalten und eine entwicklungsangemessene Verantwortung übernehmen. Durch die höhere Gewichtung der sozialen Einflüsse im Ko-Konstruktivismus wird im Vergleich zum Konstruktivismus die Individualität von Kindern eher noch verstärkt als abgeschwächt. Jedes Kind ist in seiner Persönlichkeit individuell und durchläuft seine Entwicklung unter einem komplexen Bedingungsgefüge aus sozialen Einflüssen, Anlagen, Stärken und Eigenaktivitäten (Siegmüller & Fröhling, 2010).

3.3 Ansätze in den Bildungsplänen der Bundesländer

Im deutschen Bildungssystem der Elementarpädagogik herrscht kein einheitliches Verständnis davon vor, welche Rolle das Kind in seinem Bildungsprozess einnimmt. Die folgende Tabelle (1) zeigt, welches Bundesland eher konstruktivistisch oder ko-konstruktivistisch eingestellt ist.

Tabelle 1: Zuordnung der Bildungspläne zur Rolle des Kindes im Bildungsprozess (vgl. Siegmüller & Fröhling, 2010, S. 4)

Land	Definition
Baden-Württemberg	Eher konstruktivistisch: Bildung als lebenslanger, selbsttätiger Prozess
Bayern	Bildung in kommunikativem Austausch und im ko-konstruktiven Prozess; Bildung als Sinnkonstruktion
Berlin	Konstruktivistisch: Bildung als eigenaktiver Prozess; Kind bildet sich selber
Brandenburg	Konstruktivistisch: Kind bildet sich aktiv selbst
Bremen	Konstruktivistisch: Bildung als aktiver Prozess der Selbstbildung
Hamburg	Konstruktivistisch: Bildung als lebenslanger Prozess; Kind macht sich ein Bild von der Welt und von sich selbst
Hessen	Bildung als ko-konstruktiver Prozess: Kind ist zunächst Rezipient, erst dann eigenaktiv
Mecklenburg-Vorpommern	Eher ko-konstruktivistisch: Bildung an Aktivität im sozialen Handeln gebunden sowohl als Aneignungsprozess in der Welt als auch als lebenslanger Prozess
Niedersachsen	Konstruktivistisch: Kinder sind aktive, kompetente Akteure ihres Lernens, beruhend auf dem Konzept der „Selbstbildung"; Bildungsprozess ist subjektiv
Nordrhein-Westfalen	keine direkte Definition des Bildungsbegriffs. Aussagen: Kinder sind bildungsfördernd zu begleiten; Trägereinrichtungen führen die Bildungsarbeit nach trägerspezifischen Konzepten durch
Rheinland-Pfalz	Eher konstruktivistisch: Kinder sind aktiv Lernende, Bildung wird als Selbstbildung verstanden; Die Auswahl der Themen der kindlichen Bildung wird von den Erwachsenen im Bildungsprozess vorgenommen
Saarland	Eher ko-konstruktivistisch: Bildungsprozesse sind an sinnstiftende Fragen gebunden; Kinder gestalten den Bildungsprozess aktiv mit
Sachsen	Eher ko-konstruktivistisch: Kind ist Akteur seiner selbst; zugrunde liegt der Gedanke der Selbstbildung im sozialen Kontext
Sachsen-Anhalt	Bildung ist aktive Aneignung des Kindes im Sinne einer sozialen Ko-Konstruktion
Schleswig-Holstein	Eher konstruktivistisch: Kinder setzen sich aktiv mit der Welt auseinander und entwickeln ihre Fragen aus Alltagszusammenhängen heraus; Bildung ist v.a. Selbstbildung
Thüringen	Eher konstruktivistisch: Bildung als lebenslange aktive Auseinandersetzung mit der Welt

Betrachtet man die Landkarte, so zeigt sich ein Nord-Süd-Unterschied. Während viele der norddeutschen Bundesländer konstruktivistische Herangehensweisen haben, sind süddeutsche Länder eher ko-konstruktivistisch. Darüber zeigen einige Bundesländer uneinheitliche Definitionen, wie die Rolle des Kindes in der Frühpädagogik definiert wird. Gemeinsam haben alle Bundesländer die Auffassung, dass Bildung individuelle Wege geht und dies unterstützenswert ist. Bildung bezeichnet einen lebenslangen Prozess. Dieser ist in soziale Rollen und Netzwerke eingebunden.

3.4 Kinderbild in Sprachförderansätzen

Sprachförderansätze zur Entwicklungsförderung finden inzwischen in so gut wie allen Bundesländern statt. Schwächen in kommunikativer Sprachverwendung führen vielfach zu Misserfolgen im täglichen sozialen Handeln, was soziokulturell benachteiligte Kinder verstärkt erleben (Schmidt-Denter, 2008). Sprachförderung soll die Startchancen der Kinder zum Schuleintritt verbessern. Hinter den Zielgruppen verbergen sich Kinder aus armen Familien, (mehrsprachige) Kinder mit Migrationshintergrund, Kinder des Vorschulalters, Kinder einer anderen Altersgruppe, sprachauffällige Kinder oder auch alle Kinder der Kita.

Teilweise wird die Sprachförderung auch vorbereitend, begleitend oder auch ersetzend zur Sprachtherapie betrachtet (Häuser, 2006). Andere Ansätze führen zur Integration der Sprachförderung in den pädagogischen Alltag, so dass Förderung und pädagogische Handlungen ineinandergreifen (Jampert, Leuckefeld, Zehnbauer & Best, 2006).

Eine umfangreiche Übersicht zu den bestehenden Sprachförderprogrammen findet sich in Jampert und Kollegen (Jampert, Best, Guadatiello, Holler & Zehnbauer, 2007). An dieser Stelle werden als Beispiel ein Programm vorgestellt, dass sich im konstruktivistischen Rahmen bewegt und eines, welches als ko-konstruktivistisch betrachtet wird.

Zunächst ist festzustellen, dass sich kein gängiges Programm vordringlich mit der Rolle des Kindes bei seiner eigenen Bildung auseinandersetzt; es ist die Aufgabe des Lesers, dies herauszulesen. Im Vordergrund steht die Frage des konkreten Lernmoments – Sprache – und wie dieser vermittelt werden soll. Es werden verschiedene theoretische Modelle und der zugrundeliegende Bildungsansatz verwendet. Dies ist nicht immer einfach zu bewerkstelligen. Die beiden vorgestellten Programme stellen gute Umsetzungen der beiden grundlegenden Bildungsansätze dar, die den theoretischen Rahmen auf die Rolle des Kindes und die methodische Umsetzung abbilden können.

3.4.2 PräSES – Prävention von Sprachentwicklungsstörungen (Siegmüller & Fröhling, 2010)

Das PräSES-Konzept ist ein alltagsintegriertes Sprachförderprogramm für alle Kinder der Einrichtung. Es zielt darauf ab, sprachliche Strukturen in einer komprimierten und natürlichen Form Kindern nahezubringen und damit einen eigenaktiven Erwerbsprozess zu stimulieren. Welche Sprachstrukturen dies sind wird von der Erzieherin festgelegt, wieviel Sprachanregung aus einer solchen Aktion gezogen wird, ist von Kind zu Kind unterschiedlich. Eine wichtige Grundlage des PräSES-Ansatzes ist es, die Art und Weise, wie Kinder Sprache erwerben so nachzustellen, dass auch Kinder mit weniger ausgeprägten Spracherwerbsfähigkeiten einen Nutzen aus den Situationen ziehen (Siegmüller & Fröhling, 2010, S. 66). PräSES orientiert sich an konkreten Situationen und vermittelt konkrete Bildungsmomente, was die konstruktivistische Denkweise durchblicken lässt.

Darüber hinaus wird das Programm in das Emergenzmodell eingebettet, was das Kind als aktiv in seiner Entwicklung von Sprache und Kognition bezeichnet. Theoretisch rückt es in die Nähe des PLAN (Siegmüller & Kauschke, 2006) und THESES (Siegmüller & Ringmann, 2013).

Einstufung nach Dockett et al., 2009	**Abgleich mit den Überlegungen von Baumgartner**
Durch die strukturierten Inputsituation als vorherrschende Methode ist die Förderung konsultierend. In den Aktionen werden die Kinder jedoch immer wieder aufgefordert zu explorieren, so dass partizipative und initiierende Anteile erkennbar sind.	Baumgartners Rahmen für Therapie lassen sich auf die naturalistische Sprachförderung im Kindergarten gut umsetzen: das Kind ist in Interaktion mit Peers und Erzieherin. Es findet sich in einer Situation, in der es mit seinen Ideen wertgeschätzt wird und trotzdem angeleitet wird. Die Partizipation ist in den Explorationssituationen stark wünschenswert. Durch die Projektarbeit erhält das Kind außerdem eine Form von Transparenz über die Ziele der Einheiten.

Tabelle 8: Einordnung des PräSES-Konzeptes nach der Rolle des Kindes

Die sprachförderliche Situation ist in inhaltliche Projektarbeit eingebettet (Beispielprojekt im Handbuch „Steine"). In jeder Projektaktion wird konkret an Zielstrukturen gearbeitet. Dies sind in der Regel Zielwörter, die einer Kernwortliste

des Projektes entstammen. In jeder Aktion wird ein Teil des kritischen „Inputs" präsentiert. Damit wird der normale Erwerbsprozess nachempfunden, der nach dem Emergenzmodell den Erwerbsfortschritt im Kind auslöst. Bei der strukturierten Inputsituation handelt es sich um aufbereiteten Input, der verstärkend auf den Alltagsinput wirkt und das Wortlernen verbessern soll. Anschließend wird in Explorationssituationen die Erprobung von sprachlichen und handelnden Anteilen gefördert. Hierbei ist das Kind stärker mitbestimmend, wie die Situationen verlaufen.
Im PräSES-Konzept wird eine Zweiteilung umgesetzt: während für die Erzieherin der Fokus bewusst auf bestimmte Zielstrukturen gelegt wird und sie dadurch ihre Förderung eindeutiger gewichten kann, ist für das Kind die selbstaktive Rolle beim Aufnehmen des Inputs in einem quasi-natürlichen Kontext gewährleistet. Damit bleibt auch die methodische Umsetzung im theoretischen Rahmen des Konstruktivismus.

3.4.2 Konzept des Deutschen Jugendinstituts (Jampert et al., 2006)

Jamperts Konzept (Jampert et al., 2006) besticht durch die Verknüpfung von pädagogischen Handlungen und Sprache. Diese Autorengruppe geht davon aus, dass Sprache nicht eine eigene Situation ist, sondern in allen Situationen eine vermittelnde und problemlösende Funktion hat. Daher ist Sprachförderung per se in alle pädagogischen Handlungen im Konzept eingebunden (Jampert, et al. 2006, 46). Die Autorinnen betonen die dialogische Existenz von Sprache (Jampert et al., 2006, S. 22), die Prozesshaftigkeit des Spracherwerbs, der sich über die gesamte Kindergartenzeit zieht und die Verbindung zur kognitiv-emotionalen Entwicklung der Kinder. In den Prinzipien einer sprachlichen Förderung in der Kita stellen die Autorinnen den Punkt „Kompetenzansatz" auf. Dies rückt das sprachpädagogische Programm an den ko-konstruktivistischen Ansatz heran:

> Grundlegend für die sprachliche Bildung ist ein Kompetenzansatz, der an den Fähigkeiten, Interessen und Wissensständen der Kinder anknüpft (Jampert et al., 2006, S. 47).

Die Vermittlung von Sprache in den pädagogischen Einheiten ist damit das Meta-Wissen für die Bildung im alltäglichen Leben (außerhalb der Kita), d.h. das Modell, das Umsetzung im Alltag in konkreten Situationen bietet. Diese konkreten Lernmomente werden dem Kind überlassen.

Pro Bildungsbereich werden sprachförderliche Situationen beschrieben und sprachliche Aspekte der Situationen gewichtet. Diese werden in strukturierten und spielerischen Situationen an das Kind herangetragen. Sie gleichen teilweise Übungen, in denen das Kind reagiert. Im ko-konstruktivistischen Ansatz ist diese Form der Einführung in neue Situationen adäquat, wenn sich anschließend Elaborationsmomente ergeben, in denen das Kind selbstständig agiert. Durch den Einsatz der gewonnen sprachlichen Fähigkeiten in anderen pädagogischen Situationen ist dies gewährleistet.

Als Beispiel werden im Bildungsbereich Musik als Förderanteile Klangwahrnehmung, Bedeutungserschließung und Sprachmelodie, Rhythmik, Koordination von Klang, Koordination von abstrakten Symbolen und bildlichen Vorstellungshilfen sowie Musik als eigene Sprache aufgestellt. Die Kinder erfahren eine musikalische pädagogische Einheit und nutzen Sprache zur bewussten Fokussierung auf einzelne Anteile von Musik und Sprache.

Das sprachpädagogische Programm von Jampert und Kollegen stellt das Kind in einen sozialkonstruktivistischen Rahmen. Es bietet strukturiert und systematisch Handlungen und pädagogische Aufgaben an, die von den Erzieherinnen moderiert und auf die Fähigkeiten des einzelnen Kindes abgestimmt werden. Dadurch beginnt der Bildungsprozess mit einer bewussten Auseinandersetzung und gewinnt anschließend in der Elaboration im Alltag Routine. Dies entspricht dem ko-konstruktivistischen Konzept.

Einstufung nach Dockett et al., 2009	**Abgleich mit den Überlegungen von Baumgartner**
Durch die Nähe zum ko-konstruktivistischen Konzept ist die Förderung starker konsultierend als PräSES.	Interaktion zwischen Erwachsenen und Kindern sowie die Partizipation aller Kinder an der Maßnahme ist durch die Einbettung in pädagogische Handlungen gewährleistet. Hierdurch erfährt ein Kind Wertschätzung, die sich wie in anderen Konzepten auch abr nicht in der Realisierung der eigenen Wünsche in der Fördermaßnahme selbst ausdrückt.

Tabelle 9: Einordnung von Jamperts Konzeptes nach der Rolle des Kindes

4 Fazit und Modellbildung

4.1 Ein Fazit

Die Teilkapitel dieses Beitrags zeigen einheitlich, dass in der sprachlichen Intervention und Förderung die Sache – Sprache – im Vordergrund steht. Das in der Einführung dieses Beitrags genannte Risiko, nämlich die Reduzierung des Kindes auf sein Störungsbild, scheint real. Das Kind wird als Empfänger der Intervention/Förderung betrachtet. Nur selten umfassen Ansätze die Formulierung der kindlichen Rolle oder beschreiben die Beziehung zwischen Methodik, Theorie und Kindbild.

Mit der Abwendung von übenden Konzepten in Sprachtherapie und -förderung wird die Frage, wie Entwicklung abläuft, und was die Rolle der Aktanten darin ist, dringlicher. Dies zeigte sich ab den 1980er Jahren durch den vermehrten Bezug auf theoretische Interpretationsrahmen, in der die Rolle des Kindes implizit beschrieben wurde. Erst die theoretischen Rahmen ermöglichen strukturierte Reaktionen auf steigende oder fallende Leistungen des Kindes, wenn sie methodisch auf die Rolle des Kindes in seiner Entwicklung referieren. Mit dem Ziel, die Versorgung der kleinen Patienten zu verbessern, ist es wesentlich für Autoren von Sprachtherapieansätze aber auch praktisch arbeitende Sprachtherapeuten, sich mit den Fragen „wie lernt ein Kind“ und „wie will das Therapiekonzept Kinder zum Lernen animieren“ auseinanderzusetzen. Nur so können Brüche und Verletzungen des Interpretationsrahmens erkannt und ggf. in veränderten therapeutischen Handlungen verbessert werden.

Gerade im Abschnitt zum Kinderbild in der Frühpädagogik wird deutlich, wie wichtig die Definition über die Rolle des Kindes in seiner eigenen Bildung ist. In der Definition der Rolle des Kindes ist die Debatte in den Bildungsplänen dem Stand der Diskussion in der Sprachtherapie überlegen. Über die verschiedenen Bundesländer wird das Kind in seiner Bildung unterschiedlich gesehen. Durch die Niederlegung im politischen Konzept des Bildungsplanes vermischt sich wissenschaftlicher Rahmen mit Praxis und politischem Willen. Analog zur verbesserten Patientenversorgung im Gesundheitssystem besteht in der Elementarpädagogik das Ziel, Kinder in der Kindergartenzeit so zu bilden, dass ihnen ein guter Einstieg in die Schule ermöglicht wird. Hierfür sind Brüche in der Grundlegung der Frühpädagogik im Bildungsplan und der Umsetzung im Förderprogramm kontraproduktiv.

Förderung und Therapie stehen als zwei Versorgungskonzepte nebeneinander. Die Zuführung von Kindern in beide Systeme geschieht auf unterschiedlichen Wegen, jedoch sind vermehrt Kinder in beiden Systemen untergebracht. Es ist für die Zukunft wünschenswert, dass durch die verstärkte Beziehung zum theoretischen Rahmen, der das Kindbild explizit mit beschreibt, das Kind nicht in unterschiedlichen Erwartungshaltungen in seiner Entwicklung unterstützt wird. Hierauf wird im nächsten Abschnitt Bezug genommen.

4.2 Versuch einer Modellbildung

Stellt man sich ein sprachauffälliges Kind vor, welches auf der einen Seite Sprachtherapie erhält und auf der anderen Seite in der Kita Sprachförderung erhält, so kann es vorkommen, dass es in verschiedene Rollen gedrängt wird, wie es sich in diesen Situationen verhalten soll (aktiv, reaktiv) bzw. wie es zu einem Lernerfolg kommen soll (spontan verarbeitend, übend). Die Vorstellung, dass dies hemmend auf mögliche Entwicklungspotentiale wirken könnte, liegt nahe. Betrachtet man die verschiedenen Ansätze, so ergeben sich durchaus Gemeinsamkeiten zwischen den Bildungsansätzen und verschiedenen theoretischen Modellen, die hinter den Sprachtherapieansätzen stehen. Insbesondere die Überlappung der konstruktivistischen und emergenten Sichtweise ermöglicht ein Verständnis von einem gemeinsamen Kinderbild in Sprachtherapie und Sprachförderung. Auch die ko-konstruktivistische Annahme ist mit Sprachtherapieansätzen kombinierbar, so etwa in der Methodik, die Kruse in ihrem Ansatz vorschlägt, die von strukturierten Momenten zu selbstständigen Elaborationen übergeht. Auch der theoretische Rahmen mag kompatibel erscheinen: die Eingebundenheit in soziale Netze und die Gewichtung des Dialogs passt zur kognitivistischen Sichtweise, der Kruse sich verbunden fühlt.

Nur die stark nativistische Sichtweise findet kein kompatibles Moment in den Bildungsansätzen, was an der Prämisse des spezifischen, angeborenen linguistischen Wissens liegen dürfte. Wenn postuliert wird, die Natur habe das Kind so ausgestattet, dass es nicht aktiv erwerben, sondern „nur" durch Trigger Erwerbspunkte auslösen muss, dann ist ein bewusster Bildungsprozess nicht vergleichbar mit dieser Art des Erwerbs.

Konsequenz dieser Überlegungen als Modell wäre 1. die Feststellung des bzw. der theoretischen Rahmen, in denen sich das Kind bewegt. Der nächste Schritt wäre 2. das Aufeinanderzubewegen dieser Rahmen, um Förderung und Therapie konstruktiv miteinander zu verknüpfen. Sind auf diese Weise die Anteile an der beim Kind erhofften Wirkung festgestellt, wird im 3. Schritt die Aufteilung von Zielen und Arbeitsaufgaben vollzogen. Auf diese Weise würden theoriegeleitete Maßnahmen im Bildungs- und im Gesundheitssystem für das Wohl des Kindes miteinander verknüpft. Parallel dazu wäre eine modellorientierte Debatte über kindliche Entwicklung in beiden Bereichen fruchtbar.

Mit diesem Modell wendet sich sowohl die Sprachtherapie als auch die Sprachförderung von dem Bild des Kindes als konsumierend ab. Die Rolle des Kindes ist wichtig und muss wertgeschätzt werden, da es selbstständig an seinem Entwicklungsprozess beteiligt ist und seine Mitarbeit nicht verzichtbar ist. Sowohl forschungs- als auch bildungsethisch ist dies ein wichtiger Gedanke, da diese Konzepte die ganzheitliche Sicht auf das Kind und seine Kompetenzen in den Vordergrund stellen und das Störungsbild lediglich als Teil des Ganzen an Priorität einbüßt. So wird aus dem Störungsbild das Kind, um auf den Titel dieses Beitrags zurückzukommen, das seine Rolle in der Interaktion einnimmt.

5 Literatur

Ambridge, B. & Lieven, E. V. M. (2011). *Child language acquisition – contrasting theoretical approaches*. Cambridge, MA: Cambridge University Press.

Baumgartner, S. (2008). *Kindersprachtherapie – eine integrative Grundlegung*. München: Ernst Reinhardt Verlag.

Chomsky, N. (1975). *Reflections on language*. New York: Pantheon Books.

Clahsen, H. (1988). *Normale und gestörte Kindersprache*. Amsterdam: Benjamins.

Dannenbauer, F. M. (1994). Zur Praxis der entwicklungsproximalen Intervention. In: H. Grimm & S. Weinert (Hrsg.), *Intervention bei sprachgestörten Kindern* (pp. 83-104). Stuttgart: Fischer.

Dockett, S., Einarsdottir, J. & Perry, B. (2009). Researching with children: ethical tensions. *Journal of early childhood research, 7*, 293-298.

Duchan, J. F. (2004). *Frame work in language in literacy – how theory informs practice*. New York: Guilford Books.

Evans, J. L. (2001). An emergent account of language impairments in children with SLI: implications for assessment and intervention. *Journal of Communication Disorders, 34*, 39-54.

Fthenakis, W. E. (2003). Zur Neukonzeptualisierung von Bildung in der frühen Kindheit. In: W. E. Fthenakis (Hrsg.), *Elementarpädagogik nach PISA. Wie aus Kindertagesstätten Bildungseinrichtungen werden* (pp. 18-37). Freiburg: 5. Auflage. Herder.

Häuser, D. (2006). *Das kompensatorische Sprachförderprogramm*. Potsdam: Ministerium für Bildung des Landes Brandenburg.

Hirsh-Pasek, K., & Golinkoff, R. (1996). *The origins of grammar: evidence for early language comprehension*. Cambridge MA: MIT Press.

Hirsh-Pasek, K., Golinkoff, R. & Hollich, G. (1999). Trends and transitions in language development: looking for the missing piece. *Developmental Neuropsychology, 16*, 139-162.

Hollich, G. J., Hirsh-Pasek, K., Tucker, M. L. & Michnick Golinkoff, R. (2000). The change is afoot: emergentist thinking in language acquisition. In: P. B. Anderson (Hrsg.), *Downward causation*. Aahus: University Press.

Institut für den Situationsansatz. (2008). *Konzeptionelle Grundsätze des Situationsansatzes*. Berlin. Internationale Akademie für Innovative Pädagogik, Psychologie und Ökonomie. : Zugriff am 11. 9. 2008.

Jampert, K., Best, P., Guadatiello, A., Holler, D., & Zehnbauer, A. (2007). *Schlüsselkompetenz Sprache: Sprachliche Bildung und Förderung im Kindergarten*. Weimar, Berlin: Verlag das netz (2. überarbeitete Auflage).

Jampert, K., Leuckefeld, K., Zehnbauer, A. & Best, P. (2006). *Sprachförderung in der Kita*. Weimar: Verlag das Netz.

Karpf, A. (1990). *Selbstorganisationsprozesse in der sprachlichen Ontogenese*. Tübingen: Gunther Narr Verlag.

Kauschke, C. (2007a). Sprache im Spannungsfeld von Erbe und Umwelt. *Die Sprachheilarbeit, 52*, 4-16.

Kauschke, C. (2007b). Sprachentwicklungsstörungen im Spannungsfeld von Erbe und Umwelt. In: U. De Langen-Müller & V. Maihack (Hrsg.), *Früh genug – aber wie? Sprachförderung auf Erlass oder Sprachtherapie auf Rezept?* (pp. 50-71). Köln: Prolog.

Krenz, A. (2004). *Der „Situationsorientierte Ansatz" im Kindergarten*. Freiburg: Herder.

Kruse, S. (2000). *Kindlicher Dysgrammatismus und Perspektivenwechsel*. Idstein: Schulz Kirchner Verlag.

Kruse, S. (2002). *Kindlicher Grammatikerwerb und Dysgrammatismus*. Bern: Paul Haupt Verlag.

Kunze, H.-R., & Gisbert, K. (2005). Förderung lernmethodischer Kompetenzen in der aktuellen Bildungsdiskussion. In: W. E. Fthenakis, K. Gisbert, W. Griebel, H.-R. Kunze, R. Niesel & C. Wustmann (Hrsg.), *Auf den Anfang kommt es an. Perspektiven für eine Neuorientierung frühkindlicher Bildung* (pp. 20-117). Berlin: Bundesministerium für Bildung und Forschung (BMBF), Referat Publikationen.

Levy, Y. (1996). Modularity of language reconsidered. *Brain & Language, 55*, 240-263.

Motsch, H.-J. (2004). *Kontextoptimierung*. München: Ernst Reinhardt Verlag.

Oerter, R. (2008). Kindheit. In: R. Oerter & L. Montada (Hrsg.), *Entwicklungspsychologie. 6. vollständig überarbeitete Auflage* (pp. 225-270). Weinheim: Beltz.

Palinscar, A. S. (1998). Social constructivist perspectives on teachin gand learning. *Annual Review of Psychology, 49*, 345-375.

Penner, Z. & Kölliker Funk, M. (1998). *Therapie und Diagnose von Grammatikstörungen: Ein Arbeitsbuch*. Luzern: Edition SZH/SPC.

Penner, Z. & Roeper, T. (1998). Trigger theory and the acquisition of complement idioms. In: N. Dittmar & Z. Penner (Hrsg.), *Issues in the theory of language acquisition* (pp. 77-111). Bern: Peter Lang Verlag.

Preissing, C. (Hrsg.). (2003). *Qualität im Situationsansatz, Qualitätskriterien und Materialien für die Qualitätsentwicklung in Kindertageseinrichtungen*. Weinheim: Beltz.

Schäfer, G. E. (2006). Der Bildungsbegriff in der Pädagogik der frühen Kindheit. In L. Fried & S. Roux (Hrsg.), *Pädagogik der frühen Kindheit* (pp. 33-44). Weinheim: Beltz.

Schäfer, G. E. (2007). Was ist frühkindliche Bildung? In G. E. Schäfer (Hrsg.), *Bildung beginnt mit der Geburt* (pp. 15-74). Berlin: Cornelsen.

Schlesiger, C. (2007). Das Late-Talker-Therapiekonzept – sprachtherapeutische Frühintervention bei zweijährigen Kindern. *Forum Logopädie, 15(2)*, 119-128.

Schlesiger, C. (2009). *Sprachtherapeutische Frühintervention für Late Talkers.* Idstein: Schulz-Kirchner.

Schmidt-Denter, U. (2008). Vorschulische Förderung. In R. Oerter & L. Montada (Hrsg.), *Entwicklungspsychologie. 6. vollständig überarbeitete Auflage* (pp. 719-734). Weinheim: Beltz.

Shatz, M. (2007). On the development of the field of language development. In: E. Hoff & M. Shatz (Hrsg.), *Blackwell Handbook of language development* (pp. 1-15). Malden: Blackwell Publ.

Siegmüller, J., & Fröhling, A. (2010). *Das PräSES-Konzept – Potential der alltagsintegrierten Sprachförderung in der Kita.* München: Elsevier, Urban & Fischer.

Siegmüller, J. & Kauschke, C. (2006). *Patholinguistische Therapie bei Sprachentwicklungsstörungen.* München: Elsevier.

Siegmüller, J. & Ringmann, S. (2013). Kindzentrierte Ansätze in der frühen Therapie. In: S. Sachse (Hrsg.), *Handbuch Spracherwerb und Sprachentwicklungsstörungen, Bd. 3: Frühe Kindheit.* München: Elsevier.

Yule, W. (1987). Psychological assessment. In: W. Yule & M. Rutter (Hrsg.), *Language development and disorders* (pp. 312-323). London: Mac Keith Press.

Zollinger, B. (1994). *Spracherwerbsstörungen.* Bern, 4. Auflage: Haupt Verlag.

Zollinger, B. (2000). „Spätzünder" oder „es kommt schon noch" – eine Einführung in die frühe Sprachtherapie. In B. Zollinger (Hrsg.), *Wenn Kinder die Sprache nicht entdecken – Einblick in die Praxis der Sprachtherapie* (pp. 9-22). Bern: Haupt.

Kinderbild – Kindeswohl – Kinderrechte

Monika Rausch / Julia Siegmüller

1 Einführung

Kulturgeschichtliche Untersuchungen verweisen auf Unterschiede in den Menschen- und Kinderbildern verschiedener Epochen. Zu den Kennzeichen eines postmodernen Kinderbilds (Schäfer, 2005) gehört nicht nur die biologische Realität eines noch nicht vollständig ausdifferenzierten Körpers, sondern auch die Auseinandersetzung mit einer soziokulturellen Wirklichkeit, die verdeckt und offen Erwartungen an Kinder und Kindheit stellt. Kindheit ist kein natürliches Phänomen, sondern ein soziokulturelles Konstrukt (Olk & Hübenthal, 2011). Dabei wird die Instrumentalisierung von Kindern als ein Phänomen aller Zeiten gesehen (Hamburger, 2008). Kinder werden in einer kulturellen Dimension zu Statussymbolen, Schmuck oder Zierde ihrer Eltern, in einer ökonomischen Dimension als zukünftige Arbeitskräfte, Garanten für Altersversorgung, als Kostenfaktor, Konsumenten oder Sicherung von Besitz konzeptualisiert und schließlich in einer sozialen Dimension für die Erneuerung der Gesellschaft oder zur Reproduktion benötigt. Werden sie auch zu Forschungsobjekten? Welche Rolle spielt das Kinderbild und die Gefahr von Instrumentalisierung in einer Ethik der Forschung mit Kindern?

In den letzten zwei Jahrzehnten erfahren Kinder und Kindheit eine neue politische, öffentliche und auch wissenschaftliche Aufmerksamkeit. Kinder sind unter den Schlagworten *Betreuung* und *Bildung*, *Schutzauftrag* und *Armut* sowie *Demografie* und *Zukunftshoffnung* sowohl zum Gegenstand politischer Debatten als auch empirischer Forschung geworden (Wittmann, Rauschenbach & Leu, 2011). Gesellschaftlicher Diskurs, politische Gestaltung und Kindheitsforschung stehen dabei in Wechselwirkung. Empirische Daten werden benötigt, um die politische Bearbeitung gesellschaftlicher Problemlagen sachlogisch und empirisch begründen zu können. Politischer Handlungsbedarf ergibt sich aus gesellschaftlichen Debatten, die wiederum u.a. durch die Veröffentlichung von empirischen Forschungsergebnissen beeinflusst werden. Werte und Normen, die in diesem komplexen Handlungsgefüge eine Rolle spielen, müssen immer wieder neu thematisiert und zwischen verschiedenen gesellschaftlichen Interessen und Gruppen ausgehandelt werden. Empirische Forschung und politische Debatten bilden somit den Deutungshintergrund, vor dem die in Merkmalen des gegenwärtigen Kinderbildes enthaltenen Werte und Normen beleuchtet werden sollen.

Der vorliegende Beitrag betrachtet anhand der o.g. Schlagworte die Situation von Kindern in Deutschland[1], wie sie in Gesellschaft und Politik thematisiert werden. Zur Lage der Kinder in Deutschland liegen inzwischen einige Studien, Surveys und Kinder-Panels vor, die bei Wittmann et al. (2011) in einer Gesamtschau bilanziert werden. Diese Daten erlauben eine empirische Unterfütterung der Situationsbeschreibung. In jedem Abschnitt wird unter dem jeweiligen Schlagwort untersucht, welche Merkmale des gegenwärtigen Kinderbildes in Politik und Kindheitsforschung aufscheinen und welche Normen und Werte damit verbunden sind. Der Beitrag mündet in die Frage, welche Schlussfolgerungen aus den verschiedenen Merkmalen des gegenwärtigen Kinderbildes für Forschung mit Kindern gezogen werden können und welcher Klärungsbedarf sich daraus für eine Ethik der Forschung mit Kindern ergibt. Der Beitrag mit seiner Betrachtung des politisch-gesellschaftlichen Kinderbildes versteht sich als Ergänzung zum Beitrag von Siegmüller und Rausch (Kapitel 7) in diesem Band, der Aspekte des Kinderbildes in theoretisch-wissenschaftlichen Positionen analysiert.

Wegen der besonderen Bedeutung von Sprache für die psychosoziale Entwicklung und die Übernahme von Kultur und damit auch für die Verwirklichung von Rechten auf gesellschaftliche Partizipation wird in einzelnen Abschnitten auf Aspekte der Sprachentwicklung gesondert hingewiesen.

2 Kinder in Deutschland

2.1. Kinderbetreuung und frühkindliche Bildung

Grundsätzlich haben Eltern ein verfassungsrechtlich geschütztes Recht der „Pflege und Erziehung ihrer Kinder“. Ihnen obliegt es, bis zur Geschäftsfähigkeit ihres Kindes an dessen Stelle über tagespflegerische Betreuung, Beschulung, Teilnahme an Präventionsmaßnahmen etc. zu entscheiden. Eltern können dieses Recht an andere delegieren. Sie vollziehen eine solche Delegation z.B. durch die Anmeldung in einer Kindertageseinrichtung. Ein Teil der Pflege und Erziehung der Kinder wird damit aus der privaten in die öffentliche Verantwortung des

---

1 Die Beschränkung auf die Situation in Deutschland beruht auf dem Wissen um die Verschiedenartigkeit der Lebenswirklichkeiten in Europa und der Welt. Diese Verschiedenartigkeit darzustellen wäre in den Grenzen dieses Kapitels nicht möglich gewesen und hätte darüber hinaus Vergleiche notwendig gemacht, die in diesem Handbuch weder intendiert noch leistbar waren.

Elementar- und Primarbereichs des Bildungswesens übergeben (JMK & KMK, 2009). Diese Delegation ist üblich und gesellschaftlich gewünscht.

Die unterdurchschnittlichen Schulleistungen der 15-Jährigen in Deutschland und insbesondere die Abhängigkeit der Leistungen von der sozialen Herkunft in den internationalen Vergleichsstudien der OECD (sog. PISA-Studien, vgl. Baumert et al., 2001) führten zu einer „neuen Sensibilität für die ersten Lebensjahre als Bildungsjahre“ (Wittmann et al., 2011, S. 16). Die politische Schwerpunktsetzung, die den Auftrag von Kindertageseinrichtungen von der Betreuung zur frühkindlichen Bildung verschiebt, soll eine wirksamere Förderung von Kindern auch aus sozioökonomisch schwachen Familien ermöglichen, ist also mit einem höheren Anspruch an Kinder und Institutionen verbunden. So besteht seit der PISA-Debatte das Bemühen, den „Bildungsort Kita“ (Fthenakis, 2003), als staatlichen Anteil systematisierter frühkindlicher Förderung und Bildung, zu etablieren. Modell dafür sind Länder im skandinavischen Raum, die in den PISA-Studien regelmäßig gut abschnitten. Gestärkt von der OECD-Studie „starting strong“ wurden Schwächen in der bis dahin in Deutschland hauptsächlich vertretenen Weise der Elementarpädagogik analysiert und neue Bildungsansätze, die stärker an die internationale Debatte anknüpfen, konzipiert (Fthenakis & Oberhuemer, 2004). Wie energisch der Wechsel vorangetrieben wird, ist von Bundesland zu Bundesland unterschiedlich. Der pädagogische Ansatz, der für diesen Wechsel steht, ist der ko-konstruktivistische Ansatz, den Fthenakis maßgeblich in Deutschland prägt (z.B. Fthenakis, 2003; vgl. auch Siegmüller und Rausch in diesem Band).

Neben vielfältigen Bemühungen um die Realisierung der Ansprüche an staatlich organisierte Bildung von Kindern im frühen Kindergartenalter gibt es auch Kritik an der Verschiebung der Aufgabe. Die Kritik richtet sich einerseits gegen die Fokussierung auf ökonomische Verwertbarkeit und sozialinvestives Denken (Olk & Hübenthal, 2011). Gleichzeitig wird kritisiert, dass der Anspruch nicht zur Realität wird, wenn nicht kindheitssoziologische und bildungssoziologische Erkenntnisse miteinander in Verbindung gebracht würden (Büchner, 2011). So seien Bildungsprozesse in der Privatheit von Familien bisher zu wenig untersucht. Wie Unterschiede in den Lebenswelten unterschiedlicher Familien zu ungleichen Bildungschancen beitragen, darüber sei zu wenig bekannt. Wer aber im Bemühen um frühkindliche Bildung familiäre Bildungsprozesse vernachlässige und ausschließlich Kindertageseinrichtungen fokussiere, der riskiere, den schulisch honorierten „Bildungshabitus“ von Mittelschichtskindern bloß aus dem Schulwesen in die Kindertageseinrichtungen vorzuverlagern. Büchner schlägt eine habitusherstellende Bildungspolitik vor, die durch kinder- und familienpolitische Maßnahmen flankiert wird (2011, S. 79). Bessere Schulerfolge von Kindern aus so genannten bildungsfernen Familien sind demnach nicht durch eine isolierte elementarpädagogische Förderung der Kinder zu erreichen. Daneben wird auch eine sozialwissenschaftliche Kindheitsforschung gefordert, die im Kontext einer „Theorie betreuter Kindheit" den Betreuungsbegriff reformuliert und theoretisch fundiert, ehe er pädagogisch und politisch monopolisiert werden könne (Honig, 2011). Die Einbettung in theoretische Rahmen ist notwendig, um in der Umsetzung von Konzepten regionale, ethnische und soziokulturelle Anpassungen auf bestimmte Gruppen vornehmen zu können, ohne das Ziel und den damit verbundenen Auftrag aus den Augen zu verlieren.

Ein zentraler Punkt für solche Anpassungen, die nur im Rahmen eines transparenten theoretischen Rahmens zielgenau möglich sind, ist der Umgang mit Sprache(n) in der Kindertageseinrichtung. Sprache als ‚language use' wird in den familieninternen Mechanismen als ein Faktor beschrieben, durch den sich soziale Herkunft fortschreibt und der zur Konstruktion sozialer Ungleichheit beiträgt (Lareau, 2003). Die Forderung nach einem Zusammenwirken von Bildungs-, Familien- und Kinderpolitik muss also gerade für die sprachliche Dimension frühkindlicher Bildung gelten. Der Umgang mit Mehrsprachigkeit und der monolinguale Modus von schulischer und schulvorbereitender, frühkindlicher Bildung sowie schichtspezifische Ausprägungen des Umgangs mit Schriftkultur sind hier einzuordnen und neu – von Region zu Region – zu bedenken.

In der hier skizzierten Verschiebung der Schwerpunkte in der frühen Kindheit von der Betreuung zur frühkindlichen Bildung, in der besonderen Betrachtung sozial schwacher Familien, in der elementarpädagogischen Hinwendung zu einem ko-konstruktivistischen Ansatz und in der Kritik an bildungspolitischen Aktivitäten zeigen sich Normen und Werte, die mit den Aspekten des Kinderbildes verbunden sind.

Das Recht der Eltern auf Pflege und Erziehung der Kinder unter den besonderen Schutz der Verfassung zu stellen, steht in Europa in der Tradition des christlich geprägten Mittelalters, wo die Pflegebedürftigkeit und Abhängigkeit von Kindern bereits anerkannt wurde (Kluge, 2009). Aus dem Elternrecht, das damit gleichzeitig auch elterliche Verantwortung für das Wohl des Kindes ist, kann daher ein Recht des Kindes auf Pflege, Betreuung und Förderung abgeleitet werden. Eltern werden im Sinne der Verfassung und auch der Rechtsprechung des Bundesverfassungsgerichtes als Anwälte für die Interessen und Bedürfnisse von Kindern und Jugendlichen betrachtet (Wiesner, 2006).

Die in Deutschland besonders stark ausgeprägte Abhängigkeit der schulischen Laufbahn von der sozialen Herkunft gefährdet den ebenfalls verfassungsrechtlich verankerten Grundsatz der Chancengleichheit. Dieser Grundsatz erkennt die Verschiedenartigkeit aller Menschen an, spricht aber jedem das gleiche Recht zu, die eigenen Lebenschancen verwirklichen zu können.

Im ko-konstruktivistischen Ansatz wird das Kind als handelndes Subjekt betrachtet, gleichzeitig aber auch ein Kompetenzgefälle zwischen Eltern und Kindern und damit ein Bedarf an Förderung und Erziehung anerkannt.

In der Kritik an isolierten elementarpädagogischen Maßnahmen steckt neben dem Verweis auf den Wert einer pluralen Gesellschaft und der Absage an eine vorschnell normierte Förderung auch die Kritik an einem Primat ökonomischen Nutzens für alle gesellschaftlichen Bereiche. Ziel und Zweck von Maßnahmen der frühkindlichen Bildung liegt in der Entwicklung einer eigenverantwortlichen und gemeinschaftsfähigen Persönlichkeit (Wiesner, 2006), der ein eigenständiger Wert zuerkannt wird. Dieser Wert kann nicht ohne Weiteres der ökonomischen Verwertbarkeit untergeordnet werden.

2.2. Kindeswohl und Kinderschutz

Die große Bedeutung von Kinderschutz und von Gefahrenabwehr für das Kindeswohl traten durch die schweren Fälle von Vernachlässigung, Misshandlung und Kindstötung in den Jahren 2006 und 2007 schmerzlich ins öffentliche Bewusstsein. In der Folge wurde diskutiert, wie die bestehenden Systeme zum Schutz von Kindern effektiver genutzt und besser vernetzt werden könnten (Naggl & Thurmair, 2008).

Im Fall einer Gefährdung des Kindeswohls sieht das Bürgerliche Gesetzbuch (BGB) die Möglichkeit vor, dass grundlegende Rechte von Eltern außer Kraft gesetzt werden und staatlichen Instanzen wie Jugendamt oder Familiengerichte eingreifen. Im Jahr 2005 beispielsweise mussten Jugendämter 25.400 Kinder und Jugendliche zu ihrem eigenen Schutz aus den Familien in Obhut nehmen. Diese Zahl ist bis zum Jahr 2010 um 42 % gestiegen. 6 % aller in Obhut genommenen Minderjährigen waren dabei zwischen 3 und 6 Jahr alt (Statistisches Bundesamt, 2011). Die Bedeutung der Familie für Kinder wird vom Gesetzgeber und der entsprechenden Rechtsprechung sehr hoch eingeschätzt, so dass eine Gefahr für das Wohl des Kindes in einem solchen Maße vorhanden sein muss, dass sich bei einer weiteren Entwicklung eine erhebliche Schädigung mit ziemlicher Sicherheit voraussagen lassen muss (Naggl & Thurmair, 2008). Unterhalb der Schwelle staatlicher Obhutnahme sind im Achten Sozialgesetzbuch (SGB VIII) Hilfen zur Erziehung und zur Unterstützung der Eltern bei der Bewältigung des Alltags vorgesehen. Dies setzt aber voraus, dass Eltern dem Eingreifen des Jugendamtes zustimmen und die Hilfe wie beispielsweise Erziehungsberatung oder sozialpädagogische Familienhilfe auch annehmen.

Um Kinder wirksamer vor Gefährdungen zu schützen, müssten Angebote der Kinder- und Jugendhilfe sowie Hilfen des Gesundheitswesens besser vernetzt werden. Risikogruppen, wie etwa Familien, deren Lebenssituation durch Armut, Gewalt oder Suchterkrankung gekennzeichnet ist, sollten besser und nichtdiskriminierend erreicht werden. Das ist das übergeordnete Ziel des 2007 gegründeten „Nationalen Zentrums Frühe Hilfen", das von der Bundeszentrale für gesundheitliche Aufklärung (BZgA) und dem Deutschen Jugendinstitut (DJI) gemeinsam getragen wird. Die Arbeit des Nationalen Zentrums Frühe Hilfen zielt schwerpunktmäßig auf Familien mit Kindern unter drei Jahren und soll durch die Schaffung einer Wissensplattform, durch Kommunikation und Öffentlichkeitsarbeit sowie durch Weiterentwicklung und Transfer in die Praxis eine bessere Vernetzung von Hilfen und damit einen höheren Schutz für die Kinder erreichen.

Frühe Hilfen und Frühförderung sind zwei verschiedene Unterstützungsangebote, dennoch gibt es eine Überschneidung. Frühförderung wird heute nur noch zu einem Teil von Kindern mit klassischen Behinderungen in Anspruch genommen und muss vermehrt familienorientierte Hilfen für Kinder mit Entwicklungsrisiken, häufig unter schwierigen Erziehungsbedingungen, erbringen (Sohns, 2010). Dies ist vor allem in der im SGB IX organisierten Interdisziplinären Frühförderung der Fall, die mit der Frühförderverordnung seit 2004 in Kraft trat. Obwohl Frühförderung mit dem Ziel, das Wohl von Kindern zu sichern und ihnen die Chance auf eine möglichst gute Entwicklung zu geben, in der Regel weit weg von jugendamtsrelevanten Sachverhalten der Kindeswohlgefährdung angesiedelt ist (Naggl & Thurmair, 2008), gibt es fließende Übergänge hin zu familienbedingten Entwicklungsrisiken. Naggl & Thurmair berichten (2008, S. 54) von einem Ausbildungskurs bayrischer Frühförderinnen, in dem zwei Fünftel der Teilnehmerinnen bei mindestens einem betreuten Kind mit dem Jugendamt kooperierten. Sie berichten auch von den speziellen Erfahrungen der Frühförderung mit Familien in prekären Lebenslagen, in denen eine kritische Zuspitzung zu einer akuten Gefährdung des Kindeswohls führen kann. Und sie formulieren mögliche Beiträge der Frühförderung zur Verbesserung des Kinderschutzes. Gleichzeitig beklagen die Autoren, dass bei der geplanten Verbesserung der Vernetzung früher Hilfen die interdisziplinäre Frühförderung scheinbar übersehen wird.

In einer vorsichtigen Interpretation der vorliegenden Daten zum Zusammenhang zwischen Gesundheit/Behinderung und Kindeswohlgefährdungen kommen Reinhold und Kindler (2006) zu dem Schluss, dass Kinder mit körperlichen, sensorischen, sprachlichen oder geistigen Behinderungen einem höheren Risiko für eine Kindeswohlgefährdung ausgesetzt sind als nicht behinderte Kinder. Erhöhte Erziehungsanforderungen, unterdurchschnittliche familiäre Ressourcen, verminderte Furcht vor Entdeckung und ein wahrgenommener geringerer Wert behinderter Kinder werden als mögliche Einflussfaktoren auf das Risiko genannt (Reinhold & Kindler, 2006).

Die gesellschaftliche Diskussion um effektivere Maßnahmen zum Schutz des Kindeswohls verweist darauf, dass der Anspruch von Kindern auf Erziehung und Förderung einer Ergänzung bedarf. Denn die reale Situation zeigt, dass ein kleiner Teil der Eltern aus den verschiedensten Gründen mit der Wahrnehmung des Elternrechts überfordert ist (Wiesner, 2006). Der Schutz von Kindern wird daher im Grundgesetz durch das sog. ‚staatliche Wächteramt' zusätzlich abgesichert. In Art. 6 Abs 2 Satz 2 GG wird formuliert, dass die staatliche Gemeinschaft über die Betätigung der Eltern, also die Wahrnehmung des Elternrechtes wacht. Dadurch wird das Recht von Kindern auf Schutz vor Gefahren betont, das das Recht von Kindern auf Erziehung und Förderung ergänzt. Kinder bedürfen also ebenso des Schutzes vor Gefahren wie auch der Pflege und Erziehung.

In der Unterscheidung und Überschneidung von Maßnahmen der Frühen Hilfen und der Frühförderung wird der Grundsatz der Chancengleichheit mit Schutz- und Förderrechten von Kindern verbunden. Besondere Lebenslagen wie eine entwicklungsgefährdende bzw. behindernden Gesundheitsstörung oder das Aufwachsen in einer problematischen Familienkonstellation erfordern besondere Maßnahmen für Förderung und Schutz, damit die betroffenen Kinder ihre Lebenschancen nach Möglichkeit verwirklichen können. Die Gesellschaft organisiert diese Maßnahmen, ihre rechtlichen Grundlagen, inhaltliche Konzeption, Finanzierung und fortlaufende Anpassung, um angeborene oder im Umfeld des Kindes liegende Nachteile auszugleichen.

2.3. Kinderarmut

Das Adjektiv ‚arm' ist im allgemeinen Sprachgebrauch sowohl mit materiellen als auch mit psychologischen Bedeutungsaspekten wie *bedauernswert* oder *unglücklich* verbunden (Klemperer, 2011). Armut als Substantiv dagegen wird in der Regel entlang der Grenze eines Existenzminimums definiert: Absolute Armut bezeichnet die Situation, in der die Betroffenen nicht einmal über das zum Überleben Notwendige wie Nahrung, Kleidung, Obdach und gesundheitliche Versorgung verfügen. Relative Armut herrscht, wenn die Betroffenen das soziokulturelle Existenzminimum nicht erreichen. Diese Grenze liegt so weit unter dem durchschnittlichen Einkommen einer Gesellschaft, dass die Betroffenen dadurch am gesellschaftlichen Leben nicht mehr teilhaben können und auf diese Weise ausgegrenzt werden (Hauser, 2011). Die Europäische Union hat sich auf einen Prozentsatz von 60 % des Medians des Nettoeinkommens der Bevölkerung eines Landes als Armutsrisikogrenze (European Commission 2009) verständigt. Gemessen an diesem Kriterium leben derzeit in der Europäischen Union 80 Millionen Menschen, 16 % der Bevölkerung, unterhalb dieser Armutsrisikogrenze.

19 % der Kinder in der EU sind von Armut betroffen oder armutsgefährdet. (Europäische Kommission, 2011).

In Deutschland ist die relative Armut von Kindern in den letzen Jahren deutlich gestiegen. Der Anteil armer Kinder in Deutschland lag gemessen am OECD-Kriterium (Anteil der Kinder zwischen 0 und 17 Jahren in Haushalten mit einem Äquivalenzeinkommen[2] unter 50% des Medians) zwischen 1999 und 2001 bei 10,9 %, im Jahr 2005 bei 16 % (Bertram & Kohl, 2010). Im Vergleich mit Kindern aus Paarhaushalten sind Kinder von Alleinerziehenden überproportional von Armut bedroht. Mit der Anzahl der Kinder und durch Arbeitslosigkeit steigt das Armutsrisiko. Außerdem variiert das Armutsrisiko mit dem Alter von Kindern, dem Bildungsniveau der Eltern und z.T. auch der ethnischen Herkunft (Beisenherz & Alt, 2011; Bertram & Kohl, 2010).

Mit der Kritik an den Datenerhebungen wie etwa, dass die Binnendifferenzierung von Ländern oder die Entwicklungsperspektive des sozialen Wandels nicht hinreichend berücksichtigt wird, stiegen die Anforderungen an Daten und deren Analysen, die die Grundlage für politische Maßnahmen bilden sollten. Bei allen Vorteilen, die die Ermittlung des verfügbaren Einkommens für Datenerhebungen zum Thema Armut bietet (Beisenherz & Alt, 2011), blieb die Erfassung von Armut nicht allein auf die eingeschränkte Verfügbarkeit von Einkommen beschränkt. Vielmehr soll Armut auch durch Indikatoren erfasst werden, die die vielfältigen Lebenslagen und Verwirklichungschancen von Kindern abbilden (Fertig & Tamm, 2007). In den Erhebungen von UNICEF (UNICEF, 2007; Bertram & Kohl, 2010) wird materieller Wohlstand anhand verschiedener Indikatoren erfasst und nur als eine von sechs Dimensionen zur Bestimmung des Wohlergehens von Kindern herangezogen. Gesundheit, Bildung, Beziehungen zu Eltern und Freunden, Risikoverhalten und subjektives Wohlbefinden sind die übrigen fünf Dimensionen, die neben materiellem Wohlstand die Datengrundlage für die Erfassung kindlichen Wohlergehens in den UNICEF-Erhebungen bestimmen.

Die Ausweitung der Betrachtung findet sich auch in den sich ändernden politischen Reaktionen und Maßnahmen. Nach dem Beginn öffentlicher Debatten um Kinderarmut Mitte der 1990er Jahre reagierte die Politik auf die statistisch nachweisbare Armut durch steuer- und familienpolitische Maßnahmen des Familienlastenausgleichs (Mierendorff, 2011). Mit zunehmender Betrachtung der

2 Äquivalenzeinkommen bedeutet hier, dass das Einkommen eines Haushalts nicht linear durch die Anzahl der dort lebenden Personen geteilt wird, sondern der Anteil der Personen am Einkommen gewichtet wird. Während der 1. Erwachsene mit dem Faktor 1 gewichtet wird, werden weitere Erwachsene und Jugendliche ab 15 Jahre mit 0,5 gewichtet, Kinder unter 15 Jahren mit 0,3. Auf diese Weise wird berücksichtigt, dass Haushaltsaufwendungen wie beispielsweise Miete oder Energiekosten nicht mit jedem weiteren Haushaltsmitglied linear steigen.

Folgen von Armut wurde immer mehr auch Bildungsarmut als Folge von Einkommensarmut in Politik und Forschung thematisiert. Im Kontext der Betrachtung langfristiger Folgen von Armut werden Fähigkeiten zu lebenslangem Lernen, soziale Kompetenzen und eben auch mangelnde Sprachkompetenz als durch Armut bedingte Gefährdung der späteren Integration in den Arbeitsmarkt gesehen (Mierendorff, 2011). Der Ausbau der Bildungslandschaft und insbesondere der frühkindlichen Bildung als Unterstützung und Ausgleich für ein nicht hinreichendes Anregungsniveau in armen und armutsgefährdeten Familien, aber auch die Programme der Frühen Hilfen gegen eine multiple Deprivation von Kindern (Mierendorff, 2011), sind gleichermaßen darauf ausgerichtet, Entwicklungsgefährdungen von Kindern entgegenzuwirken.

In Datenerhebungen, politischen Debatten und Handlungskonzepten werden Verbindungen zwischen materieller Armut, Bildungsarmut und Spracharmut durchaus gesehen, die ein abgestimmtes Vorgehen der verschiedenen Akteure zur Unterstützung von Kindern erforderlich machen. Auch hier steckt hinter den Maßnahmen und Debatten der Grundsatz von Chancengleichheit. Kinder aus armen und armutsgefährdeten Familien brauchen gesellschaftliche Unterstützung, um ihre Verwirklichungschancen so einlösen zu können wie alle anderen Kinder.

2.4. Demographie und Zukunftshoffnung

Die Daten des Statistischen Bundesamtes belegen, dass die Gesamtbevölkerungszahl Deutschlands schrumpft. Während 2006 noch 82,3 Millionen Menschen in Deutschland lebten, waren es 2009 nur noch 81,8 Millionen. Gleichzeitig verschiebt sich durch eine steigende durchschnittliche Lebenserwartung und eine anhaltend niedrige Geburtenrate die Altersstruktur der Gesellschaft in Deutschland. Deutschland wird „weniger, bunter, älter“ (Kösters, 2006), eine Entwicklung, die unter dem Schlagwort ‚demografischer Wandel‘ seit einiger Zeit Gegenstand intensiver öffentlicher Debatten ist. Vor diesem Hintergrund ist die Schlussfolgerung zu sehen, dass der demographische Wandel keine „Bildungsverlierer“ mehr erlaube, Deutschland brauche jedes Kind (Kösters, 2007). Demographischer Wandel wird somit zu einem offensichtlichen Einflussfaktor auf das anthropologisch und kulturgeschichtlich bestimmte Bild vom Kind und von Kindheit. In der Debatte um demographischen Wandel spielt die ökonomische Dimension eine mehr oder weniger offensichtliche Rolle. In allen bisher zitierten Datenerhebungen finden sich Hinweise und Beispiele dafür. Bertram & Kohl etwa verweisen auf die „OECD, die bei Kindern vor allem deren zukünftigen ökonomischen Nutzwert sieht“ (2010, S. 63).

Damit wird ihre gesellschaftliche Relevanz durch einen Zukunftsbezug definiert. Kinder als Zukunft der Gesellschaft sind eher ‚Human becomings‘ als ‚Human beings‘ (Olk & Hübenthal, 2011). Der Eigensinn von Kindheit dagegen ist in Ansätzen zu finden, die sich an Kinderrechten orientieren und den Bedürfnissen und Wünschen von Kindern im Hier und Jetzt eine wichtigere Rolle einräumen. Grundsätzlich muss zwischen ‚eigensinnigem‘ Gegenwartsbezug und einem an Sozialinvestitionen orientiertem Zukunftsbezug kein Gegensatz bestehen (Olk & Hübenthal, 2011). In Bezug auf die Ausgestaltung von Unterstützungssystemen zur Förderung oder zum Schutz von Kindern sowie zur Realisierung von Chancengleichheit ist aber das Spannungsfeld zwischen einer Orientierung an gesellschaftlicher Zukunft und ökonomischen Zwecken einerseits und an Kinderrechten und Kinderbeteiligung andererseits bisher noch nicht hinreichend diskutiert worden.

2.5. Kinderrechte und Behindertenrechte

Die Stichworte Kinderrechte und Behindertenrechte sind durch zwei Übereinkommen der Vereinten Nationen stärker ins öffentliche Bewusstsein gerückt und zum Leitfaden politischer Aktivitäten geworden. Die UN-Vollversammlung verabschiedete am 20. November 1989 die s.g. Kinderrechtskonvention (KRK), die von Deutschland 1992 ratifiziert wurde. Damit verpflichten sich alle unterzeichnenden Vertragsstaaten, positive Rahmenbedingungen für die Entwicklung von Kindern zu schaffen, und setzen ein Zeichen der Achtung und Verantwortung gegenüber Kindern (BMFSFJ, 1992). Die UN-Behindertenrechtskonvention (BRK) ist von der Vollversammlung am 13. Dezember 2006 verabschiedet worden und am 26. März 2009 in Deutschland in Kraft getreten. Darin ist ausgeführt, was die bestehenden Menschenrechte für Menschen mit Behinderungen bedeuten und wie sie gesellschaftlich einzulösen und umzusetzen sind (Beauftragter der Bundesregierung für die Belange behinderter Menschen, 2010).

Die KRK bildete den Ausgangspunkt für den Nationalen Aktionsplan „Für ein kindgerechtes Deutschland 2005-2010“ und für die Begleitung der Umsetzung der KRK durch die ‚National Coalition‘. In dieser haben sich rund 100 bundesweit tätige Organisationen und Initiativen zusammengeschlossen, um die Kinderrechte bekannter zu machen und ihre Umsetzung voranzutreiben (BMFSFJ, 2006). Das Recht auf Förderung der persönlichen Entwicklung in größtmöglichem Umfang und die Beteiligung von Kindern in Angelegenheiten, die sie betreffen, sind Aspekte der KRK, die auch für die sprachliche Entwicklung von Kindern und damit verbundene Unterstützungsangebote bedeutsam sind.

Zur Umsetzung der Ansprüche der BRK ist in Deutschland unter der Federführung des Bundesministeriums für Arbeit und Soziales und mit Beteiligung zahlreicher Behindertenverbände ein Nationaler Aktionsplan der Bundesregierung zur Umsetzung der UN-Behindertenrechtskonvention erarbeitet worden (BMAS, 2011). Der zentrale Leitgedanke der Behindertenrechtskonvention ist Inklusion, die im Nationalen Aktionsplan als durchgängige Haltung und Handlungsprinzip in zwölf Handlungsfeldern und sieben Querschnittsthemen entfaltet wird. Inklusion bedeutet Einbeziehung und unbedingte Zugehörigkeit (Niehoff, 2011). Alle gesellschaftlichen Bereiche sollen für Menschen mit und ohne Behinderung gleichermaßen zugänglich sein. Nicht die Menschen mit Behinderungen müssen sich anpassen, um teilhaben zu können. Vielmehr muss sich die Gesellschaft insgesamt auf die Unterschiedlichkeit der Menschen einstellen und Teilhabe für alle ermöglichen. Damit wird die Fürsorgeperspektive zugunsten einer menschenrechtlichen Perspektive aufgegeben. Außerdem wird dem individuellen Defizitdenken eines medizinischen Modells von Behinderung eine Absage erteilt zugunsten einer bio-psycho-sozialen Sichtweise, die die Entstehung von Behinderung in der Wechselwirkung zwischen Individuen mit gesundheitlichen Beeinträchtigungen und den jeweiligen gesellschaftlichen Rahmenbedingungen sieht (Schuntermann, 2009). Inwieweit die im Nationalen Aktionsplan vereinbarten Maßnahmen tatsächlich greifen, soll durch entsprechende Datenerhebungen und Statistiken sowie durch einen indikatorengestützten Behindertenbericht für Deutschland geprüft werden. Maßnahmen zum Monitoring der weiteren Entwicklungen sind als Teil der Behindertenrechtskonvention auch in der internationalen Zusammenarbeit verankert.

Beide Konventionen dienen der Umsetzung und dem Schutz von Menschenrechten. Das Menschsein von Kindern und Behinderten bildet den Ausgangspunkt, von dem aus die besonderen Lebensbedingungen und die Verwirklichung der Menschenrechte in den Blick genommen werden. Fürsorge, Schutz und Förderung sind neben den Rechten auf Autonomie, Mitsprache und Teilhabe unter die Prämisse gleicher Menschenwürde gestellt.

3 Fazit und Ausblick (oder: Kinderbild und Forschungsethik)

Die bisherigen Ausführungen stellen Kindsein und Kindheit in Deutschland als komplexe und teilweise auch widersprüchliche Situation dar. Kinder in Deutschland sollen nicht nur früher und länger außerhalb des Elternhauses betreut werden, sondern auch früher und besser mit Bildungsangeboten, gerade auch sprachlicher Natur, versorgt werden. Ein Teil der Kinder in Deutschland muss darüber hinaus vor Missbrauch, Misshandlung und Entwicklungsrisiken geschützt werden. Armut kann dabei als wichtiger, aber nicht alleiniger Bedingungsfaktor für Gefährdungen von kindlicher Entwicklung und Kindeswohl ausgemacht werden. Kindheit ist eine Zeit großer Vulnerabilität und gleichzeitig sehr ungleicher Chancen.

Kinder werden als pflege-, erziehungs- und schutzbedürftig betrachtet. Den Eltern wird die vorrangige Fürsorgepflicht zugewiesen, die nur im Bedarfsfall von staatlichen Institutionen ergänzend oder ersatzweise wahrgenommen werden kann. Bezogen auf Entwicklungsrisiken und Entwicklungschancen aller Kinder sind Unterstützungssysteme also unverzichtbar, die gesellschaftlich auch in unterschiedlicher Form entwickelt worden sind. Damit wird der im Grundgesetz festgeschriebene Grundsatz von Chancengleichheit eingelöst, der auch für Kinder gilt. Die Pluralität von Lebenslagen ergibt sich aus Wahl- und Entscheidungsmöglichkeiten in einer freiheitlichen Gesellschaft und steht dem Anspruch von Chancengleichheit nicht entgegen.

Durch die Stärkung der Rechte von Kindern und auch von behinderten Kindern durch die beiden UN-Konventionen wird die Pflege-, Erziehungs- und Schutzbedürftigkeit von Kindern durch eine neue Perspektive ergänzt. Die Betonung der Rechte von Kindern macht deutlich, dass Kinder als handelnde Subjekte zu betrachten sind. Kinder haben nicht nur die gleichen Rechte auf Teilhabe, sondern auch auf Beteiligung wie Erwachsene, auch wenn es dabei ein Kompetenzgefälle (Kluge, 2009) zu überwinden gilt. Kindern wird das Recht eingeräumt ihre Umgebung mitzugestalten. Einer paternalistischen Umsetzung von Fürsorge wird damit der Anspruch partizipativer Entscheidungsfindung entgegengesetzt.

Gleichzeitig gilt für alle Unterstützungsmaßnahmen für Kinder der Anspruch von Wirksamkeit. Bezogen auf physio-, ergo- und sprachtherapeutische Maßnahmen ist dieser Anspruch im Fünften Sozialgesetzbuch (SGB V) festgeschrieben. „*Qualität und Wirksamkeit der Leistungen haben dem allgemein anerkannten Stand der medizinischen Erkenntnisse zu entsprechen und den medizinischen Fortschritt zu berücksichtigen*“, heißt es in §2 Abs. 1 Satz 3 SGB V. Alle Beteiligten im Gesundheitswesen werden darauf verpflichtet, „*daß die Leistungen wirksam und wirtschaftlich erbracht (...) werden.*“ (§2 Abs. 4 SGB V). Wirksamkeitsnachweise setzen aber Forschung mit Kindern voraus.

Für eine solche Forschung gilt ebenso wie für Pflege-, Erziehungs- und Fördermaßnahmen der Anspruch, das Kindeswohl in den Mittelpunkt zu stellen und dabei auch Beteiligungs- und Freiheitsrechte von Kindern zu respektieren. Dieser Anspruch und die dem gegenwärtigen Kinderbild immanenten Werte und Normen, aus dem er abgeleitet ist, stimmen mit den vier medizinethischen Prinzipien, niemandem zu schaden, wohlzutun und Wohlergehen zu befördern, Selbstbestimmung zu achten sowie Gerechtigkeit zu konstruieren und zu wahren

(Marckmann, Bormuth & Wiesing, 2012) überein. Die genannten Prinzipien spiegeln die weitgehend zustimmungsfähigen moralischen Grundlagen ärztlichen Handelns wider (Marckmann et al., 2012), bilden aber auch für ergo-, physio- und sprachtherapeutische Forschung mit Kindern eine allgemeine Orientierung.

In der Gestaltung von Forschungsbedingungen werfen Schutz- und Beteiligungsrechte von Kindern aber ethische Fragen auf, für die diese allgemeine Orientierung nicht ausreicht. So sind in Bezug auf das Forschungsdesign, die Nutzen-Risiko/Belastung-Abwägung sowie die Einwilligung zur Teilnahme ethische Fragen zu klären. Beteiligungsrechte und das Recht auf Berücksichtigung des Kinderwillens erfordern darüber hinaus, die Einwilligung im Verlauf des Forschungsprozesses fortlaufend zu überprüfen und Widerspruchsmöglichkeiten auch während des Therapie- und Forschungsprozesses einzuräumen. Doppelblindstudien, die als Goldstandard in der Medikamentenforschung gelten, sind in Therapiestudien nicht einsetzbar. Aber auch das in der Therapieforschung favorisierte randomisierte Kontrollgruppendesign wirft ethische Fragen auf. Die zufällige Zuweisung zu einer Kontrollgruppe kann dazu führen, dass eine therapeutische Maßnahme unterlassen oder zumindest zeitlich verzögert eingesetzt wird (Wartegruppe als Kontrollgruppe). Die Entwicklungsdynamik kindlicher Fähigkeiten oder Störungen, auf die die Therapie abzielt, verschärft das ethische Dilemma in der Therapieforschung mit Kindern. Dass der Nutzen einer Maßnahme, die auf Wirksamkeit geprüft werden soll, vorrangig für die späteren potentiellen Patienten wirksam wird, gilt als ethisch vertretbar, wenn sie bei minimalem Risiko und minimaler Belastung durchgeführt wird (Wallner, 2007). Eine Nutzen-Risiko/Belastung-Abwägung ist zum Schutz von kindlichen Versuchspersonen immer vorzunehmen. Diese ist von einer unabhängigen Stelle (Ethikkommission) zu überprüfen. Der Anspruch des sog. ‚informed consent' gilt auch für die Forschung mit Kindern. Siegmüller, Rohdenburg und Ringmann (im Druck) schlagen ein dementsprechendes Vorgehen vor.

Vor dem Hintergrund der um Kinderrechte erweiterten Fürsorgeperspektive, die im vorliegenden Beitrag aus Aspekten des gegenwärtigen Kinderbildes abgeleitet wurde, muss Forschung, die Kindheit und Kinder als Gegenstand hat, Kinder als Subjekte ernst nehmen und darf sie nicht als Forschungsobjekte instrumentalisieren. Dies drückt sich im Respekt gegenüber den kindlichen Versuchspersonen aus, der auch die Erlaubnis beinhaltet, aus einer Untersuchung auszusteigen. Wenn die „Bewahrung und Humanisierung des menschlichen Lebens samt seiner vielfältigen Umwelt, wobei der Blick auf die künftigen Generationen eine besondere Aufmerksamkeit verdient." (Höffe, 2000, S. 767, zit. nach Wallner, 2007, S. 119) das ethische Leitprinzip jeder Forschung sein soll, müssen Konsequenzen daraus auch für die Therapieforschung in Logopädie, Ergo- und Physiotherapie weiter ausgearbeitet und konsentiert werden.

4 Referenzen

Baumert, J., Artelt, C., Klieme, E. & Stanat, P. (2001). PISA – Programme for International Student Assessment. Zielsetzung, theoretische Konzeption und Entwicklung von Messverfahren. In F. E. Weinert (Hrsg.), Leistungsmessungen in Schulen (pp. 285–310). Weinheim: Beltz.

Bayerisches Staatsministerium für Arbeit und Sozialordnung, F. u. F. & München, S. f. F. (Hrsg.). (2006). *Der Bayerische Bildungs- und Erziehungsplan für Kinder in Tageseinrichtungen bis zur Einschulung*. Weinheim, Basel: Beltz Verlag.

Beauftragter der Bundesregierung für die Belange behinderter Menschen (2010). *Die UN-Behindertenrechtskonvention. Übereinkommen über die Rechte von Menschen mit Behinderungen*. Berlin: BMAS.

Beisenherz, H. G. & Alt, C. (2011). Die Bestimmung von Kinderarmut. In: S. Wittmann, T. Rauschenbach & H.R. Leu (Hrsg.), *Kinder in Deutschland. Eine Bilanz empirischer Studien* (pp. 96-105). Weinheim: Juventa.

Bertram, H. & Kohl, S. (2010). *Zur Lage der Kinder in Deutschland 2010: Kinder stärken für eine ungewissen Zukunft*. Köln: Deutsches Kommitee für UNICEF.

BMAS Bundesministerium für Arbeit und Soziales (2011). *Unser Weg in eine inklusive Gesellschaft. Der Nationale Aktionsplan der Bundesregierung zur Umsetzung der UN-Behindertenrechtskonvention*. Berlin: BMAS.

BMFSFJ Bundesministerium für Familie, Senioren, Frauen und Jugend (1992). *UN-Kinderrechtskonvention im Wortlaut mit Materialien*. http://www.national-coalition.de/pdf/UN-Kinderrechtskonvention.pdf (eingesehen am 10.01.2012).

BMFSFJ Bundesministerium für Familie, Senioren, Frauen und Jugend (2006). *Ein Kinder- und Jugendreport zum Nationalen Aktionsplan (NAP). Für ein kindergerechtes Deutschland 2005-2010*. Berlin: BMFSFJ.

Büchner, P. (2011). Bildung im Kinderalter – eine Privatsache? Oder: Bildung von Anfang an – ein Anspruch ohne Realität? In: S. Wittmann, T. Rauschenbach & H.R. Leu (Hrsg.), *Kinder in Deutschland. Eine Bilanz empirischer Studien* (pp. 74-81). Weinheim: Juventa.

Europäische Kommision (2011). *Armut und soziale Ausgrenzung*. http://ec.europa.eu/social/main.jsp?catId=751&langId=de (eingesehen am 10.01.2012).

Fertig, M. & Tamm, M. (2007). Kinderarmut im internationalen Vergleich. In: Deutsches Kinderhilfswerk (Hrsg.), *Kinderreport Deutschland 2007. Daten, Fakten, Hintergründe* (pp. 31-41). Freiburg: Velber.

Fthenakis, W. E. (2003). Zur Neukonzeptualisierung von Bildung in der frühen Kindheit. In W. E. Fthenakis (Hrsg.), *Elementarpädagogik nach PISA. Wie aus Kindertagesstätten Bildungseinrichtungen werden* (pp. 18-37). 5. Auflage. Freiburg: Herder.

Fthenakis, W. E., Berwanger, D. & Reichert-Garschhammer. (2007). *Bildung von Anfang an – Bildungs- und Erziehungsplan für Kinder von 0 bis 10 Jahren in Hessen.* Hessisches Sozialministerium & Hessisches Kultusministerium (Hrsg.), Paderborn: Bonifatius Druck-Buch-Verlag.

Fthenakis, W. E. & Oberhuemer, P. (2004). *Frühpädagogik international – Bildungsqualität im Blickpunkt.* Opladen: Leske & Budrich Verlag.

Hamburger, F. (2008). Investitionen in Bildung – Kinder als Rohstoff. Überlegungen zu einem problematischen Deutungsmuster. In: H. Stopfkuchen & P. Gutjahr (Hrsg.), *Kinder im Wandel der Zeit. Gesundheit – Medizin – Gesellschaft* (pp. 1 – 14). Aachen: Shaker.

Hauser, R. (2011). Armut. In: Deutscher Verein für öffentliche und private Fürsorge (Hrsg.), *Fachlexikon der sozialen Arbeit* (pp. 58-60). 7. völlig überarbeitete und aktualisierte Auflage. Baden-Baden: Nomos.

Honig, M.-S. (2011). Auf dem Weg zu einer Theorie betreuter Kindheit. In: S. Wittmann T. Rauschenbach & H.R Leu (Hrsg.), *Kinder in Deutschland. Eine Bilanz empirischer Studien* (pp. 181-197). Weinheim: Juventa.

JMK & KMK Jugendministerkonferenz und Kultusministerkonferenz (2009). *Den Übergang von der Tageseinrichtung für Kinder in die Grundschule sinnvoll und wirksam gestalten – Das Zusammenwirken von Elementarbereich und Primarbereich optimieren.* Beschluss der Jugend- und Familienministerkonferenz vom 5.6.2009/Beschluss der Kultusministerkonferenz vom 18.06.2009. Jugendministerkonferenz und Kultusministerkonferenz (eingesehen am 20.03.2012).

Kindler H., Lillig S., Blüml H., Meysen T. & Werner A. (Hrsg.) (2006). *Handbuch Kindeswohlgefährdung nach § 1666 BGB und Allgemeiner Sozialer Dienst (ASD).* München: Deutsches Jugendinstitut e.V.

Klemperer, D. (2011). *Sozialmedizin – Public Health. Lehrbuch für Gesundheits- und Sozialberufe.* 1. Nachdruck der 1. Auflage 2010. Bern: Huber.

Kluge, N. (2009). Kindheit. In: E. Bohlken & C. Thies (Hrsg.), *Handbuch Anthropologie. Der Mensch zwischen Natur, Kultur und Technik* (pp. 356-359). Stuttgart: Metzler.

Kösters, W. (2006). *Weniger, bunter, älter. Wie der demographische Wandel Deutschland verändert – Den Weg zur Multiminoritätengesellschaft aktiv gestalten.* München: Olzog.

Kösters, W. (2007). Demographischer Wandel – Wenn Kinder zur begehrten Mangelware werden... In: Deutsches Kinderhilfswerk (Hrsg.), *Kinderreport Deutschland 2007. Daten, Fakten, Hintergründe* (pp. 19-29). Freiburg: Velber.

Lareau, A. (2003). *Unequal Childhoods. Class, Race, and Family Life*. Berkeley: University of California Press.

Marckmann, G., Bormuth, M. & Wiesing, U. (2012). Allgemeine Einführung in die medizinische Ethik. In: U. Wiesing (Hrsg.), *Ethik in der Medizin. Ein Studienbuch* (pp. 23-37). 4. Auflage. Stuttgart: Reclam.

Mierendorff, J. (2011). Arme Kinder. Kritische Anmerkungen aus wohlfahrtstheoretischer Perspektive. In: S. Wittmann T. Rauschenbach & H.R. Leu (Hrsg.), *Kinder in Deutschland. Eine Bilanz empirischer Studien* (pp. 124-137). Weinheim: Juventa.

Ministerium für Bildung Frauen und Jugend. (2004). *Bildungs- und Erziehungsempfehlungen für Kindertagesstätten in Rheinland-Pfalz*: Mainz.

Ministerium für Bildung, W., Forschung und Kultur des Landes Schleswig-Holstein (Hrsg.). (2004). *Erfolgreich starten – Leitlinien zum Bildungsauftrag von Kindertageseinrichtungen*. Kiel: Landesregierung Schleswig-Holstein.

Naggl, M. & Thurmair, M. (2008). Frühförderung und Kindeswohl – Frühe Hilfen für entwicklungsgefährdete Kinder. In: *Frühförderung Interdisziplinär*, 27 (2), 52-66.

Niehoff, U. (2011). Inklusion. In: Deutscher Verein für öffentliche und private Fürsorge (Hrsg.), *Fachlexikon der sozialen Arbeit*. (pp. 447-448). 7. völlig überarbeitete und aktualisierte Auflage. Baden-Baden: Nomos.

Olk, T. & Hübenthal, M. (2011). Zweckfreie Kindheit. In: S. Wittmann T. Rauschenbach & H.R. Leu (Hrsg.), *Kinder in Deutschland. Eine Bilanz empirischer Studien* (pp. 49-62). Weinheim: Juventa.

Reinhold, C. & Kindler, H. (2006). Gibt es Kinder, die besonders von Kindeswohlgefährdung betroffen sind? In: H. Kindler S. Lillig, H. Blüml T. Meysen & A. Werner (Hrsg.), *Handbuch Kindeswohlgefährdung nach § 1666 BGB und Allgemeiner Sozialdienst (ASD)*. (pp. 17-1 – 17-7). München: Deutsches Jugendinstitut.

Schäfer, G. E. (2005). Was ist frühkindliche Bildung? In: G.E. Schäfer (Hrsg.), *Bildung beginnt mit der Geburt. Ein offener Bildungsplan für Kindertageseinrichtungen in Nordrhein-Westfalen* (pp. 15-74). 2. Auflage. Weinheim: Beltz.

Schröder, H. & Waltersbacher, A. (2010). *Heilmittelbericht 2010. Ergotherapie Sprachtherapie Physiotherapie*. Berlin: WIdO. http://www.wido.de/fileadmin/wido/downloads/pdf_heil_hilfsmittel/wido_hei_hmbericht2010_122010.pdf (eingesehen am 10.01.2012).

Schuntermann, M. F. (2009). *Einführung in die ICF. Grundkurs Übungen offene Fragen*. (3. Auflage.). Heidelberg: ecomed.

Siegmüller, J., Rohdenburg, W. & Ringmann, S. (im Druck). Einverständnis von KIndern zur Sprachtherapieforschung – Vorschläge für empirisch gestützte Standards. *Sprache Stimme Gehör*.

Sohns, A. (2010). „Interdisziplinäre Frühförderung" – ein grundständiger Studiengang im Sapnnungsfeld verschiedener Fachdisziplinen. *Frühförderung interdisziplinär*, 29 (3), 112-123.

Statistisches Bundesamt (2011). *Statistiken der Kinder- und Jugendhilfe. Vorläufige Schutzmaßnahmen.* Wiesbaden: Statistisches Bundesamt.

UNICEF (2007). *Child Poverty in Perspective: An Overview of Child Well-Being in Rich Countries. A comprehensive assessment of the lives and well-being of children and adolescents in the economically advanced nations*. Innocenti Report Card No. 7. Florenz: UNICEF Research Centre.

Wallner, J. (2007). *Health Care zwischen Ethik und Recht.* Wien: Facultas.

Wiesner, R. (2006) Was sagt die Verfassung zum Kinderschutz? In: H. Kindler S. Lillig H. Blüml T. Meysen & A. Werner (Hrsg.), *Handbuch Kindeswohlgefährdung nach § 1666 BGB und Allgemeiner Sozialer Dienst (ASD)* (Kapitel 1.). München: Deutsches Jugendinstitut e.V.

Wittmann, S., Rauschenbach, T. & Leu, H.R. (2011). (Hrsg.), *Kinder in Deutschland. Eine Bilanz empirischer Studien*. Weinheim: Juventa.

Kommunikation, Inklusion, Ermächtigung: Theologische Perspektiven

Philipp Meyer

Der Gott der Bibel ist ein Gott der Kommunikation

Der Autor skizziert den theologischen und religiösen Kontext, in dem Überlegungen zu einer ‚Ethik in der interdisziplinären Kindertherapieforschung' konnotiert werden.
Die Beziehung zwischen Mensch und Gott ist in der biblischen Überlieferung wesentlich von Kommunikation bestimmt. Im Schöpfungsakt verleiht Gott jedem Menschen eine unveräußerliche Würde, die dem Menschen die Kommunikation mit Gott und den Mitmenschen als selbständiges und verantwortliches Subjekt ermöglicht. Die Würde des Menschen als Geschöpf relativiert alle gesellschaftlichen Wertungen.
Der Autor folgert: Wer – durch Therapie und Forschung – die kommunikativen Fähigkeiten eines Menschen erweitert, fördert zugleich seine Fähigkeit zur Partizipation an menschlicher Gemeinschaft und am „Reich Gottes" und unterstützt ihn so auf dem Weg zu einem erfüllten Leben.

Wer die maßgeblichen Normen in einem abgegrenzten Handlungsbereich reflektiert, muss sich bewusst machen, dass diese Normen von den Individuen, die sie tradieren, selten einer derartigen Reflexion unterzogen werden.

Was richtig ist oder falsch, was zu tun oder zu lassen ist, das weiß der Mensch einfach. Moralische Normen sind ein wesentlicher Bestandteil der *sozialen Konstruktion der Wirklichkeit*[1], derer sich Individuen im Verlauf ihrer Sozialisation – weitgehend unbewusst – bemächtigen.

Eine entscheidende Rolle bei der Prägung von moralischen Normen innerhalb einer Gesellschaft spielen die Deutungssysteme, die den jeweiligen Zentraldiskurs bestimmen. Den Religionen kommt dabei insoweit eine Sonderrolle zu, als sie den Glauben an ihr jeweiliges Gedanken- und Wertegebäude voraussetzen und somit eine rationale Begründung ihrer grundsätzlichen Gültigkeit von vornherein für obsolet erklären. Da sich aber jede rationale Begründung, will sie nicht in einen Zirkelschluss verfallen, letztlich auf Axiome stützen muss, können religiöse Traditionen für sich beanspruchen, sich als axiomatische Konstruktionen in aller Regel jahrhundertelang bewährt zu haben.[2]

---

1 Berger & Luckmann, 1970

2 „Soziologisch wesentlich ist, daß jede symbolische Sinnwelt und jede Legitimation Produkt des Menschen ist. Die Grundlage ihres Daseins ist das Leben lebendiger Menschen. Abgetrennt von dieser ihrer Grundlage besitzen sie keinen empirischen Status." Berger & Luckmann, 1970, S. 138

In der modernen deutschen Industriegesellschaft gehört die große Mehrheit der Bevölkerung einer christlichen Kirche an[3]. Auch unter denen, die den Kirchen durch Austritt im institutionellen Sinne den Rücken gekehrt haben, wird sich weiterhin ein bedeutender Anteil als Christin oder Christ verstehen.[4]

Selbst diejenigen aber, die sich bewusst als ‚Religionslose' oder Atheisten verstehen, nehmen ständig – bewusst oder unbewusst – Bezug auf den christlichen Wertekanon, weil dieser die gesamte westeuropäische Kultur und Gesellschaft geprägt hat und noch immer prägt.

Religiöse Einstellungen sind daher als ‚axiomatisches Faktum' in ethische Reflexion moralischer Normen einzubeziehen, sofern sie das Verhalten der Angehörigen eines relevanten gesellschaftlichen Sektors prägen.

Die mittlerweile vielfältige Arbeit in Ethikkommissionen und Ethikkomitees mag den Eindruck entstehen lassen, moralische Richtlinien könnten frei, gewissermaßen unabhängig von weltanschaulichen Begründungszusammenhängen, ausgehandelt werden.

Eine wirkungsvolle Kommunikation solcher Richtlinien kann aber nur gelingen, wenn nicht nur die grundlegenden Wertorientierungen der mit der Diskussion und der Konstituierung (etwa in Ethikkommissionen) befassten Personen, sondern auch jene der von der Anwendung dieser Richtlinien betroffenen Menschen umfassend berücksichtigt werden.

Die Entwicklung jeder menschlichen Gesellschaft ist darauf angewiesen, die instinktiv verwurzelten Verhaltensweisen ihrer Mitglieder, die geprägt – und genetisch codiert – wurden im Kampf der Populationen unserer Vorfahren ums Überleben in einer feindlichen Umwelt, zu überführen in Verhaltensweisen, die den Bedingungen der heute tatsächlich gegebenen Umwelt angemessen sind.

Ob man die kulturelle Evolution einer Gesellschaft, die in diesem Zusammenhang sowohl Ursache dieser Herausforderung als auch entscheidendes Werkzeug zur Bewältigung derselben darstellt, als ein Epiphänomen der biologischen Evolution gegebener Populationen betrachtet, wird wohl letztlich eine Frage der Perspektive bleiben. Es fehlen uns Mittel zur Datenerhebung wie auch zur Datenverarbeitung, um von einem bestimmten Systemzustand auf der biologischen Ebene eindeutig auf einen bestimmten Systemzustand auf der gesellschaftlichen Ebene schließen zu können (oder umgekehrt).

Eine Interdependenz beider Bereiche wird man jedoch nicht bestreiten können. Biologische Gegebenheiten beeinflussen die Entwicklung der menschlichen

3 Gabriel, 2011

4 Der Kirchenaustritt wird häufig aus finanziellen Gründen, aus Verärgerung über kirchliche Stellungnahmen oder über das Verhalten einzelner kirchlicher Funktionsträger vollzogen. Kirchenamt der EKD, 2005, S. 400.

Kultur; ebenso beeinflussen kulturelle Entwicklungen die biologische Evolution. „Der Mensch ist biologisch bestimmt, eine Welt zu konstruieren und mit anderen zu bewohnen. Diese Welt wird ihm zur dominierenden und definitiven Wirklichkeit. Ihre Grenzen sind von der Natur gesetzt. Hat er sie jedoch erst einmal konstruiert, so wirkt sie zurück auf die Natur. In der Dialektik zwischen Natur und gesellschaftlich konstruierter Welt wird noch der menschliche Organismus umgemodelt. In dieser Dialektik produziert der Mensch Wirklichkeit – und sich selbst.“[5]

Religion ist eines der bedeutenden Orientierungssysteme in praktisch allen menschlichen Gesellschaften.

Wer in den Diskurs über ein ethisches Thema eintreten will, darf die gesellschaftlich relevanten Orientierungssysteme nicht ignorieren. In Europa bedeutet das konkret: die christlichen Positionen müssen bedacht werden.

Die Besonderheiten anderer Religionen dürfen selbstverständlich nicht außer Acht gelassen werden. Gerade der Islam aber, der in Deutschland in den letzten Jahren an Bedeutung gewonnen hat, stammt aus der gleichen Wurzel wie die christlich-jüdische Tradition und ist in vielen grundsätzlichen Fragen ähnlich ausgerichtet.

Dass im islamischen Kulturkreis jeweils die lokalen Autoritäten über Fragen der Glaubenslehre entscheiden, macht zudem die Klärung islamischer Positionen kompliziert. Während in Deutschland die Positionen der evangelischen und der katholischen Kirche jeweils durch den Rat der EKD und durch die Bischofskonferenz mit einem hohen Grad an Verbindlichkeit kommuniziert werden, ist bisher eine vergleichbare Instanz für den Islam in Deutschland nicht zu erkennen. Vielleicht kann der 2007 gegründete Koordinationsrat der Muslime einmal eine derartige Rolle übernehmen.

Im Folgenden will ich christliche Positionen skizzieren, die für die Vorhaben einer interdisziplinären Kindertherapieforschung von Interesse sein können.

1. Die Stellung des Kindes in der biblischen Tradition

Kinder erfreuen sich in der biblischen Tradition einer beachtlichen Wertschätzung.

Als Gott seinen Bund mit (dem bis dahin kinderlosen) Abraham schließt, geht es um Kinder: „Sieh gen Himmel und zähle die Sterne; kannst du sie zählen? … So zahlreich sollen deine Nachkommen sein!… An dem Tage schloss der HERR

5 Berger & Luckmann, 1970, S. 195

einen Bund mit Abram und sprach: Deinen Nachkommen will ich dies Land geben von dem Strom Ägyptens an bis an den großen Strom Euphrat"[6]

Im Buch der Sprüche heißt es: „Der Alten Krone sind Kindeskinder"[7].

Das Lukasevangelium beginnt (nach kurzer Vorgeschichte) mit der Geburtserzählung Jesu. Gott manifestiert sich als Kind in einem Stall.[8]

Die Beziehung der Glaubenden zu Gott beschreibt der Apostel Paulus als Beziehung zwischen Kindern und einem liebevollen Vater: „Welche der Geist Gottes treibt, die sind Gottes Kinder. Denn ihr habt nicht einen knechtischen Geist empfangen, dass ihr euch abermals fürchten müsstet; sondern ihr habt einen kindlichen Geist empfangen, durch den wir rufen: Abba, lieber Vater! Der Geist selbst gibt Zeugnis unserm Geist, dass wir Gottes Kinder sind. Sind wir aber Kinder, so sind wir auch Erben, nämlich Gottes Erben und Miterben Christi"[9].

Auch im Epheserbrief werden die Glaubenden als geliebte Kinder eines himmlischen Vaters bezeichnet.[10]

Während sich allerdings im Alten Testament zahlreiche Belege auch für eine Geringschätzung von Kindern hinsichtlich ihrer Qualitäten als personales Subjekt finden[11] und Kinder wertvoll sind als Mittel für die Verwirklichung der göttlichen Segensverheißung[12] oder schlicht als Besitz der Eltern[13], gilt „das Neue Testament unter anderem mit seinen jesuanischen Kindworten als der Durchbruch kindgerechteren Denkens."[14]

Eine besonders markante Erzählung ist in diesem Zusammenhang das so genannte ‚Kinderevangelium', das hinsichtlich der Stellung des Kindes eine eingehendere Betrachtung verdient.

„13 Und sie brachten Kinder zu ihm, damit er sie anrühre. Die Jünger aber fuhren sie an. 14 Als es aber Jesus sah, wurde er unwillig und sprach zu ihnen: Lasst die Kinder zu mir kommen und wehret ihnen nicht; denn solchen gehört das Reich Gottes. 15 Wahrlich, ich sage euch: Wer das Reich Gottes nicht empfängt wie ein Kind, der wird nicht hineinkommen. 16 Und er herzte sie und legte die Hände auf sie und segnete sie."[15]

---

6 Gn 15,5 und 18
7 Spr 17,6
8 Lk 2,1-20
9 Röm 8, 14-17
10 Eph 5,1
11 vgl. Michel, 2003
12 Gn 15
13 Michel, 2003, S. 317 ff.
14 Michel, 2003, S. 317
15 Mk 10,13-16

Jesus könnte in dieser Episode von (vermutlich) den Eltern, die die Kinder zu Jesus bringen, als wandernder Lehrer[16] wahrgenommen worden sein. Dann wäre der Segnungswunsch vielleicht plausibel: „Solcher Segen ist in Palästina häufig begehrt worden; Kinder erbitten ihn von ihren Eltern, Schüler von ihren Lehrern, und es ist ein Brauch gewesen, vor der Abendmahlzeit am Sabbat oder Festtag,…, die Kinder durch Handauflegung des Hausvaters zu segnen.“[17]

Das Anliegen wird aber von den Jüngern Jesu als unangemessen betrachtet. Wahrscheinlich geben Sie damit eine gängige Norm ihrer Umwelt wieder. Als überraschend und somit erzählenswert wird die kritische Reaktion Jesu auf das Agieren der Jünger nicht deshalb hervorgehoben, weil diese hier ein Fehlverhalten an den Tag legen[18].

Vielmehr lässt Jesus eine Aussage folgen, die die Jünger genauso wie die überwiegende Mehrheit der Zeitgenossen schockiert haben dürfte: „Solchen gehört das Reich Gottes.“[19] Jesus ruft die Kinder hinein in den Kreis der für Gott wertvollen Menschen. Die Mischna zitiert zur Stellung der Kinder vor Gott einen Lehrer aus dem zweiten Jahrhundert, dessen Auffassung sich kaum von den Ansichten zur Zeit Jesu unterscheiden dürfte: mit fünf Jahren soll das Kind mit den heiligen Schriften, mit zehn Jahren mit den Lehren der Mischna bekannt gemacht werden; erst mit der Vollendung des 13. Lebensjahres ist der Heranwachsende zur Einhaltung der religiösen Gesetze verpflichtet.[20] Bis dahin leidet der Sohn für die Sünde seines Vaters; er ist vor Gott kein eigenverantwortliches Subjekt.[21] Der zeitliche Rahmen hat sich in der jüdischen Bar-Mitzwa-Feier bis heute gehalten und spiegelt sich auch in der gesetzlichen Fassung der Religionsmündigkeit.[22] Damit wäre auch klar, dass eine besondere Pointe der Erzählung vom zwölfjährigen Jesus im Tempel[23] darin liegt, dass Jesus eben das Alter der Religionsmündigkeit noch nicht erreicht hat. Seine Fähigkeit, dennoch mit den Theologen seiner Zeit zu diskutieren, durchbricht alle zeitgenössischen Erwartungen. Als Kind überschreitet Jesus die Grenze zur Welt der Erwachsenen; als Erwachsener wird er die Kinder in eine Welt hineinrufen, die bis dahin den Erwachsenen vorbehalten schien.

---

16 Mk 10,1
17 Grundmann, 1977, S. 274
18 so etwa Bayer, 2008, S. 359
19 Mk 10,14
20 Hamburger, 1883, S. 798
21 Hamburger, 1883, S. 799
22 RelKErzG §5
23 Lk 2,42ff

Jesus nimmt eine radikale Neubewertung der Stellung von Kindern vor. Ihr Wert wird nicht dadurch bestimmt, dass sie eine bestimmte Altersstufe erreicht haben oder eine bestimmte Ausbildung absolviert haben. Sie sind als Geschöpfe Gottes ohne jede Vorleistung von Gott geliebte Wesen. Für die Kinder gilt, was auch für jeden Erwachsenen gilt:

„Die besondere menschliche Würde ist in Gott begründet: ... Wir sind keine „Kinder des Zufalls“, sondern Gottes geliebte Söhne und Töchter. Seine Liebe lässt uns glauben, dass wir wertvoll sind und unser Leben einen einzigartigen Sinn hat.“[24]

Als sichtbares Zeichen dieser Neubewertung nimmt Jesus die Kinder in die Arme[25] und vollzieht so symbolisch eine „Inklusion“. Pointiert könnte man sagen: während im Judentum die Kinder ein ‚Geschenk Gottes‘ sind, und, wenigstens bis zu ihrem 14. Lebensjahr, im Besitz der Eltern bleiben, können sie nun in der christlichen Auffassung nur mehr eine ‚Leihgabe Gottes‘ sein.

In der Folge werden Kinder vollwertige Mitglieder der frühchristlichen Gemeinde und weisen sie gerade dadurch als christliche Gemeinde aus:

„Wie die Inklusion von Juden und Nichtjuden, Männern und Frauen, Sklaven und Freien in der Gemeinde, ..., so hat auch die Beteiligung von Kindern zuallererst eine ästhetische Funktion, nämlich die Zurschaustellung eines Glaubens, der gerade als kindgemäßer Glaube echter Glaube ist.“[26]

Mehr noch, das Verhältnis zwischen Kindern und Eltern wird zum Leitbild des Glaubens. Jesus führt „seine Jünger ... in eine familiäre Verbundenheit zu Gott und lädt sie dazu ein, diese unverdiente Freundlichkeit Gottes ebenso bedingungslos anderen zu erweisen“.[27] Er mutet damit den Großen zu, selbst wie Kinder zu werden:[28] „Wer das Reich Gottes nicht empfängt wie ein Kind, der wird nicht hineinkommen.“[29]

Damit wird deutlich: der Weg der Reifung vom Kind zum Erwachsenen ist keine schlüssige Bewegung hin zu Gott. Im Gegenteil: es scheint eher so, als ob der Mensch auf diesem Weg Dinge lernt, die ihm den Zugang zu Gottes Reich

---

24 Kießig, 2010, S. 185

25 Mk 10,16

26 Stein, Frühchristliche Mahlfeiern, Tübingen 2008. Dass diese Praxis später weithin in Vergessenheit geraten ist, tut dem keinen Abbruch. Die normative Kraft der biblischen Botschaft kann sich auch nach Jahrhunderten wieder neu entfalten: „Die „Zulassung“ von Kindern zum Abendmahl war noch vor wenigen Jahrzehnten in der evangelischen Kirche höchst umstritten und in der Praxis kaum üblich. Inzwischen wird immer deutlicher: Die getauften Kinder gehören ohne Abstriche zur Gemeinde Jesu Christi.“ (Kießig, 2010, S. 840).

27 Kießig, 2010, S. 190f

28 Kießig, 2010

29 Mk 10,15

erschweren. Es bedarf nun einer bewussten Anstrengung, sich die Haltung des unbedingten Vertrauens, die Kindern eigen ist, wieder anzunehmen.[30]

Kinder werden nicht nur in ihrer Würde[31] anerkannt; sie werden in ihrer Haltung geradezu zum Vorbild des glaubenden Menschen.[32]

Grundsätzlich ergibt sich also: das Kind hat wie jeder Mensch „das natürliche Recht, als ein freies, verantwortliches Wesen anerkannt zu werden, weil er nach dem Bilde Gottes geschaffen ist.“[33]

Eine Einschränkung der Souveränität des Kindes ist demnach nur zulässig in dem Sinne, dass ggf. beim Kind die Fähigkeit, eine Entscheidung im eigenen Interesse zu fällen, noch nicht im notwendigen Maße ausgebildet ist. Sie müsste stets erfolgen als plausible Interpretation des anzunehmenden kindlichen Interesses und sich daraufhin befragen lassen.

2. Heilung und Inklusion

Es ist sicher kein Zufall, dass die Erzählung von der Kindersegnung in der Form einer Heilungsgeschichte eingeleitet wird.[34] Eine ähnliche inklusive Tendenz, wie wir sie eben in der Erzählung von der Kindersegnung feststellen konnten, bestimmt auch zahlreiche Berichte über wunderbare Heilungen im Neuen Testament.[35] Eine Grundsatzfrage, die in allen Heilungsgeschichten berührt wird, ist die Frage nach dem Zusammenhang zwischen Tun und Ergehen. Sind Wohlergehen oder Leiden in dem Sinne Ausdruck einer höheren Gerechtigkeit, dass dem einen oder dem anderen jeweils ein Wohlverhalten oder Fehlverhalten der betroffenen Person – oder womöglich gar einer anderen Person, beispielsweise des leiblichen Vaters – zuzuordnen wäre?

Wer diese Frage bejaht, hält die eigene Welt in Ordnung. Wenn Erkrankungen, Behinderungen, ein plötzlicher oder schrecklicher Tod oder ein anders geartetes schlimmes Schicksal die Folge einer verborgenen Verfehlung vor Gott sind, verlieren sie einen guten Teil ihres Bedrohungspotenzials. Wer sich nichts vorzuwerfen hat, muss dergleichen auch nicht fürchten. Wer von einem Unglück

30 Bayer, 2008, S. 360

31 Das christliche Menschenbild wurzelt in der Überzeugung, dass die Würde des Menschen etwas ist, das ihm von Gott her geschenkt ist (Gottebenbildlichkeit). Kießig, 2010, S. 212

32 „Wer an Christus glaubt, wird Kind Gottes“, Katechismus der Katholischen Kirche, Nr. 1709; „unsere Berufung ist es, Kinder Gottes zu werden.“, Katechismus der Katholischen Kirche, Nr. 1996

33 Katechismus der Katholischen Kirche, Nr. 1738

34 Grundmann, 1977, S. 274

35 zB Mk 1,29ff Par; 1,40ff Par; 2,1ff Par; 3,1ff Par; 5,1ff Par; 5,21ff Par etc.

betroffen ist, kann immer noch auf baldige Besserung hoffen, sofern die Verfehlung nicht allzu schwerwiegend war. Gottes Gerechtigkeit und Gottes Allmacht müssen nicht infrage gestellt werden.

Es leuchtet ein, dass derartige Deutungen von Menschen bevorzugt werden, die ‚auf der Sonnenseite des Lebens' stehen. Psychologisches Leitmotiv dürfte „Dissonanzvermeidung"[36] sein. Möglicherweise steht im Hintergrund ein unbewusster evolutionsbiologischer Mechanismus: der Ausschluss von Individuen, die unter Behinderungen oder Erkrankungen leiden, könnte bei entsprechenden Umweltbedingungen die Perspektiven einer Population verbessern. In der christlichen Theologie haben sich derartige Deutungsmuster über die Jahrhunderte halten können[37], obwohl Jesus selbst sich selbst bereits explizit dagegen gestellt hat.[38]

Ebenso leuchtet unmittelbar ein, dass Deutungen dieses Typs für Menschen mit Behinderungen oder Erkrankungen nicht akzeptabel sind, weil sie der Belastung der Behinderung oder Erkrankung die möglicherweise noch schwerwiegendere Belastung einer moralischen und sozialen Ausgrenzung hinzufügen.[39]

Die Heilungsgeschichten des Neuen Testaments beschränken sich nicht auf die körperlichen Aspekte von Krankheit oder Behinderung. Sie erzählen nicht von Heilung im Sinne von ‚Beseitigung von Symptomen' oder ‚Beseitigung von Funktionsstörungen'. Es geht ihnen nicht um ein Geschehen, das auf das Individuum beschränkt bleibt. Sie sind sensibel für die Dimension der sozialen Exklusion, die eine physiologische oder psychische Normabweichung erst als Störung definiert.

Heilung ist also stets in einem ganzheitlichen Sinn zu verstehen. „Es ist darauf hinzuweisen, dass Jesus keinen Unterschied zwischen sozialer Reintegration und körperlicher Heilung machte. Bei jeder Heilung geschah jeweils beides. Folglich ist die integrale Beziehung von Gesundheit, Heil und Heilung Grundbedingung einer ganzheitlichen theologischen Interpretation der Behinderung."[40] Jesus ruft die Menschen in die Gemeinschaft. Sofern diesem Ruf jeweils zwingend ein Akt der sozialen Exklusion vorangegangen sein muss, ruft er sie zurück in die Gemeinschaft. Er ruft sie in eine Gemeinschaft mit Menschen und Gott.

---

36 vgl. Festinger, 1957

37 Pelka, 2012, S. 5

38 Lk 13,1ff

39 Zentralausschuss des ÖRK, 2003, Nr. 35: Wenn Menschen mit Behinderungen einer Hermeneutik begegnen, die für Argwohn gegenüber behinderten Menschen Raum lässt, dann ist klar, dass Menschen mit irgendeiner Form von Behinderung das so definierte Bild Gottes nicht akzeptieren können.

40 Zentralausschuss des ÖRK, 2003, Nr.42

Paulus versteht – nachösterlich – diese vollkommene Gemeinschaft als Gemeinschaft mit dem Auferstandenen: „In Christus sein bedeutet, im Leib Christi sein. Das ist seinem Wesen nach das Bild eines Kollektivs – ein Leib besteht aus vielen Gliedern, von denen alle einen spezifischen Beitrag zum Ganzen leisten (1. Kor 12; Röm 12). Auch die schwachen Glieder, ja auch diejenigen Teile, deren wir uns schämen und die wir bedecken (siehe 1. Kor. 12, 23 in der griechischen Fassung), sind unverzichtbar und verdienen besondere Achtung, ihr wesentlicher Beitrag wird anerkannt.“[41]

Aus der Perspektive des ‚Leibes Christi‘ kann es keinen vollständigen, makellosen oder vollkommenen Menschen geben – alle sind Glieder dieses Leibes mit ihrer jeweils spezifischen, begrenzten Aufgabe. Damit entfällt auch jede Begründung dafür, Menschen wegen ihrer Unvollkommenheit auszuschließen. Die Rede vom Leib Christi antizipiert das, was heute mit dem Inklusionsparadigma verbunden wird: „An die Stelle der mit dem Integrationsmodell verknüpften Vorstellung zweier relativ homogener Gruppen – Menschen mit und ohne Behinderung – setzt das Inklusionsparadigma die Überzeugung der unmittelbaren Zugehörigkeit jedes Menschen zu einer Gesellschaft der Vielfalt.“[42]

Selbstverständlich ist die Bewegung der Inklusion nicht auf die Gemeinschaft der Getauften beschränkt. Das wird schon daran deutlich, dass Jesus sich regelmäßig Menschen zugewandt hat, die außerhalb der maßgeblichen kultischen Gemeinschaft standen.

Der Mensch kann als Geschöpf Gottes seine Qualität als Ebenbild Gottes[43] nicht erwerben oder verlieren. Das macht Jesus deutlich in seiner Haltung gegenüber Kindern, die auch dann schon, wenn sie noch nicht in vollem Maße zur sozialen Teilhabe fähig sind, in die Gemeinschaft der von Gott geliebten Menschen hineingehören. Das macht Jesus ebenso deutlich in seiner Haltung gegenüber Menschen, die aufgrund von Behinderungen oder Erkrankungen sozial ausgegrenzt werden. Die fundamentale Gleichheit der Menschen besteht darin, dass sie als Geschöpfe Gott gegenüberstehen.[44] Dieses transzendente Verhältnis zu Gott als einem Wesen, das dem Zugriff menschlicher Manipulationen vollständig entzogen ist, kalibriert das Verhältnis der Menschen untereinander.[45] Mögen

41 Zentralausschuss des ÖRK, 2003, Nr. 29

42 Liedke, 2012, S. 75

43 1Mo 1,27 Und Gott schuf den Menschen zu seinem Bilde, zum Bilde Gottes schuf er ihn.

44 „Christen glauben an die Erschaffung des Menschen als Ebenbild Gottes und damit an die grundlegende Gleichheit aller Menschen. Die Unantastbarkeit der Würde des Einzelnen ist in dieser Gottesebenbildlichkeit des Menschen begründet. Sie prägt die Verantwortung für das Zusammenleben.“ Evangelische Kirche in Deutschland, 2002, S. 11

45 Vgl. Gillen, 2002, S. 109

sie auch unterschiedlich sein nach der äußeren Gestalt, nach Besitz, Begabungen und Fähigkeiten; nach Rang und Wert sind sie gleich.

Damit setzt Jesu Reden und Handeln einen Fluchtpunkt für die Perspektive des Glaubens auf die menschliche Gemeinschaft: im Sinne Jesu ist sie eine – durch den gemeinsamen göttlichen Vater konstituierte – Gemeinschaft von Schwestern und Brüdern, an der teilzuhaben niemandem verwehrt werden darf.

Allen an einem Forschungsvorhaben beteiligten Personen sind somit gleiche Rechte und gleiche Würde zuzuerkennen, unabhängig von ihrem Alter, Geschlecht oder eventuell vorliegenden Einschränkungen der Gesundheit oder der Entwicklung. Aus christlicher Sicht verbietet sich jede Form von Instrumentalisierung von Personen im Zusammenhang mit Forschungsvorhaben.

3. Macht und Ermächtigung

Wer forscht, strebt nach Wissen. Damit ist Frage nach der Macht gestellt, die aus diesem Wissen resultiert.

In der biblischen Tradition heißt es: „Ein weiser Mann ist stark und ein vernünftiger Mann voller Kraft.“[46] Die Formel „Wissen ist Macht“, die auf Francis Bacon zurückgeht[47], nimmt diesen Gedanken auf, spitzt ihn zu und überführt ihn als Sprichwort in das kollektive Bewusstsein.

Der Zusammenhang ist im Wesentlichen schon in der Schöpfungsgeschichte beschrieben. Die Schlange lockt Eva mit der Aussicht: Wenn ihr vom Baum der Erkenntnis esst, werdet ihr sein wie Gott.[48] Eva pflückt die verbotene Frucht, teilt sie mit ihrem Mann; der isst ebenfalls, ohne irgendwelche Einwände zu erheben. Die Katastrophe folgt: das Paradies ist für die Menschen verloren.[49]

Die Deutungen der Paradieserzählung haben jahrhundertelang das menschliche Streben nach Wissen und das menschliche Streben nach Macht mit dem Stigma der göttlichen Strafe, der Vertreibung aus dem Paradies, in Verbindung gebracht. Bei Luther beispielsweise „wird dem Menschen nach dem Sündenfall die Ratio „zwar „nicht genommen, sie wird sogar nach dem Sündenfall von Gott bestätigt. Der Mensch ist aber nicht mehr in der Lage, die Vernunft recht zu gebrauchen.“[50]

Bedeutsam ist hier, dass weder das Streben nach Wissen noch das Streben nach Macht, sondern die spezifische Zielsetzung, dass der Mensch sich selbst an

---

46 Spr 24,5

47 Meyers Großes Konversations-Lexikon, 1907, Band 11, S. 194

48 Gn 3, 1ff

49 aaO

50 Bosch, 2000, S. 72

Gottes Stelle setzen will, die Bestrafung nach sich zieht: „Biblische Einsicht hat ... im Bilde vom Baum der Erkenntnis des Guten und des Bösen die Zweideutigkeit allen menschlichen Wissens beschrieben. Der Mensch soll diese Welt, den Garten, bebauen und bewahren (1. Mose/Gen 2,15-17). Der Mensch aber ließ und läßt sich verführen und will selbst wie Gott werden (1. Mose/Gen 3,1-7).“[51]

Dass der Mensch nach Wissen strebt, liegt in seiner Natur. Wenn es im Buch der Sprüche heißt: „Ein weiser Mann ist stark und ein vernünftiger Mann voller Kraft.“[52], so liegt darin keinerlei negative Wertung. Doch zeigt uns die Paradieserzählung, dass sich solches Streben auf sein Ziel hin befragen lassen muss. Setze ich das Streben nach Wissen im Verhältnis zu anderen Menschen so ein, wie es einer Gemeinschaft von Geschwistern entsprechen würde? Oder versuche ich mich durch den Erwerb von Wissen in eine Herrschaftsposition zu bringen, in der mein eigener Vorteil gleichbedeutend ist mit dem Nachteil meiner Mitmenschen?

Die in der Erschaffung des Menschen zum Ebenbild Gottes gesetzte Gleichheit der Menschen definiert die Grenzen des menschlichen Machtstrebens. Im Sprichwort heißt es: „Was du nicht willst, dass man dir tu‘, das füg‘ auch keinem anderen zu!“[53]

In der goldenen Regel, wie sie davon abweichend Jesus in der Bergpredigt formuliert, wird positiv die Zielsetzung des menschlichen Machtstrebens auf das Wohlergehen des Mitmenschen gerichtet. „Alles nun, was ihr wollt, dass euch die Leute tun sollen, das tut ihnen auch! Das ist das Gesetz und die Propheten.“[54] Für Jesus ist mit dieser Variante der goldenen Regel, die eben nicht nur verlangt, dem Mitmenschen keinen Schaden zuzufügen, sondern aktiv und bewusst nach Möglichkeiten zu suchen, sein Wohlergehen zu fördern, der gesamte Kanon der moralischen Vorschriften der ihm bekannten biblischen Tradition in einer einprägsamen Formel zusammengefasst.

Wer nach Wissen strebt und damit seine eigene Macht vergrößert, geht mit diesem Wissen dann verantwortlich um, wenn er es anderen Menschen in einer Weise zur Verfügung stellt, die diese dazu ermächtigt, ihr eigenes Leben als verantwortliche Subjekte zu gestalten.

Das Leben in der Gemeinschaft ist aus christlicher Sicht ein Leben in gegenseitiger Ermächtigung: Paulus nimmt an sich selbst Verletzlichkeit und Schwä-

---

51 Deutsche Bischofskonferenz und Evangelische Kirche in Deutschland, 1997

52 Spr 24,5

53 Philippidis, 1929

54 Mt 6,12, vgl. im Alten Testament Tob 4,16

che wahr.[55] Gerade dadurch aber weiß er sich verbunden mit Christus, dem Gekreuzigten.[56] In seiner eigenen Schwäche ist der Raum erschlossen, in dem die Macht Gottes wirken kann.[57] Gott verleiht sie, damit die Gemeinde aufgebaut werden kann.[58] Auch im Gefängnis noch[59], in einer Lage größter äußerer Ohnmacht, schreibt Paulus: „Ich vermag alles durch den, der mich mächtig macht.“[60] Dadurch, dass Paulus das Evangelium weitergibt und andere Menschen für den Glauben gewinnt, wird auch in diesen die Macht Gottes wirksam.[61]

Es ist die Erfahrung des Paulus mit der ermächtigenden Macht Gottes, die die Entwicklung des Konzepts des „Empowerment“ in der amerikanischen Gemeindepsychologie angeregt hat.[62] Es stellt heute in der ‚Sozialen Arbeit‘ einen bedeutenden Ansatz der ressourcenorientierten Intervention dar. „Das Empowerment-Konzept richtet den Blick auf die Selbstgestaltungskräfte der Adressaten Sozialer Arbeit und auf die Ressourcen, die sie produktiv zur Verhinderung von belastenden Lebensumständen einzusetzen vermögen.“[63]

Solche Ressourcen zu vermehren ist eine der Aufgaben von Bildung. Bildung ist das Mittel zur Ermächtigung. Folgerichtig ist schon bald nach der Gründung der ersten christlichen Gemeinden die Bildung in den Fokus der Gemeindeaktivitäten gerückt. Die Beschäftigung mit den für die Gemeinde konstitutiven Heiligen Schriften verlangt nach Alphabetisierung und fördert sie.[64]

Die christlichen Gemeinden können es sich leisten, die Angebote der zeitgenössischen antiken Bildung anzunehmen, weil sie sich mit dem Glauben im Besitz eines sicheren Kriteriums wissen, das sie vor eventuell schädlichen heidnischen Inhalten schützt.[65] Zum Zeitpunkt der „konstantinischen Wende“[66] war die christliche Kirche auf die neue Rolle als vom Kaiser geförderte Institution im Bildungsbereich gut vorbereitet. Augustinus hoffte am Ende des 4. Jhd. bereits, „dass die Kirche für die gesamte Gesellschaft als eine Schule wirken könnte, in der die Unvollkommenheit der Menschen gebessert würde.“[67]

55 2 Kor 4,7-10, Feldmeier, 2012, S. 37
56 2 Kor 12,9, Feldmeier, 2012, S. 36
57 2 Kor 12,10, Feldmeier, 2012, S. 36
58 2 Kor 10,8, Feldmeier, 2012, S. 36
59 Phil 1,13f, Feldmeier, 2012, S. 37
60 Phil 4,13
61 Gal 3,5, Feldmeier, 2012, S. 37
62 Feldmeier, 2012, S. 37f
63 Herriger, 2006, S. 7
64 Gemeinhardt, 2077, S. 66
65 Gemeinhardt, 2009, S. 68
66 Gemeinhardt, 2009, S. 130
67 Gemeinhardt, 2009, S. 136f

In Europas Mittelalter waren vielfach Klöster die Orte, an denen die Schätze der antiken Bildung tradiert und für die nachfolgenden Generationen konserviert wurden.

Mit der Reformation rückte der biblische Impuls, allen Mitgliedern der christlichen Gemeinschaft fundamentale Bildungsinhalte zugänglich zu machen, erneut in den Fokus der sich konstituierenden evangelischen Kirche. Der Reformator Philipp Melanchthon erhielt den Ehrentitel „Praeceptor Germaniae", „Lehrer Deutschlands". Die von Martin Luther geforderte Lektüre der Heiligen Schrift durch die Gläubigen erforderte den Aufbau eines Schulsystems. „Ermächtigung durch Bildung" wurde zum Programm der Reformation in Deutschland.[68]

Das reformatorische Erbe hat sich die Evangelische Kirche in Deutschland bis in die Gegenwart bewahrt. So formulierte der Rat der EKD im Jahr 2009: „Als Ausdruck des evangelischen Glaubensverständnisses sind diese reformatorischen Initiativen für die Kirche ebenso verbindlich geblieben wie als Folgerung aus einem evangelischen Bildungsverständnis. Bildung ist und bleibt ein Wesensmerkmal evangelischer Kirche."[69]

Der Ansatz, Menschen durch Bildung zu ermächtigen, geht über einen Ansatz, der sich lediglich zum Ziel setzt, Patienten in den Normbereich zurückzuführen oder Funktionsstörungen zu beseitigen, weit hinaus. „Oberstes Maß der Bildung müssen der Eigenwert und die eigene Würde jedes einzelnen Menschen sein, in der Kirche selbst, aber auch in anderen Bereichen der Gesellschaft."[70] Es geht darum, die Möglichkeiten des Menschen so zu fördern, dass der in der Gemeinschaft mit seinen Mitmenschen und vor Gott ein Leben als selbständiges und verantwortliches Subjekt führen kann.

Daraus lässt sich für die Forschung mit und an Kindern ableiten:

- Forschende haben, insbesondere bei Forschungsvorhaben mit Kindern, eine machtvolle Position. Ein verantwortlicher Umgang mit solcher Macht ist aus christlicher Sicht zu fordern. Forschungsprojekte sollten so angelegt sein, dass sie eine „Ermächtigung" im oben dargestellten Sinne der unmittelbar – und der im Sinne des Forschungszwecks mittelbar – beteiligten Kinder erkennbar zum Ziel haben.
- Soweit ein Forschungsvorhaben dazu geeignet ist, Methoden zu verbessern oder zu entwickeln, die dem Ziel der „Ermächtigung" von therapiebedürftigen Personen dienen, ist das Vorhaben aus christlicher Sicht nicht nur unbedenklich, sondern geradezu wünschenswert.

68 Rat der EKD, 2009
69 Rat der EKD, 2009, S. 75f
70 Rat der EKD, 2009, S. 54

- In der Kindertherapie sind gesundheitliche Aspekte und Bildungsaspekte eng miteinander verzahnt und oft kaum zu trennen. Es könnte für die Fragestellung der Kindertherapieforschung deshalb hilfreich sein, neben den fraglos wichtigen medizinischen Fragestellungen stärker auch Grundlagen der pädagogischen Forschung einzubeziehen.

4. Wort und Inkarnation

Bildung wird in der menschlichen Gesellschaft im Wesentlichen sprachlich vermittelt. Ob die neuerdings massenhafte Verfügbarkeit von multimedial präsentierten Inhalten daran nachhaltig etwas ändern wird, bleibt abzuwarten. Über Jahrtausende war jedenfalls verschriftlichte Sprache das Bildungsmedium schlechthin.

Als knapp tausend Jahre v. Chr. imdavidisch-salomonischen Großreich[71] das hebräische Volk den – bescheidenen – Höhepunkt seiner politischen Macht erreicht, findet die Bundeslade[72], mobiles Heiligtum eines unsichtbaren[73] Gottes, im neu erbauten Tempel[74] von Jerusalem eine feste Heimstatt.

Sie enthält in Gestalt der steinernen Tafeln mit den Geboten[75], die Mose für sein Volk am Berg Sinai in Empfang genommen hatte[76], die Urkunde zum Bund Gottes mit seinem Volk.[77]

Der Gott Israels vermittelt sich sprachlich. Das unterscheidet ihn von den Gottheiten konkurrierender Nachbarvölker, die sich in Standbildern, visuell, manifestieren.[78]

Während Gott im älteren[79] der beiden biblischen Schöpfungsberichte noch als handwerklich tätig dargestellt wird und Adam aus einem Tonklumpen formt[80], erschafft er im jüngeren Schöpfungsbericht Himmel und Erde und alle Lebewesen allein durch die Kraft seines Wortes.[81] Dieser Bericht, vermutlich von einer Gruppe von Priestern im babylonischen Exil um das 6. Jh. v. Chr. verfasst[82],

71 1 Kön 1-11
72 Ex 25,10-20
73 Lev 26,1
74 1 Kön 6 und 7
75 Ex 20,2–17
76 1 Kön 8,9
77 Dtn 4,13
78 zB die Philister-Gottheit Dagon, 1 Sam 5
79 um mehrere Jahrhunderte, vgl. Weiser, 2003, S. 145
80 Gen 2,7
81 Gen 1,3ff
82 Weiser, 2003, S. 108

weist bereits ein hohes Maß an gedanklicher Abstraktion auf. „Die einzige Kontinuität zwischen Gott und seinem Werk ist das Wort.[83]

Aber auch im älteren Schöpfungsbericht wird Gott schnell gesprächig. Er haucht Adam seinen Atem ein[84], gibt ihm den ersten Auftrag[85] und spricht die erste Warnung aus: vom Baum der Erkenntnis darf Adam nicht essen, sonst wird er sterben. [86]

Gott ist ein Dialogpartner. Er stellt Fragen[87] und er lässt sich auf Verhandlungen ein.[88] Und Gott redet Klartext: er lässt die Menschen wissen, was er von ihnen erwartet.[89] Das Gesetz ist kein Orakel: es ist nüchtern und klar.

Als sich im Laufe der Jahrhunderte herausstellt, dass die Menschen dennoch weitere Erläuterungen benötigen, beruft Gott die Propheten. Er redet sie unmittelbar und persönlich an.[90] Damit war „nicht nur der Mund, sondern das Leben dieser Menschen von einem besonderen Dienst in Anspruch genommen"[91], so dass „keine der früheren sozialen Bindungen mehr in die neue Existenz hinüber reicht."[92] Das Wort Gottes ist von jetzt an „Voraussetzung und Inhalt ihrer Botschaft, es ist schlechterdings die Grundlage ihrer ganzen Existenz"[93].

Wir haben es bei der Prophetie mit einem religiösen „Phänomen sui generis"[94] zu tun. Gott redet einfache, nicht speziell gebildete oder der Priesterschaft angehörende Menschen an und macht sie zu seinem eigenen Mund. Die durch den Mund der Propheten ausgerichteten Gottesreden werden aufgeschrieben. So wurde im Kanon der hebräischen Bibel ein jahrhundertelanges Gespräch Gottes mit seinem Volk festgehalten, dass vermutlich ab dem 2. Jhd. v. Chr. keine wesentlichen Änderungen mehr erfuhr.[95]

Der messianische Bußprediger Jesus von Nazareth, der um das Jahr 30 in Jerusalem gekreuzigt wurde, ist also nicht mehr in die Reihe der Propheten zu zählen. Über ihn sagt der Prolog des Johannesevangeliums: „Im Anfang war das Wort, und das Wort war bei Gott, und das Wort war Gott. … In ihm war das Leben und das Leben war das Licht der Menschen. … Er kam in sein Eigentum,

83 von Rad, 1957, S. 147
84 Gen 2,7
85 Gen 2,15
86 Gen 2,17
87 Gen 3,9ff
88 Gen 18, 20ff
89 Ex 20, 1ff
90 von Rad, 1960, S. 69
91 von Rad, 1960, S. 69
92 von Rad, 1960, S. 70
93 von Rad, 1960, S. 93
94 von Rad, 1960, S. 17
95 Weiser, 1948, S. 263

aber die Seinen nahmen ihn nicht auf. Allen aber, die ihn aufnahmen, gab er Macht, Kinder Gottes zu werden.“[96]

In Jesus Christus ist das Wort Gottes Mensch geworden.[97] Partizipation am Geheimnis des Göttlichen, Kind und somit Erbe Gottes werden, wird möglich über die Aufnahme des Wortes.

Der hier im Johannesevangelium verwendete Begriff ‚Logos‘ (Wort, Rede, Sprache, Offenbarung) entwickelt sich in der griechischen Philosophie gegen Ende der Antike immer mehr zu einer kosmologischen Größe, die selbst göttlichen Charakter hat. Der Logos ist das Prinzip, das die Welt und den Menschen konstituiert; er ist der tiefste Grund der Seele, der nie ganz erkannt werden kann, weil er selbst das Erkennen ist.[98]

Wenn sich dieser Logos in Jesus Christus personifiziert, wird in Jesus deutlich, wie Gott das Leben eigentlich gemeint hat. Die verborgene Grammatik des Denkens, die ihrerseits schon vom Logos geformt wurde, ermöglicht es dem Menschen, mit der Quelle des Lebens in Verbindung zu treten.

Rund anderthalb Jahrtausende später rebelliert Martin Luther gegen eine Kirche, die sich vom menschlichen Machtstreben vereinnahmen lassen hat und den Menschen, die ihr anvertraut sind, die Lektüre der Heiligen Schrift verwehrt. In einer radikalen Rückbesinnung auf die biblischen Quellen, gewissermaßen auf den genetischen Code der Kirche, sieht er die einzige Chance einer Verbesserung.[99]

Darum übersetzt er die Bibel. Jeder Mensch soll sich unmittelbar durch das göttliche Wort von Gott ansprechen lassen. Gottes Handeln ist in seinem Wesen sprachliches Handeln. Und in der Rechtfertigungslehre, dem theologischen Zentrum der Theologie Luthers, wird der Freispruch, den der Mensch von Gott empfängt, zur faktischen Befreiung des Menschen.[100] Diese Auffassung der Rechtfertigungslehre kann heute als überkonfessionell anerkannte christliche Position gelten.[101]

---

96 Joh 1, 1.4.11.12

97 Joh 1,14

98 Artikel Logos in: Kittel, Theologisches Wörterbuch, 79f

99 zB Luther, Von der babylonischen Gefangenschaft der Kirche (1520), in: Luther, 2002, S. 171ff

100 „Er rechtfertigt und siegt nämlich in seinem Wort, indem er uns zu solchen macht, wie es sein Wort ist, das ist gerecht, wahr, weise usw. Und so verwandelt er uns in sein Wort, nicht aber sein Wort in uns. Er macht (uns) aber dann zu solchen, wenn wir glauben, daß sein Wort derart ist, nämlich gerecht und wahr. Dann nämlich ist auch die ähnliche Gestalt im Wort und im Glaubenden, nämlich Wahrheit und Gerechtigkeit. Indem er also gerechtfertigt wird, macht er gerecht und indem er gerecht macht, wird er gerechtfertigt.“ Luther, Vorlesung über den Römerbrief (1515/1516), in: Luther, 2002, S. 130

101 Vgl. die „Gemeinsame Erklärung zur Rechtfertigungslehre“ des Lutherischen Weltbundes und der Katholischen Kirche vom 31. 10. 1999

Der Gott der Bibel ist ein Gott der Sprache.[102] Er tritt mit den Menschen in Kommunikation.[103] Dabei tritt er aber nicht nur mit dem Geist (oder der ‚Seele') des Menschen in Kontakt, wie es der in der platonischen Philosophie angelegte und in der alten Kirche weithin rezipierte Gedanke einer Leib-Seele-Dichotomie vermuten lassen könnte. Im Prolog des Johannes-Evangeliums heißt es explizit: „Das Wort ward Fleisch"[104]. In dem Menschen Jesus Christus nimmt Gott menschliche Gestalt an – mit allen Konsequenzen.

Er ist also auch ein Gott der ganzheitlichen Kommunikation und der leiblichen Interaktion: Jesus selbst stellt seinen Auftrag – auf die Anfrage des Täufers Johannes hin – als Dienst am ganzen Menschen dar; er verweist dabei ausschließlich auf sinnlich wahrnehmbare Phänomene, die sein Wirken begleiten. Die Verkündigung des Evangeliums als sprachlicher Akt ist von der ganzheitlichen Kommunikation mit den Menschen und der leiblichen Interaktion nicht zu trennen.

„Blinde sehen wieder und Lahme gehen; Aussätzige werden rein und Taube hören; Tote stehen auf und den Armen wird das Evangelium verkündet."[105]

Der in diesen Worten reflektierte Auftrag Jesu geht nach Tod und Auferstehung auf die christliche Kirche und ihre Mitglieder über.[106]

Dem entspricht eine ganzheitliche Förderung des Menschen im Zusammenspiel der unterschiedlichen therapeutischen Methoden und Ansätze. Das ganzheitliche christliche Menschenbild ermutigt dazu, Forschungsvorhaben transdisziplinär anzulegen und die Kooperation der in der Kindertherapie aktiven Berufsgruppen zu fördern.

---

102 Gesprochene Sprache versteht sich als Teilbereich von Kommunikation. Die in der Kindertherapieforschung involvierten Disziplinen sind in jeweils eigener Weise geeignet, die Interaktionsfähigkeit und Kommunikationsfähigkeit der behandelten Personen zu fördern. Eine Bewertung der Disziplinen ist hier weder intendiert noch sinnvoll.

103 Eine plausible Differenzierung von Interaktion und Kommunikation findet sich bei Lück, im Erscheinen, S. 85-88: Kommunikation ist mediale Interaktion in einem durch Konvention zwischen den Kommunikationspartnern definierten und durch die Präsenz der Kommunikationspartner begrenzten Raum.

104 Johannes 1,14

105 Mt 11,5

106 Matthäus 28,16-20

Literatur

Bayer, H. F. (2008). *Das Evangelium des Markus.* Witten: SCM R. Brockhaus.

Berger, P. L., Luckmann, T. (1970). *Die gesellschaftliche Konstruktion der Wirklichkeit. Eine Theorie der Wissenssoziologie.* Frankfurt a.M.: Fischer Taschenbuch Verlag.

Bosch, G. (2000). *Reformatorisches Denken und frühneuzeitliches Philosophieren.* Marburg: Tectum Verlag.

Deutsche Bischofskonferenz & Evangelische Kirche in Deutschland (1997). Gemeinsames Wort der DBK und des Rates der EKD zur „Woche für das Leben 1997", *Gemeinsame Texte 11.*

Evangelische Kirche in Deutschland (2009). *Kirche und Bildung. Eine Orientierungshilfe des Rates der EKD*, Gütersloh. Gütersloher Verlagshaus.

Evangelische Kirche in Deutschland (2002). *Zusammenleben gestalten. Ein Beitrag des Rates der EKD zu Fragen der Integration und des Zusammenlebens mit Menschen anderer Herkunft, Sprache oder Religion.* EKD-Texte 76.

Feldmaier, R. (2012). *Macht – Dienst – Demut. Ein neutestamentlicher Beitrag zur Ethik.* Tübingen. Mohr Siebeck.

Festinger, L. (1957). *A Theory Of Cognitive Dissonance.* Stanford: Stanford University Press.

Gabriel, K. (2011). Kirchen in der Zivilgesellschaft. In: J. Eurich (Hrsg.), Kirchen aktiv gegen Armut und Ausgrenzung: theologische Grundlagen und praktische Ansätze für Diakonie und Gemeinde (pp. 381-394). Stuttgart: Kohlhammer.

Gemeinhardt, P. (2007). *Das lateinische Christentum und die antike pagane Bildung*, Tübingen: Mohr Siebeck.

Gillen, E. (2002). Über die Ohnmacht der Ethik. In: U. Geißner & W. Nikcolai (Hrsg.), Inklusion – Exklusion. Elfende Berufe im Schatten ihrer Geschichte (pp. 85-113). Konstanz: Hartung – Gorre.

Grundmann, W. (1977). *Das Evangelium nach Markus.* Berlin: Evangelische Verlagsanstalt.

Hamburger, J. (1883). *Real-Enzyklopädie für Bibel und Talmud.* Stresitz.

Herriger, N. (2006). *Empowerment in der Sozialen Arbeit.* Stuttgart: Kohlhammer.

Katechismus der Katholischen Kirche, Neuübersetzung aufgrund der Editio typica Latina, München, 2005.

Kießig, M. (2010) (Hrsg.), *Evangelischer Erwachsenen-Katechismus: glauben, erkennen, leben.* Gütersloh: Gütersloher Verlagshaus.

Kirchenamt der EKD (2005) (Hrsg.), *Weltsichten – Kirchenbindung – Lebensstile. Vierte EKD-Erhebung über Kirchenmitgliedschaft: Kirche – Horizont und Lebensrahmen*. Hannover.

Kittel, G. (1942) (Hrsg.), Theologisches Wörterbuch zum Neuen Testament. Vierter Band. Stuttgart: Kohlhammer.

Liedke, U. (2012). Menschen. Leben. Vielfalt. *Pastoraltheologie*, 101, 71-86.

Lück, A.-K. (im Erscheinen). *Der gläserne Mensch im Internet. Ethische Überlegungen zur Sichtbarkeit, Leiblichkeit und Personalität*. Dissertation, Stuttgart.

Luther, M. (2002). Gesammelte Werke. Herausgegeben von Kurt Aland. Berlin: Vandenhoeck & Ruprecht.

Meyers Großes Konversations-Lexikon, Band 11, Leipzig, 1907.

Michel, A. (2003). *Gott und Gewalt gegen Kinder im Alten Testament*. Tübingen: Mohr Siebeck.

Pelka, F. (2012). *What We Have Done: An Oral History of the Disability Rights Movement*. Amherst: University of Massachusetts Press.

Philippidis, L. J. (1929). *Die ‚Goldene Regel', religionswissenschaftlich untersucht*. Dissertation, Leipzig.

Rad, G. v. (1957). Theologie des Alten Testaments. Band 1. Gütersloh: Gütersloher Verlagshaus.

Rad, G. v. (1960). Theologie des Alten Testaments. Band 2. Gütersloh: Gütersloher Verlagshaus.

Stein, H. J. (2008). *Frühchristliche Mahlfeiern*. Tübingen: Mohr Siebeck.

Weiser, A. (1948). *Einleitung in das Alte Testament*. Tübingen: Vandenhoeck & Ruprecht.

Zentralausschuss des ökumenischen Rates der Kirchen (2003). *Kirche aller – Eine vorläufige Erklärung*, Genf.

Normierung und Normalisierung von Kindheit. Überlegungen zur late talker-Problematik

Claudia Peter[1] / *Patricia Pomnitz*

Abstract

In diesem Beitrag werden mithilfe des diskursanalytischen Konzepts des Normalismus von Jürgen Link verschieden normierende Normalisierungstendenzen voneinander unterschieden und auf das moderne Konzept der (Entwicklungs-)Kindheit angewendet. Für die Diskussion, wie und warum auch im weiten Feld der therapeutischen Berufe heute kindlichen Entwicklungsabweichungen, -verzögerungen oder -störungen normierend oder/und normalisierend begegnet wird, wird im zweiten Teil die Sprachtherapie von sog. *late talkern* als Beispiel herangezogen und mit dem Normalismus-Konzept in Beziehung gesetzt.

Normalismus – ein Dispositiv der westlichen Moderne

In seiner umfangreich angelegten Studie hat der Literaturwissenschaftler Jürgen Link (2009) *Normalismus* als ein Dispositiv bestimmt, welches auf die westliche Moderne beschränkt ist und sich als historisch emergentes Gebilde seit dem 18. Jahrhundert herausgebildet hat. Bedingt durch bestimmte gesellschaftliche Konstellationen und Voraussetzungen, wie u.a. das Aufkommen einer deskriptiven und analytischen Statistik, die mit einer massenhaften Verdatung von Messwerten wissenschaftliche wie (bevölkerungs)politische Aufgaben gleichermaßen zu erfüllen hatte, durch eine neue Art des (staatlichen) Regierens sowie durch wissenschaftliche und technische Entdeckungen und Neuerungen wurden einerseits eine Dynamik der fortlaufenden Wissensproduktion und andererseits eine Haltung, die auf Fortschritt, Wandel und Wachstum ausgerichtet ist, in Gang gesetzt. Diese irritierten die (früh)neuzeitlichen Ordnungen in ihrer Stabilität und Konstanz nachhaltig und lösten sie letztlich ab. Nach Link etablierte sich erst innerhalb dieser Entwicklungsdynamik, in der mit dem statistischen Wissen ein neuer Wissenstypus mit eigener Evidenz entstand, die *Kategorie des ›Normalen‹*, die es so zuvor nicht gegeben hat. Die entstehenden Wissenschaften, insbesondere die Medizin, spielten hier eine entscheidende Rolle. Wissenschaftliches Wis-

---

1 Konzeptionelle Überlegungen zu diesem Beitrag erfolgten während der wissenschaftlichen Mitarbeit 2010/2011 im Excellenzcluster »Herstellung normativer Ordnungen«, das an der Goethe-Universität Frankfurt am Main angesiedelt ist.

sen wird immer auch versucht, statistisch zu reformulieren: die Typisierungs- und Beschreibungsversuche verweisen aufeinander, sind aber nicht in eins zu setzen.

Die neu entstandene Kategorie des *›Normalen‹* wurde in den folgenden Jahrhunderten sowohl in den Wissenschaften als auch im Alltag sehr wirkmächtig, weil sie einen eigenen Normierungsdruck neben den seit jeher existierenden Werten und Normen entfaltet hat: durch die nun mögliche Unterscheidung von ›Normalem‹ und ›Nicht-Normalem‹ wurde ein weiterer Normativitätstypus etabliert. Die Anwendungsbreite dieser Kategorie ist und war beinahe unbegrenzt: Eigenschaften und Verhaltensweisen von Menschen oder anderen Lebewesen, aber auch Dingen und Artefakten konnten nun neue Erkenntnisse und Einsichten entlockt werden.

Begriffsklärungen: das ›Normale‹ und die Normalität

Wie aber wurde das ›Normale‹ als Querschnittskategorie praktisch bestimmt? Wie hat man die daraus abgeleitete Normalität verstanden? Wie hat man Abweichungen von einer so verstandenen Normalität beurteilt? Und schließlich: Wie hängen derartige Einschätzungen von Normalität mit Prozessen der Normbildung und Normierung zusammen, kurz: wie ist das Verhältnis von Normalität und Normativität?

Wie Link – und für die Vermessung von Körperdaten von Kindern auch Turmel (1998, 2008) – beschrieben hat, konnte die Kategorie ›normal‹ erst konstruiert werden, als Daten, die bei einer großen Menge mit vergleichbaren Messmethoden erhoben wurden, zur Verfügung standen, die dann jeweils in *Verteilungskurven* aufsummiert wurden. Als das ›Normale‹ ist der Bereich der Verteilungskurve (normal range) festgelegt worden, in dem die meisten Daten mit gleichem Mengenwert summiert sind.[2] Solche Verteilungskurven finden sich beispielsweise zur Körpergröße oder zum Körpergewicht. Bei der Aufbereitung der Daten in Form von Verteilungskurven handelt es sich zunächst um eine rein mathematisch-statistische Bearbeitung der erhobenen Daten. Eine Interpretation, die sozial normierend, d.h. *bewertend*, ist, erfolgt erst durch die Festsetzung der (engeren oder weiteren) Bereichsgrenzen, mit denen der Bereich des Durchschnitts oder des Normalen vom Noch-Nicht-Normalen – *zu* klein oder *zu* leicht bzw. *unter*gewichtig – und vom Nicht-mehr-Normalen – *zu* groß oder *zu* schwer bzw. *über*gewichtig – unterschieden wird. Für diese normierende Interpretation hat

2 In der Regel ist das – bei Symmetrie, d.h. ohne Links- oder Rechtsschiefe – der mittlere Bereich.

Link zwei mögliche Auslegungsstrategien ausgemacht, die es zulassen, Rückschlüsse über den jeweils zeitgebundenen Umgang mit den als relevant angesehenen Daten zu ziehen.

Bei der Analyse des konkreten Umgangs mit einem vermessenen Phänomen sind deshalb jeweils drei Ebenen voneinander zu unterscheiden:

(I) Welche Phänomene wurden als problematisch oder relevant angesehen, sodass es notwendig erschien, hierzu massenhaft Daten zu erzeugen? Die Erhebung einiger Daten wurde spätestens seit Ende des 18. Jh. entweder von der Wissenschaft (z.B. der Medizin) oder von den Behörden (z.B. in Preußen) als derart relevant angesehen: zu allererst wurden Geburten-, Todes- und Reproduktionsraten erfasst, aber auch Körpergröße, -gewicht wurden zeitig erhoben. Für andere Daten standen entweder noch keine geeigneten Messmethoden zur Verfügung (z.B. zu Krankheitsraten) oder sie waren noch nicht relevant bzw. problematisch. So waren z.B. lange Zeit gut ausgebildete Sprachfähigkeiten nicht so relevant – oder sie waren als eigene Fakten oder Einflussgrößen noch nicht abgrenzbar (hier besteht ein enger Zusammenhang zum Stand der Modellierung oder Theoretisierung des Phänomens). In der analytischen Rekonstruktion derartiger Normierungs- und Normalisierungsprozesse ist deshalb immer nach dem Zeitpunkt und den Gründen für eine massenhafte Verdatung des spezifischen Phänomens zu fragen.

(II) Bei der Festsetzung der Bereichsgrenzen des ›Normalen‹ können nach Link zwei Strategien unterschieden werden: der *protonormalistische* und der *flexibel-normalistische Umgang* (vgl. Link, 2008, Link, 2009, S. 57 f.). Die Wahl der einen oder anderen Strategie sagt etwas über die Art der Interpretation der ›Gefährlichkeit‹ und den Umgang mit dem als problematisch wahrgenommenen Phänomen aus.

(III) Im Laufe der historischen Entwicklung kann sich die Strategie ändern. Link hat den protonormalistischen Umgang als ältere Strategieform und den flexibel-normalistischen Umgang als neuere Form identifiziert. Prinzipiell kann aber der *Wechsel* in beide Richtungen stattfinden, denn auch aus der toleranteren Form des flexiblen Normalismus kann in die rigidere Form des Protonormalismus gewechselt werden. Ein derartiger Wechsel ist aber immer – und darauf soll hier abgehoben werden – mit einer veränderten Bewertungs- und Einstellungspraxis verbunden, die ein Indiz für veränderte Normbildung und Normierungsprozesse ist. Derartige soziale Dynamiken beinhalten nicht nur den Wechsel von Strategien, sondern auch Rückkopplungseffekte zwischen Normierungsprozessen und Vorstellungen bzw. (Re-) Definitionen des ›Normalen‹.

Begriffsklärungen: Protonormalismus und Flexibler Normalismus

Protonormalismus und Flexibler Normalismus können gewissermaßen als zwei entgegengesetzte Vorgehensweisen des Normierens verstanden werden. Beim Protonormalismus werden die Grenzen des ›normal range‹ eng gesetzt. Die Grenzen sind starr und massiv gesetzt und erzielen damit eine abschreckende Wirkung. Alles, was außerhalb dieser Grenzen liegt, gilt als abnorm: eine eigene Werthaftigkeit wird den Exemplaren abgesprochen. Diese Grenzwerte können deshalb in bestimmten Feldern (z.B. historisch betrachtet: Kriminologie, Psychiatrie, Sexualität, industrielle Produktion) nicht nur exkludierende Funktion haben, sondern vor allem weitere Sanktionsmöglichkeiten nach sich ziehen bzw. als Legitimitätskriterium für diese dienen. Deshalb gehen Diskurse zu derart bewerteten Phänomenen oft mit Rhetoriken des Gefährlichen, des Epidemischen, des ›Richtigen‹ und ›Falschen‹ einher. Der Normbereich wird hier wie eine Zielgröße verstanden, Handlungskonzepte werden oft mit impliziten Teleologien unterlegt.

Wird dagegen flexibel-normalistisch argumentiert und dementsprechend gehandelt, so wird der Normalbereich meist breiter gefasst. Er wird lediglich als Richtwert angesehen, dessen weicher gesetzte Grenzen (als Schwellenwerte) aber nicht exkludierend fungieren sollen. Oft wird den Abweichungen eine eigene Werthaftigkeit zugestanden. Im historischen Verlauf ist das z.B. mit Phänomenen wie der Homosexualität, aber auch mit Menschen mit Behinderungen geschehen, die oft als sog. Minoritäten anerkannt werden. Aus ehemals Exkludiertem kann so anerkanntes Besonderes werden, was mit einer grundlegenden Einstellungsänderung und einem veränderten Verständnis in Bezug auf die Grundmenge/-phänomen einhergeht: Sexualität wird nach einem solchen Prozess anders gesehen, Menschen mit Handicaps werden danach uneingeschränkt als Menschen anerkannt. Mit derartigen Prozessen sind deshalb auch umfangreiche Neunormierungs- und Differenzierungsprozesse verbunden: z.B. werden rechtliche Normen korrigiert bzw. neu ausgelegt. Rhetoriken, die Phänomene flexibel-normalistisch verstanden wissen wollen, gehen oft von selbststeuernden Regulierungen innerhalb einer grundsätzlich offenen Entwicklung aus.

Das moderne Konzept ›Entwicklungskindheit‹

Nachdem erläutert wurde, dass und auf welche Weise die moderne Kategorie ›Normalität‹ normierend sein kann, wird nun das Phänomen eingeführt, das hier mit dem Normalismus-Konzept von Link diskutiert werden soll: die ›Kindheit‹. Entsprechend der drei oben skizzierten Arbeitsschritte wird als erstes gefragt, ab wann und warum ›Kindheit‹ in messbaren Daten erfasst worden ist. Bevor jedoch die Gründe für diese Vermessung dargestellt werden, wird zunächst geklärt, ab wann ›Kindheit‹ als eigenständiges Phänomen – nämlich als eine der (zweckfreien) Entwicklung und Bildung gewidmete Lebensphase der jungen voradoleszenten Generation – verstanden wurde.

Die Entdeckung der (Entwicklungs-)Kindheit

Das Verständnis von dem, was ein Kind sei und was ihm demzufolge während des Aufwachsens zuzugestehen sei, hat sich historisch immer wieder gewandelt.

Dass Kinder sich entwickelnde Wesen sind, denen dafür Raum und Zeit zugestanden werden sollte, dieses Denken kommt erst in der Aufklärungszeit auf: von ›Kindheit‹ als einer solchen Lebensphase wird erst seit dem 18. Jh. und zwar zuerst im bürgerlichen Milieu gesprochen. So werden in dieser Zeit erstmals Ideen zur Kindererziehung formuliert, die dem Kind angemessen, d.h. individuell nach seinem Alter, seinem Entwicklungsstand und seinen körperlichen Fähigkeiten angepasst sein sollte. Die zeitig formulierte Idee, Erziehung und Bildung am Zögling zu bemessen und nicht an denen, die sie erteilen, ist als revolutionär anzusehen. Dennoch gelang deren Umsetzung inklusive kritischer Reflexionen, also deren inhaltliche Füllung bis hin zu den heute verstandenen ›kindgerechten Bedingungen‹, erst in den nächsten Jahrhunderten. Im Wesentlichen war es dazu nötig, erst einmal Wissen über das Kind zu produzieren: so hatten die Aufklärer zwar eine Idee von der kindlichen Autonomie, worin sie aber genau besteht, wie sie geschützt und gefördert werden kann, dazu gibt es erst seit dem Ende des 20. Jh. erste nichtideelle Theorien, womit eine Theoirebildung gemeint ist, die erst aufgrund empirischer Forschung gebildet werden konnte bzw. deren Evidenz an empirische Forschungsergebnisse rückgebunden wird. Das, was ›kindgerecht‹ oder ›kindgemäß‹ ist, war und ist offensichtlich ein Gegenstand schwierig zu erringender Erkenntnis. Dennoch war die aufklärerische Idee vom Kind und der ihm zugestandenen ›Kindheit‹ sehr wirkmächtig. Sie führte in der folgenden Zeit zu einer Fülle an Gründungen kindfokussierter Institutionen – zunächst für die bürgerlichen Kinder – und später zu einer Verbesserung der Lebensbedingungen und Bildungsvoraussetzungen für alle Kinder. So etablierte sich eine verantwortliche Kinderheilkunde, die v.a. zu Beginn des 20. Jh. die Überlebensbedingungen und Gesundheit aller Kinder verbesserte (vgl. Peter, i.E.); ein Recht auf Bildung für alle (wie z.B. durch eine allgemeine Schulpflicht für alle Kinder) wurde durchgesetzt und die Kinder- und Jugendfürsorge wurde zum festen Bestandteil sozialstaatlicher Verantwortung gemacht.

Mit Beginn des 20. Jh. hatte sich deshalb ein Denken über das Kind etabliert, dass die Phase der Kindheit vorwiegend unter Entwicklungsaspekten sah: ›normal‹ war nun, dass sich Kinder i.S. von (gesundem) Wachstum und Bildung zu entwickeln hatten – wofür der Staat die Voraussetzungen zu schaffen hatte – und dass sie dabei für Gesellschaft und Staat wertvolle Fähigkeiten erwarben, mit denen sie ihren späteren Aufgaben als leistungsfähige Erwerbstätige, Staatsbürger und Soldaten gerecht werden konnten. Kindheitshistorische Studien zeigten jedoch, dass diese Förderung der kindlichen Entwicklung durch Medizin, Pädagogik u.a. alles andere als zweckfrei war (als Überblicksartikel: Peter, i.E.): Kinder wurden inzwischen in ihrer Bedeutung als nachwachsender Teil der Gesellschaft gesehen und bezüglich ihrer gesellschaftlichen Position innerhalb der generationalen Ordnung betrachtet. Hinter dem modernen Konzept der ›*Entwicklungskindheit*‹ steht deshalb ein komplexer Vergesellschaftungsmodus von Kindern, der bestimmte Denkweisen und Wissensbestände zum Kind und Kindlichen mit einer bestimmten sozialstrukturellen Funktion in der Generationenordnung verbindet sowie bestimmte Erwartungen und Vorstellungen hegt, die Besonderheiten kindlichen Denkens und Handelns sowohl zulassen als auch einschränken. Nimmt man zum Beispiel das Feld Bildung und vergleicht Konzepte von Vorschulbildung in Frankreich und Deutschland, so kann man erkennen, dass es große Unterschiede in den Vorstellungen gibt, warum, ab wann und worin Kinder konkret gebildet werden sollten. Die sich seit Ende des 20. Jh. konstituierende interdisziplinäre Kindheitsforschung hat es sich deshalb zur Aufgabe gemacht, Kindheit als inzwischen *eigenständige Institution* im Prozess gesellschaftlicher Modernisierung zu verstehen und sie nichtreduktionistisch sowohl als *Element der Sozialstruktur* als auch als *Phase individueller Entwicklungsprozesse* zu analysieren (vgl. Honig, 1996, 1999).

Normalisierte Entwicklungskindheit als neue Norm

Wie Turmel (2008, S. 21) beschreibt, hat zuerst Preußen die systematische Erhebung von Bevölkerungsdaten zu Zwecken der Kontrolle und Steuerung eingeführt, bei denen Daten zu Kindern prominent waren. Erste direkt anthropometrische Erhebungen an Kindern, die neben der Säuglings- und Kindersterblichkeit auch alterskorrelierte Wachstumstabellen ermittelten und damit eher wissenschaftlichen Fragen zu Zusammenhängen zwischen Körperwachstum, Physiologie und sozialen Einflussfaktoren nachgingen und allgemeine Modelle menschlicher körperlicher Wachstumsprozesse entwickeln sollten, sind zu Beginn des 19. Jh. von dem Belgier Quételet, dem Franzosen Villermé und dem Briten Farr durchgeführt worden (vgl. Turmel, 2008, S. 21 ff.). Vor dem Hintergrund, dass sich zwischen den jungen Forschungsfeldern der sich entwickelnden Physiologie, der Statistik und Wahrscheinlichkeitslehre sowie der Bevölkerungswissenschaft auch Synergieeffekte ergaben, ließen die Ergebnisse erstmals Aussagen zu Lebensbedingungen der Kinder zu, die Gesundheitszustand, Armut und körperliche Belastungen (durch Fabrikarbeit) miteinander in Bezug setzten.

Dieser neue Wissensstock beeinflusste nicht nur die wissenschaftsinterne Weiterentwicklung des Wissens, sondern auch die sozialpolitischen Diskurse, welche soziale Unterschiede nun nicht mehr als deterministische, sondern als *probabilistische ›Gesetzmäßigkeiten‹* identifizieren konnten. Die neu geschaffene Kategorie des ›Durchschnitts‹ oder des ›Normalen‹ wurde zu einem wichtigen, wenn auch ambivalent eingesetzten Argumentationskriterium: sowohl Unterernährung und -entwicklung sowie fehlende Bildung, aber auch sog. deviantem Verhalten konnten so entgegen getreten werden. Lebensbedingungen konnten verbessert, Verhaltensweisen diszipliniert werden; kurz: ›das Normale‹ wurde angestrebt. Durch das Raster von Klassifikationen und relevanten Kategorien wurde nun jede(r) einer normierenden Beurteilung unterworfen. Sozialkritische und -politische Sichtweisen und wissenschaftsdisziplininterne Relevanzen von Forschungsfragen hingen in komplexer Art und Weise voneinander ab. Sowohl Vereinnahmungen der Wissenschaft durch die Politik als auch soziale Wirklichkeiten problematisierende Kritiken sind für diese Zeit zu verzeichnen, wenn man die Fragestellungen und Diskussionen der Medizin, insbesondere der Kinderheilkunde, der Hygiene, der Psychologie und der Pädagogik betrachtet, die sich im Laufe dieser Epoche zeitgleich als Professionen etablieren konnten.

Spätestens seit der zweiten Hälfte des 20. Jh. ist dieser Trend in die Situation gemündet, dass nun kindliche Entwicklung nicht mehr anders denn als eine Beschreibung in jenen Kategorien denkbar ist: die Klassifikationen und Kategorien sind zu selbstverständlich gewordenen Bestandteilen der Denksysteme geworden und auch in den Alltag diffundiert. Generationen von Eltern betrachten inzwischen das Aufwachsen ihrer Kinder mit einem konfigurierten Blick: sie können sich über ihre Kinder mit Lehrern und Ärzten mithilfe dieser Kategorien verständigen. Nicht nur dass heute die Entwicklung der Kinder genau antizipiert wird, sie wird auch vergleichend beobachtet. *Standardisierte Kategorien* spielen dabei eine wichtige Rolle, z.B. Kinder nach dem *›Altersmaßstab‹* einzuschätzen, nach dem Entwicklungen ›normal‹, ›verzögert‹ bzw. ›gestört‹ verlaufen können (Vgl. Vorgaben der U1- bis U9-Untersuchungen). Gleichzeitig ist aber auch bekannt, dass ohne pathologische Ursachen Kinder unterschiedlich schnell bestimmte Entwicklungsstadien durchlaufen können. Es gilt also immer danach zu fragen, ob tatsächlich eine Pathologie bzw. Störung vorliegt oder ein für sich funktionaler, aber verglichen mit dem Allgemeinmodell heterogener Entwicklungsverlauf.

Wird derzeit mit dem störungsfreien kindlichen Spracherwerb eine neue Entwicklungsnorm etabliert?

In den letzten Jahren hat sich neben dem Augenmerk auf ›Wachstum‹, ›Gesundheit‹ und ›Bildung‹ als zentralen Dimensionen kindlicher Entwicklung eine weitere Größe in den Vordergrund geschoben, welche viel Aufmerksamkeit in ihrer störungsfreien Ausbildung erhält: der kindliche Spracherwerb als entwicklungsgemäße Ausbildung von Sprech- und Sprachfähigkeiten. So ist die Sprachentwicklungsstörung die am häufigsten beobachtete und ärztliche diagnostizierte Entwicklungsstörung im Kindesalter (Sachse, 2005; Schubert & Horch, 2004).[3] Dass die sprachliche Dimension der kindlichen Entwicklung vermehrt Beachtung findet, hat viele Gründe, die im Folgenden skizziert werden.

Gesellschaftliche Tendenzen und neue Wissensbestände: Gesellschaftliche Veränderungen des Aufwachsens der Kinder und veränderte Sozialisationskonstellationen führen nicht nur prinzipiell zu einem anderen Bild vom Kind, sondern könnten sich bei komplexen Konstellationen (Patchworkfamilien, Mehrsprachige Milieus durch Migration und globale Mobilität usw.) sowohl positiv wie auch negativ variierend – das ist ein Forschungsdesiderat – auf die Prozesse der Sprachentwicklung auswirken (Hausendorf & Quasthoff, 1996; Quasthoff, 2011, 2012). Komplementär dazu ist das sprachtherapeutische Wissen gestiegen, welches nicht nur aufgrund eigener Forschung differenziertere Phänomenbeschreibungen ermöglicht und Interventionsspielräume erweitert, sondern auch im Kreis therapeutischer Expertisen einen eigenen Platz erobert bzw. auch durch neue medizintechnologische Möglichkeiten (z.B. Cochlea-Implantate) zugewiesen bekommt.[4]

Erkenntnisse der Sprach(erwerbs)forschung: Die wissenschaftlichen Erkenntnisse zu Prozessen des Spracherwerbs und zur Bedeutung der Sprachentwicklung für die individuelle Entwicklung incl. der kognitiven Entwicklung sind in den letzten Jahren rapide gestiegen. Nicht nur die Sprachforschung i.e.S., sondern auch die entwicklungspsychologische Forschung hat durch neue Ansätze, Settings, Protokoll- und Datenspeicherformen erheblich profitiert (vgl. exemplarisch: das Projekt LEGES). Die neu gewonnenen Einsichten führen auch zu

---

3 Entwicklungsstörungen des Sprechens und der Sprache können den Erwerb des Lautsystems (Sprechstörungen) oder des Wortschatzes und der Grammatik (Sprachstörungen) betreffen. Unter einer spezifischen Sprachentwicklungsstörung wird eine verzögerte und/oder gestörte Sprachentwicklung verstanden, die nicht durch erkennbare sensorische oder andere kognitive Defizite erklärbar ist (Dannenbauer, 2002).

4 Freilich befindet sich die Logopädie gerade nicht nur in der Phase der Akademisierung, sondern muss sich wie jede neue fachliche Expertise einem Anerkennungskampf innerhalb der Berufe und Professionen stellen.

neuen Symptomdeutungen, veränderten Diagnosestellungen und neuen therapeutischen Interventionswegen und -zeitpunkten.

Feedback zwischen den einzelnen Entwicklungsebenen? Nicht nur die klinisch-empirische Beobachtung, dass Störungen vergesellschaftet sind, dass eine Stagnation auf einer Ebene, z.B. der Sprache, auch die Entwicklung auf anderen Ebenen beeinflusst und verzögern kann (›Negativspirale‹; Grimm, 1999), ist ein Plädoyer dafür, die Symptome ernst zu nehmen und eine Förderung zu initiieren, um die beim kindlichen Patienten nicht selbstläufig verlaufenden Entwicklungsschritte anzuregen. Vor allem auch die Erkenntnis aus der Spracherwerbsforschung, dass es für einzelne sprachliche Entwicklungsschritte Zeitfenster gibt (Penner, 2002), lässt die Frage, ob therapeutische Interventionen eher angezeigt sind als die Verläufe untherapiert zu belassen, bedenkenswert erscheinen. Die Negativeffekte einer nichttherapierten Sprachstörung sind abzuwägen gegen die Therapiestrapazen einer logopädischen Behandlung. Kinder mit Spracherwerbsstörungen bleiben nach derzeitigen Erhebungen hinter dem nach Intelligenz und sozialem Hintergrund zu erwartenden Niveau ihrer schulischen Leistungen; die Hälfte aller sprachentwicklungsgestörten Kinder zeigt Lese-Rechtschreib-Störungen sowie psychosoziale Auffälligkeiten in Form von Verhaltensproblemen (vgl. Suchodoletz, 2004). Die (schrift)sprachlichen Schwierigkeiten gehen mit entsprechend schlechteren Ausbildungs- und Berufschancen einher und können bis ins Erwachsenenalter persistieren (Schöler et al., 1998). Beeinträchtigungen im Zuge einer Sprachentwicklungsstörung scheinen demnach langfristige Auswirkungen zu haben.

»Wann ist wieder Logo?«[5] *Logopädische Therapie als Teil der kindlichen Lebenswelt?*

Bislang gibt es kaum Studien zu kurz- und langfristigen Effekten untherapierter Sprachstörungen, dafür aber Erhebungen, wie viele kindliche Sprachstörungen derzeit auftreten und wie viel Kinder deswegen therapiert werden. Folgende Zahlen geben einen Eindruck:

- Bei einer Erfassung mittels des Sprachscreenings für Kinder im Vorschullater (SSV) wurden 40,1% aller Kinder im Alter von 4;0-5;11 Jahren als sprachauffällig klassifiziert (Grimm et al. 2004). Gemäß der Autoren sind ca. 30% der deutschsprechenden Kinder betroffen.

5 Frage eines fast 5jährigen Jungen an seine Mutter, der wegen eines Sigmatismus einmal wöchentlich logopädisch behandelt wurde.

- 2005 waren 18% der 6jährigen Jungen und 12% der 6jährigen Mädchen in logopädischer Behandlung (Langen-Müller & Hielscher-Fastabend, 2007)
- Bei Schuleintritt sind 10% der Kinder therapie- bzw. förderbedürftig (Braun 2006, Suchodoletz, 2004), davon 2% langfristig (Braun, 2006)

Die Zahlen zeigen auf, dass für eine Vielzahl von Kindern Sprachtherapie zumindest vorübergehend zu einem festen Bestandteil ihrer Lebenswirklichkeit wird. Mit Blick auf die oben unterschiedenen Normierungsstrategien ist deshalb zu fragen, warum und was beim kindlichen Spracherwerb normiert wird.

Logopädische Therapie – ja oder nein? Und wenn ja, wann?

Die Sprache – inbegriffen das Sprechen als seine Vollzugsform – ist das wichtigste Medium, mit dem Menschen sich verständigen. Erst durch das Medium *Sprache* können sie komplexe Gedankengänge, Argumentationen, Weltbilder und Überzeugungen entfalten und darlegen. Ob mündlich oder schriftlich, durch Laute oder Gebärden, die Komplexität des Sich-Ausdrücken-Könnens kann variieren, aber alle Menschen sind auf dieses Verständigungsmedium angewiesen und lernen es im Laufe der ersten Lebensjahre im Rahmen sozialisatorischer Interaktionen.

Dass das Erlernen der Sprache nicht immer störungsfrei vonstattengehen muss, wurde bereits in einem der vorherigen Kapitel aufgezeigt. Doch was meint ein Kind, das *„ein Boot Wasser nehmt ham*" (zitiert nach Weinert 2006, S. 13) als sprachliche Äußerung von sich gibt? Das Kind kann sich (noch) nicht richtig ausdrücken, steht somit in der Gefahr, nicht verstanden zu werden und wird sich dieses Defizites (früher oder später) auch bewusst sein. Nach heutigem Fachwissen geht man davon aus, dass die Sprachentwicklung mit der kognitiven Entwicklung gekoppelt ist: was nicht ausgedrückt werden kann, kann auch nicht richtig gedacht und durchdrungen werden. Ohne Sprache sind kognitiven Leistungen wie etwa das Kategorisieren, Assoziieren und Beschreiben kaum bis gar nicht möglich (Spitzer, 2012). Ebensolche Kopplungen gibt es zur psychosozialen Entwicklung des Kindes, die die Entwicklung von Interaktionskompetenzen, Selbstbewusstsein und die immer bessere (Selbst-)Regulation von Emotionen umfasst.

Auch aufgrund der Interdependenz dieser Entwicklungsdimensionen wird derzeit dafür plädiert, Sprachentwicklungsstörungen nicht zu unterschätzen bzw. zu trivialisieren, sondern mit moderaten Methoden die Sprachentwicklung der betroffenen Kindern zu fördern bzw. zu therapieren. Nach aktuellem Forschungsstand lässt eine Förderung in den ersten Lebensjahren, d.h. während der sensiblen Phase der Sprachentwicklung, bessere Erfolge erwarten als eine Sprachtherapie im Kindergarten- oder Vorschulalter (Baxendale & Hesketh, 2003, Whitehurst et al., 1991, Übersicht bei Suchodoletz, 2007). Aktuelle Forschungsvorhaben zielen deshalb darauf ab, Kriterien zu finden, anhand derer Risiken für sprachliche Auffälligkeiten bereits im Kleinkind- und Säuglingsalter identifiziert werden können (Suchodoletz, 2011). So konnten bereits Zusammenhänge zwischen dem zeitlichen Auftreten von Lallphasen, bestimmter Schrei- und Lallmelodien (Wermke, 2006; Penner, 2002) und der Nutzung von Gesten (Iverson & Goldin-Meadow, 2005), der expressiven Wortschatzgröße (Dale et al., 2003), einem Verbdefizit (Kauschke, 2008) sowie Verhaltensauffälligkeiten und der nonverbalen Intelligenz des Kindes (Oliver et al., 2004) sowie dem Bildungsstand der Mutter (Sachse, 2007) und der weiteren Sprachentwicklung aufgezeigt werden. Keiner dieser Faktoren erwies sich bisher als hinreichend prognostisch, um gefährdete Kinder sicher und früh zu erkennen.

Vor dem Hintergrund, dass hier eine immer jünger werdende Zielgruppe in ein neues Feld von Normierungen gerät, sind hohe reflexive Ansprüche an die Begründungen sowie hohe ethische Maßstäbe an die therapeutische Begleitung zu legen. Dabei stellt sich auch die Frage, ob jegliche sprachliche Entwicklungsvariante als gestört betrachtet und in der Folge therapiert werden soll. Im Folgenden wird am Beispiel des *late talker*-Phänomens diskutiert, ob die für die Diagnosestellung zugrundeliegende angenommene Abweichung vom ›normalen‹ Spracherwerb eine hinreichende Grundlage bildet, sicher zwischen heterogener und gestörter Entwicklung unterscheiden zu können.

Die Klassifikation als late talker. Zur Diskussion der gegenwärtigen Normierungsversuche

Im Rahmen von Studien zur Vorhersagbarkeit der frühen Sprachentwicklung erwies sich die Produktion des 50. Wortes im Alter von 24 Lebensmonaten als *prognostischer Marker* für die weitere Sprachentwicklung (Bloom, 1993; Goldfield & Reznick, 1996; Grimm, 1999). Die sog. *late talker* erwerben ihre ersten Wörter verspätet und bauen ihren Wortschatz nur langsam auf. Sie verfügen mit 24 Monaten über ein produktives Lexikon von weniger als 50 Wörtern und zeigen keine Wortkombinationen (Rescorla, 1991). 10-20% aller 2jährigen Kinder sind als *late talker* einzuordnen (Rescorla, 1991; Suchodoletz, 2004).

Bei diesen Kindern ist die Verzögerung der Wortproduktion in der frühen Phase der Lexikonentwicklung das *erste Indiz*, welches eine Sprachentwicklungsverzögerung anzeigen kann, weshalb ihre Identifikation im Rahmen der Früherfassung von Sprachentwicklungsstörungen eine wichtige Rolle spielt

(Grimm & Doil, 2000; Rescorla, 1991; Kauschke, 2003; Sachse, 2005). Für die Erfassung von Kindern mit Entwicklungsrisiken stehen im deutschsprachigen Raum mehrere Elternfragebögen[6] sowie der Sprachentwicklungstest für 2jährige Kinder SETK-2 (Grimm, 2000) und die Patholinguistische Diagnostik (Kauschke & Siegmüller, 2010) zur Verfügung. Die Elternfragebögen bieten die Möglichkeit, effizient und zuverlässig *late talker* im Alter von 2 Jahren zu identifizieren (Sachse, 2007; Suchodoltz, 2004).

Das frühe Erkennen von Kindern mit verzögerter Sprachentwicklung ist zunächst nur mit einer *Annahme* eines Entwicklungsrisikos verbunden. Die Problematik spiegelt sich auch in der relativ hohen Anzahl falsch positiver und falsch negativer Befunde im Rahmen der Früherkennung wider. So verläuft der Spracherwerb von etwa 40% der als *late talker* klassifizierten Kinder später ungestört (late bloomer)[7], während bei den übrigen 60% im Alter von 3 Jahren mit relevanten Entwicklungsauffälligkeiten zu rechnen ist (Grimm, 1999; Kühn & Suchodoletz, 2009). Dabei zeigen etwa 40% der *late talker* eine umschriebene Sprachentwicklungsstörung, 12% eine leichte und 6% eine schwere Intelligenzminderung und bei etwa 4% ist an eine autistische Störung zu denken (Buschmann et al., 2008). Der Frage, welches Kind den sprachlichen Rückstand aufholt und welches langfristig unterdurchschnittliche sprachliche Fähigkeiten aufweisen wird, sind bereits verschiedene Forschergruppen nachgegangen (Dale et. al., 2003; La Paro et al., 2004; Oliver et al., 2004; Paul, 1993; Sachse, 2007). Zu den zahlreichen Variablen, die hinsichtlich ihrer prädikativen Aussagekraft untersucht wurden, zählen u. a. die Art und Schwere der Sprachentwicklungsverzögerung, der Gestengebrauch, der passive und aktive Wortschatz sowie soziodemografische Variablen. In mehreren Studien zeigte sich zwar, dass die familiäre Vorbelastung mit Sprach- bzw. Lese-Rechtschreibstörungen, die nonverbalen kognitiven Fähigkeiten des Kindes sowie der Bildungsstand der Mutter die Vorhersage verbessern können (Suchodoletz, 2004; Sachse, 2007). Zusammenfassend ist derzeit jedoch noch keine verlässliche Prognose möglich.

Szagun (2007) führt an, dass eine langsame Sprachentwicklung vielfältige Ursachen haben kann – nur eine davon ist eine sich anbahnende Spracherwerbsstörung. So können die Kognition, die Persönlichkeit des Kindes, ungünstige Umweltfaktoren, der Bildungsstand der Eltern oder ein Migrationshintergrund ebenfalls Gründe für eine verspätete Sprachentwicklung sein. Auch kann der Altersunterschied zwischen Kindern, die sich auf dem gleichen Sprachentwicklungsstand befinden, 12 Monate betragen (Szagun, 2006). Nicht zuletzt aufgrund die-

6 vgl. ELFRA-2, Grimm & Doil, 2000; ELAN, Bockmann & Kiese-Himmel, 2006; FRAKIS, Szagun, 2004; SBE-2-KT, Suchodoletz & Sachse, 2009

7 Late Blooming ist umstritten (Siegmüller & Fröhling, 2003).

ser enormen Variabilität im frühen Spracherwerb besteht im Rahmen der Definition von *late talking* noch kein internationaler Konsens darüber, welcher Cut-Off-Wert anzunehmen ist. In der Literatur werden Prozentränge (PR) zwischen 5-20 angegeben (Heilmann et al., 2005). Daraus ergeben sich definitionsgemäß unterschiedliche Annahmen zur Häufigkeit des Phänomens *late talking* und damit verschiedene Normierungen.[8] An der unentschiedenen Situation, wo die Grenzwerte gesetzt werden sollten, wird die derzeitige Patt-Situation deutlich, die darauf verweist, dass das Phänomen derzeit noch nicht genügend ausgedeutet werden kann, Pro-Argumenten Contra-Argumente gegenüberstehen.

Abwägungen und Berücksichtigung der Haltungen aller Akteure bei uneindeutigen Diagnosen[9]

Eine Sprachentwicklungsverzögerung am Ende des zweiten Lebensjahres hat ohne Zweifel klinische Relevanz. Die Frage ist jedoch, wie damit umgegangen werden soll. Bedenkt man, dass über 90% der Eltern die U7 im Alter von 21-24 Lebensmonaten in Anspruch nehmen (Schubert & Horch, 2004), bietet sich hier einerseits die Chance, frühzeitig Entwicklungsrisiken zu erfassen. Andererseits wird auch deutlich, wie oft eine (unter Umständen falsch-positive) Risikodiagnose ausgesprochen werden könnte.

Alle aufgeführten Pro- und Contra-Argumente abwägend sollte als Konsequenz deshalb zu allererst eine Individualdiagnostik und eine sensible Betreuung gewählt werden, in denen u.a. geklärt werden kann, ob neben Sprachproduktions- auch Sprachverständnisprobleme bestehen (Suchodoletz, 2004) und wie – bei einem uneindeutigen Ergebnis – weiter verfahren wird. Die elterlichen und kindlichen Einstellungen sind dabei miteinzubeziehen.

Bei allem Identifizieren und Diagnostizieren muss bedacht werden, dass das bloße Stellen einer Risikodiagnose die Gefahr der Stigmatisierung des Kindes

8 Exkurs: Screenings streben eine hohe Sensitivität an und wollen möglichst alle auffälligen Kinder identifizieren, weshalb im Gegensatz zur Differenzialdiagnostik ein weiterer Normbereich gewählt wird. Entscheidend für die Qualität eines Screenings ist nicht, ob der aktuell gemessene Sprachentwicklungsstand zufriedenstellend beurteilt wird, sondern ob Kinder mit persistierenden Sprachdefiziten ausreichend sicher erfasst werden. Falsch positive Ergebnisse werden hier eher in Kauf genommen als das Risiko, ein auffälliges Kind fälschlicherweise als unauffällig zu klassifizieren.

9 Bei ›uneindeutigen Diagnosen‹ handelt es sich um wissenschaftliche Wissensbestände, die sich durch technische, methodologische und/oder epistemologische Ungewissheit auszeichnen und gerade deshalb Forschungsdesiderat sind und als wissenschaftliches Nichtwissen verstanden und diskutiert werden sollten (Wehling, 2006).

birgt (Suchodoletz, 2005; Szagun, 2007). Zudem können bei den Eltern Schuldgefühle und Sorgen entstehen. Ritterfeld (2000) beschreibt umfassend, wie sich hieraus ein negativer Interaktionsprozess in Gang setzen kann, welcher sich wiederum kontraproduktiv auf die Sprachentwicklung des (ohnehin sprachauffälligen Kindes) auswirken kann. Vor diesem Hintergrund erscheint eine frühe Identifikation von *late talkern* ohne gleichzeitiges Interventionsangebot weder sprachtherapeutisch sinnvoll noch ethisch korrekt. Möglicher Handlungsrahmen ist neben einer direkten Therapie mit dem Kind eine Anleitung der Eltern zu sprachförderndem Verhalten (z. B. Heidelberger Elterntraining; Buschmann et al., 2009). Erweist sich die Individualdiagnostik allerdings als ergebnislos, so sind die Eltern vollständig zu entwarnen, um negative Reaktionsketten (Hyperaufmerksamkeit usw.) nicht zu verstetigen.

Schlussbemerkung

Wie aus dem historischen Abriss deutlich geworden ist, werden wir aus dem Trend, Kindheit genauer zu konzeptualisieren und Kinder in ihrer Entwicklung genau erfassen – ›verdaten‹ – zu wollen, nicht mehr aussteigen können. Die derzeitige Aufmerksamkeit, die sich auf die kindliche Sprachentwicklung konzentriert, ist nur ein Teil dieses Trends. Statt scheinbar modernitätskritischer Lamentos sollte man die Überlegungen aber eher darauf ausrichten, mit welchen Normierungsstrategien die Schaffung neuer Daten, Kategorien sowie Interventionswege verbunden wird. Die Diskussion um die sog. *late talker* scheint sich derzeit noch in einer unentschiedenen Situation zu befinden. Bei uneindeutiger Forschungslage sollten die Interpretationen in verschiedene Richtungen offen gehalten werden, da keine von ihnen bisher gänzlich ausgeschlossen werden kann und möglicherweise erst noch zu entdeckende Indikatoren die Genese des Phänomens trennschärfer und mit höherer Prognosesicherheit erfassen können.

Unseres Erachtens eignet sich das Konzept des Normalismus, um oben beschriebene diffizile Situationen mit widerstreitenden ethischen Prioritäten zu analysieren, weil es als relationales Konzept die Voraussetzungen, Bedingungen, Kontexte und Konsequenzen wieder ins Spiel bringt, die oft mit der Fokussierung aufs Phänomen beim eigentlichen Forschungsprozess aus dem Blick geraten. Das Konzept ist hilfreich, weil es nicht zuletzt Fragen aufwirft wie folgende:

Sind die möglichen (Negativ-)Folgen einer falsch positiven Diagnose größer als die (Negativ-)Folgen einer untherapierten Sprachstörung? Die Antwort hätte Auswirkungen darauf, wie streng die Indikation für eine logopädische Behandlung gehandhabt werden muss und welche Absicherungen im Interesse der Patienten zu treffen sind.

In Bezug auf das deutungsumkämpfte Phänomen der *late talker*: Was könnte – wenn man (zumindest einen Teil der) *late talker* als heterogene Variante ansieht – der Eigenwert dieser Entwicklungsvariante sein? Die Antwort hätte Auswirkungen auf Forschungsdesigns, mit denen das Phänomen umfassend beforscht würde.

Abschließend sieht man an dem dargestellten Feld logopädischer Therapie, dass Normalisierungsprozesse meist auf mehreren Bahnen gleichzeitig verlaufen: Wird die Forschung zum Spracherwerb weiter vorangetrieben, kann immer besser bestimmt werden, welche Entwicklung – nach dem Modell – ›normal‹ ist und welche nicht. Andererseits: wenn sich gleichzeitig nicht nur diagnostisches, sondern auch therapeutisches Wissen weiter entwickelt, dann entsteht mindestens ein weiterer Normalisierungsstrang. Es wird immer ›normaler‹, dass Kinder mit Sprachstörungen therapiert werden und (Sprach-)Therapie kurz- oder langfristiger Teil kindlicher Lebenswelt wird. Dieser Aspekt wiederum wird langfristig Auswirkungen darauf haben, welches gesellschaftliche Verständnis von Kindheit und Kindern sich durchsetzt: dann auch als ein Verständnis, dass wir viel darin investieren, dass jedes Kind hohe Sprech- und Sprachkompetenzen ausbilden kann – Kompetenzen, die sich am sprachtherapeutischen Fachwissen und Urteil orientieren.

Literatur

Baumgartner, S. (2004). Frühe Pädagogisierung der Sprachheilpädagogik. In: S. Baumgartner F.M. Dannenbauer; G. Homburg V. Maihack (Hrsg.), *Standort: Sprachheilpädagogik* (pp. 14-65) (S). Dortmund: modernes lernen.

Baumgartner, S. (2004). Sprachheilpädagogik ist Pädagogik und mehr. In: S. Baumgartner F. M. Dannenbauer G. Homburg V. Maihack, *Sprachheilpädagogik* (pp. 99-199). Dortmund: modernes lernen.

Bates, E., Dale, P. & Thal, D. (1995). Individual differences and their implications for theories of language development. In: P. Fletcher & B. MacWhinney (Hrsg.), *Handbook of Child Language* (pp. 96 – 15). Cambridge: Cambridge University Press.

Baxendale, J. & Hesketh, A. (2003). Comparison of the effectiveness of the Hanen Parent Programme and traditional clinic therapy. *International Journal of Language and Communication Disorders*, 38, 397–415.

Bloom, L., Margulis, C. & Tinker, E. (1993). The Words Children Learn: Evidence Against a Noun Bias in Early Vocabularies. *Cognitive Development*, 8, 431-450.

Buschmann, A., Jooss, B., Rupp, A., Dockter, S. Blaschtikowitz, H. Heggen, I. & Pietz, J, (2008). Children with developmental blanguage delay at 24months of age: Results of a diagnosticworkup. *Developmental Medicine and Child Neurology*, 50, 223–229.

Buschmann, A., Jooss, B., Rupp, A. Feldhusen, G., Pietz, J. & Philippi H. (2009). Parent-based language intervention for two-year-old children with specific expressive language delay: A randomised controlled trial. *Archives of Disease in Childhood*, 94, 110–116.

Bockmann, A.K. & Kiese-Himmel, C. (2006). *Elan* – Eltern Antworten. Elternfragebogen zur Wortschatzentwicklung im frühen Kindesalter. Göttingen: Beltz Text.

Braun, O. (2006). *Sprachstörungen bei Kindern und Jugendlichen*. Stuttgart: Kohlhammer.

Dannenbauer, F. M. (2002). Spezifische Sprachentwicklungsstörung im Jugendalter. *Die Sprachheilarbeit*, 47 (1), 10-17.

Foucault, M. (1969). *Wahnsinn und Gesellschaft. Eine Geschichte des Wahns im Zeitalter der Vernunft*. Frankfurt: Suhrkamp.

Goldfield, B. & Reznick, S. (1996). Measuring the vocabulary spurt: a reply to Mervis and Bertrand. Journal of Cild Language. 23, 241-246.

Grimm, H. (1999). *Störungen der Sprachentwicklung*. Göttingen: Hogrefe.

Grimm, H. & Doil, H. (2000). ELFRA. *Elternfragebogen für die Früherkennung von Risikokindern. Handanweisung*. Göttingen: Hogrefe.

Grimm, H. Aktas, M., Jungmann, T., Peglow, S., Stahn, D. & Wolter, E. (2004). Sprachscreening im Vorschulalter: Wie viele Kinder brauchen tatsächlich eine Sprachförderung? Frühförderung interdisziplinär, 23, 108-117.

Heilmann, J., Weismer, S. E., E. Julia & Hollar, C. (2005). Utility of the MacArthur-Bates communicative development inventory in identifying language abilities of late-talking and typically developing toddlers. *American Journal of Speech and Language Pathology*, 14, 40–51.

Dale, P., Price, T., Bishop, D. & Plomin, R. (2003). Outcomes of early language delay: I. Predicting Persistent and Transient Language Difficulties at 3 and 4 years. *Journal of Speech, Language, and Hearing Research*, 46, 544–60.

Hausendorf, H. & Quasthoff, U. (2005). *Sprachentwicklung und Interaktion. Eine linguistische Studie zum Erwerb von Diskursfähigkeiten von Kindern*. Radolfzell: Verlag für Gesprächsführung.

Heinemann, M. (1996). Zunahme von Sprachentwicklungsstörungen: Ein aktuelles Problem; Ursachen und Konsequenzen. In: Deutsche Gesellschaft für Sprachheilpädagogik (Hrsg.). *Interdisziplinäre Zusammenarbeit: Illusion oder Vision? Herausforderung und Chance in der Rehabilitation Sprachbehinderters. XXII. Arbeits- und Fortbildungstagung; 26.-28.09.1996; Münster, Deutschland*; Kongressbericht (pp. 53-61). Hamm: dgs.

Honig, M.-S. (1999). *Entwurf einer Theorie der Kindheit.* Frankfurt am Main: Suhrkamp.

Honig, M.-S. (1996). Wem gehört das Kind? Kindheit als generationale Ordnung. In: E. Liebau & C. Wulf (Hrsg.), *Generation, Versuche über eine pädagogisch-anthropologische Grundbedingung* (pp. 201-221).Weinheim: Deutscher Studienverlag.

Iverson, J. & Goldin-Meadow, S. (2005). Gesture paves the way for language development. *Psychological Science: A Journal of the American Psychological Society*, 16, 367-371.

Kauschke, C. (2003). Entwicklung, Störung und Diagnostik lexikalischer Prozesse – Wortverständnis und Wortproduktion. *Sprache Stimme Gehör*, 27, 110-118.

Kauschke, C. (2008). Frühe lexikalische Verzögerung als Indikator für SSES? *Spektrum Patholinguistik* 1, 19-38.

Kauschke, C. & Siegmüller, J. (2010) *Patholinguistische Diagnostik bei Sprachentwicklungsstörungen* (PDSS). München: Elsevier.

Kelle, H. & A. Tervooren (2008). Kindliche Entwicklung zwischen Heterogenität und Standardisierung – eine Einleitung. In: H. Kelle & A. Tervooren (Hrsg.), Ganz normale Kinder. Heterogenität und Standardisierung kindlicher Entwicklung (pp. 7-14). Weinheim und München: Juventa.

Kiese-Himmel, C. (2012). Aspekte von Intelligenz und ihr Zusammenhang mit Sprache – eine Übersicht. Sprache Stimme Gehör, 36, 108-112.

Kühn, P. & Suchodoletz, W. v. (2009). Ist ein verzögerter Sprachbeginn Sprachbeginn ein Risiko für Sprachstörungen im Einschulungsalter? *Kinderärztliche Praxis*, 80, 343–348.

Langen-Müller, U. de (2005). Intervention bei Sprachentwicklungsstörungen: eine Bestandsaufnahme. *Die Sprachheilarbeit*, 6, 270-272.

La Paro, K., Justice, L., Skibbe, L., Pianta, R. (2004). Relations among maternal, child, and demographic factors and the persistence of preschool language impairment. *American Journal of Speech-Language Pathology*, 13, 291-303.

Link, J. (2009). *Versuch über den Normalismus. Wie Normalität produziert wird.* Göttingen: Vandenhoeck & Ruprecht.

Link, J. (2008). Zum diskursanalytischen Konzept des flexiblen Normalismus. Mit einem Blick auf die kindliche Entwicklung am Beispiel der Vorsorgeuntersuchungen. In: H. Kelle & A. Tervooren (Hrsg.), *Ganz normale Kinder. Heterogenität und Standardisierung kindlicher Entwicklung* (pp, 59-72). Weinheim und München: Juventa.

Merten, K. (1999). *Einführung in die Kommunikationswissenschaft.* Bd. I: Grundlagen. Münster, Berlin und London: Lit Verlag.

Oliver, B., Dale, P. & Plomin, R. (2004). Verbal and nonverbal predictors of early language problems: An analysis of twins in early childhood back to infancy. *Journal of Child Language*, 31, 609-631.

Paul, R. (1993). Patterns of development in late talkers: Preschool years. *Journal of Childhood Communication Disorders*, 15, 7-14.

Penner, Z., Krügel, C., Nonn, K. (2006). Aufholen oder Zurückbleiben: Neue Perspektiven bei der Frühintervention von Spracherwerbsstörungen. *Forum Logopädie* (19) 6, 6-15.

Penner, Z. (2002). Verspätete Sprechbeginner, langsame Blüher und Persistenz. In: W. v. Suchodoletz (Hrsg.), *Therapie von Sprachentwicklungsstörungen. Anspruch und Realität* (pp. 106-142). Stuttgart: Kohlhammer.

Peter, C. (im Erscheinen). Wie sich die Pädiatrie seit ihrem Entstehen Gedanken über Erziehung von Kindern macht. In: E. Flitner & F. Ostkämper & C. Scheid (Hrsg.), Das chronisch kranke Kind in der Schule. Stuttgart: Kohlhammer.

Quasthoff, U. (2011). Diskurs- und Textfähigkeiten: Kulturelle Ressourcen ihres Erwerbs. In: Hoffman, L., Leimbrink, K. & Quasthoff, U.(Hrsg.), Die Matrix der menschlichen Entwicklung (pp. 2010-2519. Berlin: de Gruyter.

Quasthoff, U. (2012). Aktual- und mikrogenetische Zugänge zur Ontogenese: Inspirationen der Konversationsanalyse zur Verbindung von sprachlichen Praktiken und dem Erwerb sprachlicher Kompetenzen. In: R. Ayaß & C. Meyer (Hrsg.): *Sozialität in Slow Motion* (pp. 217-241). Wiesbaden: Verlag für Sozialwissenschaften.

Rescorla, L. (1991). Identifying expressive language delay at age two. *Topics in Language Disorders*, 11 (4), 14-20.

Ritterfeld, U. (2000). Welchen und wieviel Input braucht das Kind? In: H. Grimm (Hrsg.), *Sprachentwicklung. Enzyklopädie der Psychologie*, Bd. 3 (pp. 403-432). Göttingen: Hogrefe.

Robertson, S. B. & Weismer, S. (1999). Effects on treatment and social skills in toddlers with delayed language development. *Speech, Language and Hearing Research*, 42, 1234-1248.

Rossetti, L. (2001). *Communication Intervention. From Birth to Three. Populations at Risk for Communication Delay*. 3. Auflage. Albany: Cengage Learning.

Schubert, I., Horch, K. (2004). *Schwerpunktbericht der Gesundheitsberichterstattung des Bundes. Gesundheit von Kindern und Jugendlichen*. Berlin: Robert-Koch-Institut.

Schulz, K. (2009). Ist Logopädie eine Praxis? In: *Forum der Logopädie*, Band 4. Idstein: Schulz-Kirchner Verlag.

Schöler, H., Fromm, W. & Kany, W. (1998). (Hrsg.), *Spezifische Sprachentwicklungsstörung und Sprachlernen*. Heidelberg: Universitätsverlag Winter.

Sachse, S. (2005). Früherkennung von Sprachentwicklungsstörungen. In: W. v. Suchodoletz (Hrsg.), *Früherkennung von Entwicklungsstörungen* (pp. 155-189). Göttingen: Hogrefe.

Sachse, S. (2007). *Late Talkers im Quer- und Längsschnitt*. Dissertation zum Erwerb des Doktorgrades der Humanbiologie an der Medizinischen Fakultät der Ludwig-Maximilians-Universität, München.

Siegmüller, J. & Kauschke, C. (2006). *Patholinguistische Therapie von Sprachentwicklungsstörungen*. München: Elsevier.

Siegmüller, J. & Fröhling, A. (2003). Therapie semantischer Kategorisierung als Entwicklungsauslöser für den Erwerb des produktiven Wortschatzes bei Kindern mit Late-Talker-Vergangenheit. *Sprache-Stimme-Gehör*, 27, 135-141.

Spitzer, M. (2012). Förderpotenzial von Intelligenz und Sprache. *Sprache Stimme Gehör*, 36, 132.

Suchodoletz, W. v. (2004). Zur Prognose von Kindern mit umschriebenen Sprachentwicklungsstörungen. In: W. v. Suchodoletz (Hrsg.), *Welche Chancen haben Kinder mit Entwicklungsstörungen?* (pp 155-175). Göttingen: Hogrefe.

Suchodoletz, W. v. (2005). Chancen und Risiken von Früherkennung. In: W. v. Suchodoletz (Hrsg.), *Früherkennung von Entwicklungsstörungen* (pp. 1-21). Göttingen: Hogrefe.

Suchodoletz, W. v. (2007). Prävention umschriebener Sprachentwicklungsstörungen. In: W. v. Suchodoletz (Hrsg.), *Prävention von Entwicklungsstörungen* (pp. 45-47).Göttingen: Hogrefe.

Suchodoletz, W. v. (2001). Früherkennung von umschriebenen Sprachentwicklungsstörungen. *Zeitschrift für Kinder- und Jugendpsychiatrie und Psychotherapie,* 39 (6), 377-385.

Suchodoletz, W. v. (2008). Sprech- und Sprachstörungen. In: F. Petermann (Hrsg.), Lehrbuch der klinischen Kinderpsychologie. (pp. 223-237). Göttingen: Hogrefe.

Suchodoletz, W. v. & Sachse, S. (2009). SBE2KT. Sprachbeurteilung durch Eltern http://www.kjp.medunimuenchen.de/sprachstoerungen/sbe2kt.php (Download vom 15. 07.2011).

Szagun, G. (2004). FRAKIS – *Fragebogen zur Erfassung der frühkindlichen Sprachentwicklung*. Frankfurt am Main: Pearson.

Szagun, G. (2006). Variabilität im frühen Spracherwerb: normal – nicht pathologisch. *Kinder- und Jugendarzt*, 37, 11, 1-4.

Szagun, G. (2007). Langsam gleich gestört? Variabilität und Normalität im frühen Spracherwerb. *Forum Logopädie*, 21(3), 20-25.

Tallal, P., Miller, S., Bedi, G., Byma, G., Wang, X., Nagarajan, S., Schreiner, C., Jenkins, W. & Merzenich, M. (1996). Language comprehension in language-learning impaired children improved with acoustically modified speech. *Science, 271,* 81-84.

Tomblin, J. B., Records, N., Buckwalter, P., Zhang, X., Smith, E. & O'Brien, M, (19997). Prevalence of specific lamguage impairment in kindergarten children. *Journal of Speech Language and Hearing Research* 40 (6), 1245-1260.

Turmel, A. (2008). Das normale Kind: Zwischen Kategorisierung, Statistik und Entwicklung. In: H. Kelle & A. Tervooren (Hrsg.), Ganz normale Kinder. Heterogenität und Standardisierung kindlicher Entwicklung (pp. 17-40). Weinheim und München: Juventa.

Turmel, A. (1998). Childhood and Normalcy, Classification, Numerical Regularities, and Tabulations. *International Journal of Educational Research*, 27 (8), 661-672.

Walter, M. (2005). Der Einsatz von ELFRA-2 und SETK-2 in einer Kinderarztpraxis- Früherfassung von Sprachentwicklungsstörungen im Rahmen der Vorsorgeuntersuchung U7. *Die Sprachheilarbeit* 5, 234–240.

Wehling, P. (2006). *Im Schatten des Wissens? Perspektiven der Soziologie des Nichtwissens*, Konstanz:UVK.

Weinert, S. (2006). Sprachstörung – Kontinuum oder Ausdruck beeinträchtigter Verarbeitungsprozesse? In: Deutscher Bundesverband für Logopädie (Hrsg.), *Sprachentwicklung in Deutschland. Dokumentation des dbl-Symposiums Sprachförderung – Sprachtherapie in Köln vom 29.11.2006* (pp.7-23).

Wermke, K. (2008). Melodie und Rhythmus in Babylauten und ihr potentieller Wert zur Frühindikation von Sprachentwicklungsstörungen. *Logos Interdisziplinär,* 16(3), 190-195.

Whitehurst, G. J., Fischel, J. E./ Lonigan, C. J., Valdez-Menchaca, M. C., Arnold, D., Smith, M. (1991). Treatment of early expressive language delay: If, when, and how. *Topics in Language Disorders*, 11, 55–68.

Zorowka, P. (2005). Disorders of speech development: diagnostic and treatment aspects. *Journal of Neural Transmission*, 69, 37-49.

LEGES (2008-2011). DFG-Projekt „Lern- und Gedächtnisleistungen von Säuglingen bei unterschiedlichen Forschungsparadigmen und kontrollierten Lernmaterialien“ siehe: http://www.entwicklungspsychologie.uni-frankfurt.de/forsch_entw/dfg-projekte/index.html (abgerufen am 15.07.2011)

Ethische Aspekte des Begriffs Risikokind: zu Screening-Verfahren bei Kindern

Henning Rosenkötter

Entwicklungsdiagnostik bei Kindern soll die Dynamik der vielfältigen Entwicklungsprozesse des Kindes darstellen. „Die Möglichkeit durch bestimmte Maßnahmen eine Entwicklungsstörung oder Erkrankung zu vermeiden ist an die Existenz von wissenschaftlich gesicherten Hypothesen, Prädiktoren oder Risikofaktoren gebunden“ (Allhoff, 1994). Der Wunsch, Risiken frühzeitig zu erkennen, vorzubeugen statt zu heilen und durch Früherkennung Leiden zu lindern und knappe finanzielle Ressourcen zu schonen, sind allgemein anerkannte Prinzipien medizinischen und pädagogischen Handelns geworden.

Aber die Ermittlung von Kindern mit erhöhten Entwicklungsrisiken bringt neben den Chancen für eine spezifische Entwicklungstherapie auch ethische Risiken mit sich. Beispielsweise könnte es allein durch die Benutzung des Begriffs Risikokind und bei der Durchführung von Screenings zu einem ethischen Dilemma zwischen dem berechtigten Wunsch, Schaden von Risikokindern abzuwenden einerseits und der potentiellen Separation und Verletzung falsch positiv oder falsch negativ getesteter Kinder andererseits kommen. Bei Fortschritten in der medizinischen und psychologischen Machbarkeit könnte die Öffentlichkeit in einer Erwartungshaltung gegenüber wissenschaftlichen Fortschritten und nachweislichem Nutzen gar in eine ausufernde „Screeningitis“ (Shickle & Chadwick, 1994) geführt werden. Ausweg, Kompromiss oder Richtlinie für moralisch zu rechtfertigendes Handeln sollten moralische Anforderungen an Testentwickler und Testanwender sein. Zu prüfen bliebe dann auch, ob angesichts der ungeplanten Folgen eines Screenings (z. B. bei Handlungsempfehlungen) das Recht auf Selbstbestimmung eingeschränkt sein kann.

Risikokind

Als Risikokind oder Problemkind werden Kinder bezeichnet, bei denen ein Risiko zur Entstehung einer Krankheit, Entwicklungsstörung oder Behinderung besteht. Hierzu ein Beispiel, modifiziert aus dem Elternfragebogen ELFRA zur Früherkennung einer verzögerten Sprachentwicklung (Grimm & Doil, 2000): „Unterschreiten die speziellen Fähigkeiten beim Test einen kritischen Grenzwert, besteht eine hohe Wahrscheinlichkeit, dass das Kind diese Fähigkeit nicht nur langsamer erwirbt als die meisten anderen Kinder, sondern eine spezifische Störung ausgebildet wird."

Die unterschiedliche Widerstandsfähigkeit eines Kindes gegenüber Krankheit und Belastungen in Abhängigkeit von Risikofaktoren bezeichnet man mit den Begriffen Vulnerabilität (geringe Widerstandsfähigkeit) und Resilienz (hohe Widerstandsfähigkeit).

Beispiele für Risikokinder sind

- Kinder, die unter Bedingungen der Kinderarmut leben
- Kinder, die zu früh oder nach einer Risikoschwangerschaft geboren werden
- Kinder mit genetischen Erkrankungen oder Fehlbildungen
- Kinder, die von spezifischen Lernstörungen oder geistiger Behinderung betroffen sind
- Kinder mit elterlichem Suchthintergrund, mit dadurch bedingten körperlichen und seelischen Gewalterfahrungen
- Kinder, die misshandelt und vernachlässigt wurden.

Das Bestreben nach einer frühzeitigen Erkennung von Risikofaktoren entspringt dem moralisch sehr legitimen Wunsch, fürsorglich Schaden, Nachteil und Verletzung von den Risikokindern zu nehmen, abzuwenden, zu mildern oder ihnen mit Förder- und Therapiemaßnahmen zu begegnen.

In der klinischen Praxis werden drei Verfahren zur Ermittlung von Risikokindern besonders häufig angewandt:

- Befragung oder Fragebogen
- Tabelle mit Risikofaktoren
- Screening (Suchtest, Siebverfahren)

Screening

Ein Screening ist ein Diagnoseverfahren, das die Aufgabe hat, Kinder mit Entwicklungsauffälligkeiten aus einer beliebigen, meist asymptomatischen Population heraus zu identifizieren (Michaelis & Niemann, 2010). Anders als in einem Test wird die Leistung in einem Screening nicht auf eine Gruppennorm, z. B. eine Altersnorm, bezogen. „Im Unterschied zu Tests basiert die standardisierte Leistungsermittlung in Screenings auf der Festlegung eines kritischen Leistungswerts, der die Grenze zwischen „Risiko" und „kein Risiko" markiert" (Kany & Schöler, 2007). Letztlich hat ein Entwicklungsscreening zum Ziel, die Lern- und Lebensbedingungen von Kindern, bei denen ein erhöhtes Risiko gefunden wurde, zu verbessern und eine gesundheitliche oder eine soziale Benachteiligung zu verhindern oder zu verringern. Dem steht der Nachteil der negativen Selektion des „Risikokindes“, des negativen Ansehens und der Abhängigkeit von Förderung und Therapie und einer möglichen Einschränkung von Autonomie entgegen. Das Kind, das bislang eine unauffällige Entwicklung zu haben schien, wird dann bei positivem Testergebnis zu einem Kind mit einer potentiellen Erkrankung oder Behinderung, zumindest für den Zeitraum, bis zu dem der Verdacht ausgeräumt werden kann, im Gedächtnis und den Emotionen der Bezugspersonen unkalkulierbar länger.

Screenings liefern keine Informationen über Leistungsprofile. Sie identifizieren hingegen Kinder mit erhöhten Risiken für Entwicklungs- oder Lernstörungen oder Behinderungen. Sie müssen, wie alle diagnostischen Verfahren bestimmten Gütekriterien wie Reliabilität genügen, vor allem aber prognostisch valide sein (Marx & Lenhard, 2011).Während für einige biologische Variablen wie Blutdruck, Hämatokrit (der Anteil der zellulären Bestandteile am Volumen des Blutes), Hör- oder Sehvermögen relativ zuverlässige und gültige Goldstandards bestehen, ist es bei komplexen Entwicklungsprozessen mit mehreren Variablen wie Sprachentwicklung oder emotionaler Entwicklung schon wesentlich schwieriger, zwischen unauffällig und auffällig zu unterscheiden. Andererseits sind in den vergangenen Jahren selbst vermeintlich gültige Grenzwerte wie beim Blutdruck und beim Cholesterinspiegel im Blut angesichts von Nebenwirkungen der pharmakologischen Behandlung neu überdacht und festgelegt worden.

Oft werden die Ergebnisse eines Screenings mit den Ergebnissen einer Leistungsdiagnostik gleichgesetzt. Gelegentlich entsteht dadurch der Eindruck, ein Screening könne auf kostengünstige Weise und mit geringem Zeitaufwand zu einer Diagnose führen. Dies ist jedoch falsch, da ein Screening keine Möglichkeit bietet, Leistungen zu erfassen, diese auf einer Bezugsnorm abzubilden und somit einen diagnostischen Schluss z. B. auf die Altersangemessenheit einer Leistung zuzulassen. Screenings schätzen nur das Risiko für eine bestimmte Auffälligkeit oder Störung ein.

Als Beispiele für ethische Probleme im Zusammenhang mit Screenings mögen die Diagnostikverfahren gelten, die zur Früherkennung von Lese-Rechtschreibschwierigkeiten und Sprachentwicklungsstörungen angeboten werden. Zur Früherkennung von Risiken zur Entstehung einer Lese-Rechtschreibstörung erschien 1998 das „Bielefeld Screening zur Früherkennung von Risiken im Schreib- und Leseerwerb (BISC)“. Es soll am Ende der Kindergartenzeit, nach Revision durch die Autoren zweimal, kurz vor Einschulung und mindestens sechs Monate davor, im Kindergarten durchgeführt werden. Einige Studien zeigen, dass die Vorhersagekraft des Screenings recht ungenau ist: Die Zahl der falsch-positiven (Kinder werden als Risikokinder identifiziert, die später gar keine Lese-Rechtschreibstörung entwickeln) und falsch-negativen (das Screening identifiziert einige Kinder nicht als Risikokinder, die später eine Lese-Rechtschreibstörung haben werden) ist recht hoch. Nach den Angaben der Autoren beträgt die Sensitivität (prozentualer Anteil der „Problemkinder", die durch den Prädiktor richtig vorhergesagt werden) 48–71 % und die Spezifität (prozentualer Anteil der „Kinder ohne Probleme", die durch den Prädiktor richtig erkannt werden) 82-86 % (Jansen, Mannhaupt, Marx & Skowronek, 1998). Andere Untersuchungen konnten die publizierten guten Werte für die Vorhersagefähigkeit des BISC nicht replizieren (Rosenkötter, 2004; Marx & Weber, 2006). Abgesehen davon ist ungeklärt, wer ausreichende Ausbildung, Hintergrundwissen und Erfahrung in Durchführung und Auswertung solcher Screenings hat, wie sie dokumentiert und interpretiert werden und welche Ressourcen zur Finanzierung zur Verfügung stehen,

Eine verzögerte Sprachentwicklung im Alter von 24 Monaten (Late Talker Status: definiert durch einen Wortschatz unter 50 Wörtern und das Fehlen von Zweiwort-Äußerungen) gilt als Risikofaktor für die Entstehung einer Sprachentwicklungsstörung, die in aller Regel nicht vor dem Alter von 36 Monaten diagnostiziert wird, von dem aber nur ein Drittel der Kinder mit verzögerter Sprachentwicklung betroffen sind (Ullrich & v. Suchodoletz, 2011). Bei der Identifizierung der Risikokinder werden oft Elternfragebögen (ELFRA, Grimm & Doil, 2000; SBE-KT, v. Suchodoletz, 2012) eingesetzt. Häufig wird der Late Talker Status bereits als eine Entwicklungsstörung interpretiert, und es werden Maßnahmen eingeleitet (z.B. Frühtherapie, Elterntraining). Man darf sich fragen, ob der solchermaßen attribuierte Krankheitsstatus und die damit verbundene Verunsicherung und Sorge von Kind und Eltern moralisch gerechtfertigt sind.

Risiken des Risikobegriffs und des Screenings

Die Zuschreibung eines erhöhten Krankheits- oder Entwicklungsrisikos an eine bis dahin asymptomatische Gruppe geht selbst mit einigen bedenkenswerten Risiken einher. Zu der im Einzelfall sehr hohen Ungenauigkeit in der Aussage des Tests (hohe Zahl an falsch-positiven und falsch-negativen Ergebnissen) kommt die Verunsicherung für das Kind, seine Eltern und für die Pädagogen, da ein Screening nur einen relativ geringen Aussagewert bzgl. Prognose und Therapie hat. Immerhin könnte ein Kind, das nach dem Ergebnis des BISC ein erhöhtes Risiko zur Entstehung einer Lernschwierigkeit hat, einer Gruppe von Kindern zugeordnet werden, mit der ein Trainingsprogramm zur Prävention dieser Lernschwierigkeit durchgeführt wird. In anderen Fällen wird jedoch keine Förderung oder Therapie im Anschluss an die Screening-Diagnostik aufgenommen, so z. B. bei Kindern mit dem Late Talker Status. Das Kind bleibt somit zunächst nur „unter Beobachtung“, was die Sorgen der Eltern um mehrere Monate verlängert. Eine mögliche Unausgewogenheit zwischen dem Wert und der Bedeutung des Screeningergebnisses einerseits will bedacht sein, und andererseits abgewogen werden gegen die Belastung von Kind und Eltern durch eine Therapie und durch die Folgekosten für die Eltern und für die Gesellschaft.

Konsequenzen für das Kind, für die Eltern und für das Umfeld

Im Einzelnen kann der Risikostatus eines Kindes neben der Identifizierung eines Entwicklungsrisikos und der vielleicht früh einsetzenden Hilfe auch Folgen für seine Rolle in der Familie und in der sozialen Gruppe haben. Einem Kind, das ein Entwicklungs- oder Krankheitsrisiko zu haben scheint, wird zwangsläufig mehr Beachtung und Zuwendung unter dem Aspekt der Sorge und Beobachtungsbedürftigkeit geschenkt. Möglicherweise verändert sich neben Zuwendung auch sein Ansehen in seiner Familie. Auch in seiner Altersgruppe kann das Kind als ein Kind mit besonderen Bedürfnissen Beachtung finden, sowohl in Form von Sorge und Mitleid, aber auch als krank oder behindert oder als ein Kind, das individuell oder in einer Gruppe von mehreren Risikokindern Förderung braucht. Auf das Kind und seine Bezugspersonen kommen außerdem häufige Untersuchungen, vielleicht ein Nachtest zu, evtl. auch ein zusätzlicher Zeitaufwand für Therapien. Die Belastung für Kind und Eltern und die Aussagegenauigkeit eines Screenings werden auch dann nicht besser, wenn man die Eltern über ihre Kinder befragt, statt die Kinder zu untersuchen (Glascoe, 1999).

Sowohl ein positives Screening-Ergebnis als auch ein falsch positives Screening-Ergebnis können identische Reaktionen bei den Eltern auslösen. Man fragt sich an dieser Stelle: Erzeugt ein Screening fast so viel Angst, wie es auch Sicherheit geben kann, Letzteres zumal bei falsch negativen Ergebnissen? Zu möglicherweise unnötiger Angstauslösung bis zum Zeitpunkt einer vollständigen und korrekten Diagnose kommen evtl. unnötige Kosten und Zeitaufwand, manchmal wohl auch ein Verlust von Vertrauen in die Personen, die einen (un-) gerechtfertigten Verdacht aussprechen. Zweifel mögen angebracht sein, ob „die Zahl der Kinder, die als Risikokinder klassifiziert werden, die aber tatsächlich später keine Probleme aufweisen“ „wenig relevant ist“ (Schöler, 2011). Immerhin betont der Autor „umso mehr die Notwendigkeit, dass bei einem auffälligen Befund in einem Screening eine weitere ausführliche Diagnostik unumgänglich ist“.

Ein Beispiel aus dem ELFRA mag verdeutlichen, dass den Autorinnen die moralischen Bedenken und die psychischen Konsequenzen eines positiven Screening-Ergebnisses gegenüber den Eltern bewusst waren: „Die Sorge um ihr Kind kann die Eltern erheblich verunsichern. Es werden Fragen danach aufgeworfen, ob sie ihr Kind sprachlich zu wenig angeregt haben und in welcher Weise sie es besser unterstützen könnten. Um den Eltern Unsicherheit zu nehmen und ihnen gleichzeitig einen Interaktionsstil nahe zu legen, der für ihr sprachlich zurückgebliebenes Kind maximal hilfreich ist, wurden zwei Elternmerkblätter zur Sprachförderung entwickelt. Der Kinderarzt sollte den betroffenen Eltern die beiden Handanweisungen aushändigen. Selbstverständlich sind sie kein Ersatz für eine entwicklungsproximale sprachliche Intervention beim Kind oder eine gezielte Anleitung der Eltern, die beide notwendig werden, sobald sich der Verdacht einer spezifischen Spracherwerbsstörung verfestigt hat“ (Grimm & Doil, 2000). Hier ist der durchführende Kinderarzt in der Pflicht: Wie ist das Ergebnis des Screenings zu interpretieren, wie können die Eltern angemessen über das Ergebnis und mögliche Konsequenzen informiert werden und welche angemessenen Therapieangebote sind indiziert?

Für Eltern und für die Erwachsenen im sozialen Umfeld des Kindes ergeben sich bei einem belastenden Screeningergebnis möglicherweise einige pädagogische, medizinische und gesellschaftliche Fragestellungen. Unter pädagogischen Gesichtspunkten werden sich Eltern oder Erzieherinnen in einer Kita fragen, ob sie das Kind richtig erzogen und gefördert haben oder ob sie nun eine andere Erziehungsform anwenden müssen, ob es dem Kind an Zuwendung gefehlt hat und ob in der Kita ein zusätzlicher Mehraufwand an Förderung nötig ist. Aus medizinischer Sicht stellt sich die Frage, ob nach dem Screening eine Abklärung, eine weitergehende Diagnostik oder eine medizinische Behandlung indiziert sind. Einem Arzt stellen sich auch Fragen nach dem Schweregrad eine möglichen Entwicklungsstörung und der Prognose. Aus gesellschaftlicher Sicht sind ethische und ökonomische Fragen (Verteilungsgerechtigkeit: materiale Allokationskriterien) zu bedenken: Wer soll für die Durchführung eines Screenings verantwortlich sein und wer trägt die Kosten, zumal einzelne Screenings (z. B. der BISC) gar zweimal durchgeführt werden sollen? Wer trägt die Kosten für eine medizinische Therapie, wenn das Screening ein Risiko für eine Lernstörung aufdeckt oder gibt es auch pädagogische Fördermaßnahmen? Hat das pädagogische System dafür ausreichende Ressourcen? An welcher Stelle des Entscheidungsbaums kommt die Sonderpädagogik hinzu? Ist eine Ausweitung des Therapiesettings ethisch und ökonomisch gerechtfertigt? Schließlich muss ernsthaft diskutiert werden: Ist vorbeugen wirklich immer besser als heilen? Wiegen die potentiellen ethischen, pädagogischen und psychischen Folgen des Screenings wirklich den Nutzen auf? Welchen Stellenwert haben Screenings in der epidemiologischen Forschung? Auch unter ökonomischen Aspekten sollte das Kosten-Nutzen-Verhältnis einer Früherkennung durch ein Screening untersucht werden.

Konsequenzen für Testanwender, Forscher und Untersucher

Aus diesen Gedanken lassen sich für die Forschung und für die Entwicklung diagnostischer Verfahren grundsätzliche Desiderate ableiten.

Kein Screening isoliert anbieten:

- ohne die Möglichkeit der nachfolgenden Diagnostik
- ohne ein gesichertes Angebot von Förderung und Therapie.

Bezogen auf Screenings zur Ermittlung von Risiken im Sprach- und Schriftspracherwerb ergeben sich daraus ähnliche Konsequenzen für die Untersucher.

- Kein Screening isoliert anbieten:
- ohne die Möglichkeit einer weiteren nachfolgenden Diagnostik,
- ohne ein gesichertes Angebot von Förderung und Therapie, wobei im Fall der Sprachentwicklungsstörung und der Lese-Rechtschreibstörung gar nicht abschließend geklärt ist, ob die zur Verfügung stehenden Präventionsmethoden wirklich wirksam sind (Siegmüller, 2007),
- wenn Nutzen für das Kind und Belastung von Kind und Eltern nicht abgewogen wurden,
- wenn ein intraindividueller Vergleich (Verlaufsdiagnostik) nicht möglich ist.

In Hinsicht auf die soziale Situation des Kindes stellt sich die Frage: Ist die Ermittlung eines Förderbedarfs nach der Feststellung eines Risikos ein Schritt zur Integration des Kindes oder zu seiner Ausgrenzung? Möglicherweise ergeben sich daraus auch Konsequenzen für die Art und Weise einer Therapie und Förderung eines Kindes, z. B. in einer Abkehr vom Risikobegriff, wie es in den 1980er Jahren Largo und Michaelis (1979) schon gefordert haben. Aus heutiger Sicht stellt sich auch die Frage, ob die „Essentiellen Grenzsteine“ ein diagnostischer Ausweg sind? Grenzsteine bestimmen die äußerste Grenze des Normbereichs und geben so einen großen Spielraum der individuellen Entwicklung frei. Sie sind „ein Prinzip der Warnung“, wenn bei einem Kind „bestimmte Fähigkeiten zu einem bestimmten Zeitpunkt noch nicht erworben“ wurden (Michaelis & Niemann, 2010). Man kann dann nicht mehr von einem „Spätentwickler“ sprechen, sondern muss Überlegungen zu Ursache und Diagnostik anstellen, allerdings für den Preis, pathologische Entwicklungen erst spät erkennen zu können.

Denkbar wäre auch, in einem pädagogischen Umfeld (Krippe, Kita) auf eine potentiell trennende und diskriminierende Maßnahme wie die Trennung einer Kindergruppe in Risikokinder und Nicht-Risikokinder zu verzichten und die vorgesehene Fördermaßnahme allen Kindern zu gewähren, soweit sich daraus keine besonderen Nachteile für bestimmte Kinder ergeben.

Konsequenzen aus medizinethischen Überlegungen

Zusammenfassend stellt sich die Frage, wann die Etikettierung eines Kindes als mit einem Risiko behaftet und wann ein Entwicklungsscreening bei einem Kind ethisch zu rechtfertigen ist. Fürsorge und Unterstützung im Sinne der sozialen Gemeinschaft einerseits müssen abgewogen werden gegenüber drohender Versehrtheit, Selektion und Desintegration, damit auch gegenüber moralischen Grundrechten wie Selbstachtung, Würde und Autonomie. Ferner soll wie bei jedem diagnostischen Verfahren der potentielle Nutzen eines Screenings unter moralischen und psychopräventiven Aspekten sorgfältig gegen die Belastungen gewogen werden, besonders wenn das Kind dadurch an seine Leistungsgrenze gebracht wird oder diese überschritten wird. In den obigen Überlegungen wurde noch nicht die Frage der Einwilligung der Eltern und des Kindes bzw. die Akzeptanz seiner Ablehnung angesprochen. Wichtige Stichworte in diesem Zusammenhang wären: Informed Consent, Auswirkungen auf die Arzt-Patient-Beziehung, Auswirkungen auf die Akzeptanz einer Behandlung und die Motivation des Kindes zu einer Zusammenarbeit und Auswirkungen auf Eigenverantwortung und Einstellungen zur Entscheidungsbefugnis der Eltern und des Kindes.

Wenn möglich, sollte ein Screening auch aus ethischen Gründen unterlassen werden und Förderung und Therapie des Einzelnen oder der Gruppe allen Kindern angeboten werden, nicht nur Kindern mit einem vermeintlichen Risiko. Im Sinne des Inklusionsgedankens sollten sich Fachkräfte bemühen, alle Kinder und besonders scheinbar identifizierte Risikokinder „mit Strategien des Enablement und des Empowerment in ihrer Handlungsfähigkeit zu unterstützen und ihre Selbständigkeit zu fördern“ (von Kardoff, 2012).

Literatur

Allhoff, P.(1994). Risikofaktoren der kindlichen Entwicklung, Definition, Probleme und Nutzen. In: D. Karch (Hrsg.), *Risikofaktoren der kindlichen Entwicklung. Klinik und Perspektiven*, Darmstadt: Steinkopff.

Coyne, I. (2010). Accessing children as research participants: examining the role of gatekeepers. *Child: care, health and development.* 36, 452-454.

Glascoe, F. P. (1999). The value of parents' concerns to detect and address developmental and behavioural problems. *Journal of Paediatrics and Child Health.* 35, 1-8.

Grimm H. & Doil, H. (2000). *Elternfragebögen für die Früherkennung von Risikokindern (ELFRA).* Göttingen: Hogrefe.

Kany, W. & Schöler, H. (2007). Fokus: Sprachdiagnostik. Berlin: Cornelsen.

Karch, D. (2007). Prävention von kognitiven Entwicklungsstörungen und geistiger Behinderung. In: W. von Suchodoletz (Hrsg.), *Prävention von Entwicklungsstörungen.* Göttingen: Hogrefe.

Marx, P. & Lenhard, W. (2011). Diagnostische Merkmale von Screening-Verfahren zur Früherkennung möglicher Probleme beim Schriftspracherwerb. In: M. Hasselhorn & W. Schneider (Hrsg.), *Frühprognose schulischer Kompetenzen.* Göttingen: Hogrefe.

Marx, P. & Weber, J. (2010). Vorschulische Vorhersage von Lese- und Rechtschreibschwierigkeiten. *Zeitschrift für Pädagogische Psychologie*, 20, 251-259.

Michaelis, R. & Niemann, G. (2010). *Entwicklungsneurologie und Neuropädiatrie*, Stuttgart: Thieme.

Michaelis, R., Dopfer, R., Gerbig, W., Dopfer-Feller, W. & Rohr, M. (1979). Die Erfassung obstetrischer und perinataler Risikofaktoren durch eine Liste optimaler Bedingungen. *Monatsschrift für Kinderheilkunde*, 127, 149-155.

Rosenkötter, H. (2004). Studie zur Früherkennung von Legasthenie. *Forum Logopädie.* 18, 6-13.

Schöler, H. (2011). Prognose schriftsprachlicher Leistungen und Risiken im Vorschulalter am Beispiel des Heidelberger Auditiven Screening in der Einschulungsuntersuchung (HASE). In: M. Hasselhorn & W. Schneider (Hrsg.), *Frühprognose schulischer Kompetenzen.* Göttingen: Hogrefe.

Shickle, D. & Chadwick, R. (1994). The ethics of screening: Is ‚screeningitis' an incurable disease? *Journal of Medical Ethics*, 20, 12-18.

Siegmüller, J., Fröhling, A., Gies, J., Herrmann, H., Konopatsch, S & Pötter, G. (2007). Sprachförderung als grundsätzliches Begleitelement im Kindergartenalltag. Logos Interdisziplinär, 15, 84-96.

Ullrich, K. & von Suchodoletz, W. (2011). Früherkennung von Sprachentwicklungsstörungenbei der U7. Diagnostische Validität der Elternfragebögen SBE-2-KT und ELFRA-2. *Monatsschrift für Kinderheilkunde*, 159, 461–467.

Von Kardoff, E. (2012). Stigmatisierung, Diskriminierung und Exklusion von Menschen mit Behinderungen. In: V. Moser, D. Horster (Hrsg.): *Ethik der Behindertenpädagogik.* Stuttgart: Kohlhammer.

Von Suchodoletz, W. (2012). *Elternfragebogen zur Früherkennung von sprachgestörten Kindern (SBE-KT).* http://www.kjp.med.uni-muenchen.de/sprachstoerungen/SBE-3-KT.php.

Die Akademisierung der Logopädie – Ethik als neues Handlungsfeld

Cordula Winterholler

1 Die Akademisierung der Logopädie im Kontext der Professionalisierung

Die Logopädie ist als eigenes wissenschaftliches Fach noch nicht recht einzuordnen und die Debatte, welche Zugangsvoraussetzungen dieses Fach haben soll und in welchem Bildungskontext die Logopädie gelehrt und erlernt werden soll, ist noch längst nicht zu Ende geführt. Die Akademisierung der Logopädie, die in Deutschland stetig und äußerst divers voranschreitet, zeigt nicht nur einen Weg der Professionalisierung eines relativ jungen Faches auf, sondern zeigt ebenfalls, wo sich konzeptionelle Fallstricke auftun. Die Überführung eines schulischen Curriculums, wie man es an den Berufsfachschulen vorfand und noch immer vorfindet, in einen universitären Studienverlaufsplan mit Modulstruktur ist eine Hausaufgabe, die die formalen Kriterien einer Akademisierung vorgibt. Die andere Hausaufgabe, und dies scheint die eigentliche Herausforderung zu sein, ist die Beschäftigung mit der Frage, was eine Professionalisierung für die Logopädie inhaltlich bedeutet. In diesem Kontext geht es um ethische Überlegungen bezüglich eines Faches, das seine akademische Identität entwickeln muss und in diesem Kontext sich einem neuem Berufsbild stellen wird. Siegmüller und Pahn beschreiben das so: „...erforderlich ist auch eine neue Umgangsform mit der eigenen Entstehungsgeschichte- und damit auch, was noch viel wesentlicher ist- mit dem eigenen beruflichen Selbstverständnis und dem Berufsbild.“ (Siegmüller & Pahn, 2009, S.2)

Und im weiteren Verlauf ihrer Argumentation zeigen sie anhand von drei zentralen Themenfeldern, welche Diskussionen für die Akademisierung der Logopädie vorangetrieben werden müssen.

„... – berufliche Leitlinien (liegen vom Deutschen Berufsverband für Logopädie für die praktische Logopädie vor),
– in einer ethischen und empirischen Wissenschaftstheorie,
– in einer Forschungsidentität, die sich als Wissenschaftspraxis aus der -theorie ableitet.“ (Siegmüller & Pahn ebenda)

Schulz (2006) formuliert es noch deutlicher, wenn sie anmerkt, dass Akademisierung Ethisierung befördere – nicht nur an den Studierenden, sondern auch an der Profession insgesamt. Diese Entwicklung setzt sie mit der Entwicklung einer eigenständigen begründeten Berufsethik gleich. Diese Sichtweise zeigt den Spagat auf, den die Logopädie derzeit zu bewältigen hat. Einerseits ist sie in einer Rechtfertigungsphase, warum ein therapeutischer Beruf studiert werden müsse und andererseits muss sie sich Fragestellungen widmen, die besonderen Diskursstrukturen und Diskursressourcen bedürfen. Das zeigt sich in der Stellungnahme des Wissenschaftsrates deutlich, denn in erster Linie geht hier es um das Berufsbild der Therapeutin in einer komplexen Medizinwelt. Erst im Nachgang wird die Forschung erwähnt.

1.1 Forderungen des Wissenschaftsrates

Der Wissenschaftsrat Deutschlands hat sich 2012 zum Thema Akademisierung der Gesundheitsberufe geäußert und sein Berufsbild und die dazugehörigen Fähigkeiten aus seiner Sicht dargestellt. Dies könnte als ein wichtiger Impuls für die Weiterentwicklung der Profession Logopädie gedeutet werden.

Folgende Kompetenzen hat der Wissenschaftsrat in seinen Empfehlungen beschrieben, die er sich aus der Möglichkeit der Akademisierung der Gesundheitsberufe erwartet:

„… – wissenschaftliche Reflexion
– Evidenzprüfung
– Anpassung des professionellen Handelns“

Diese Fähigkeiten sollen an Hochschulen ausgebildet werden, um die komplexen Aufgaben der Pflege- und Therapieberufe der Zukunft erfüllen zu können. Das Berufsbild eines in dieser Art gebildeten Therapeuten/einer Therapeutin, einer **reflektierten Praktikerin/eines reflektierten Praktikers,** gestaltet sich nach Auffassung des Wissenschaftsrates in dieser Weise:

„… – Arbeit am Patienten
– Generalistisch ausgerichtete Praktiker/innen
– Eigenständige Zusammenarbeit im multiprofessionellen Teams
– Übernahme von Leitungsaufgaben (Teamleitung) und Aufgaben in der Qualitätssicherung“

Dieses Charakteristikum einer reflektierten Therapeutin/eines reflektierten Therapeuten ist auffallend minimalistisch gehalten und enthält keine neuen berufspolitischen Aspekte. Das Thema „Ethik“ wird nicht erwähnt, lässt es sich allenfalls unter dem Aspekt der wissenschaftlichen Reflexion vermuten. Schon 1998 stehen in der Berufsordnung des dbl diese Eigenschaften beschrieben, 2010 werden diese Kernpunkte noch prägnanter in den Berufsleitlinien aufgenommen.

Wissenschaftsrat 2012	**dbl Berufsordnung 1998**	**dbl Berufsleitlinien 2010**
Generalistisch ausgerichtete Praktiker/innen	§3,1	Absatz 1
Eigenständige Zusammenarbeit in multiprofessionellen Teams	§13,1 §13,2 §14	Absatz 2
Arbeit am Patienten	Präambel	Absatz 1
Übernahme von Leitungsaufgaben und Aufgaben in der Qualitätssicherung		Absatz 20
	Präambel Verweis auf Ethik –Kodex des CPLOL (Comite Permanent de Liason des Orthophonistes-Logopedes de lÙnion Europeen)	Verweis auf ethische Aspekte in der Berufsordnung

Tab.1 Forderungen des Wissenschaftsrates und Implementierung im Berufsbild

(Quellen: Wissenschaftsrat, 2012; dbl-Berufsleitlinien 2010, dbl Berufsordnung 1998)

Der Berufsverband hat die Ergebnisse des Wissenschaftsrates schon längst in seiner Berufsordnung (1998) und in seinen Leitlinien (2010) implementiert (siehe Tabelle 1). Die Frage, die geklärt werden muss, ist die, in welchem Ausbildungskontext sich die wissenschaftliche Reflexion, Evidenzprüfung und die Anpassung des professionellen Handelns entwickeln kann. Als Ausbildungskontext wird hier nicht der Ort der zu etablierenden akademischen Logopädie verstanden, sondern der fachliche, kompetenzorientierte Kontext. Die Ethikrichtlinien für die ethische Berufsausübung der Logopädie, auf die sich der deutsche Berufsverband der LogopädInnen (dbl) bezieht, basieren auf einem Konsens der europäischen Berufsverbände der Logopädie. Diese Richtlinien sollen eine Orientierung im komplexen Berufsalltag geben und beschreiben einen Verhaltenskodex, der sich auf allgemein ethische Prinzipien zurückführen lässt.

Der Berufstand der Logopädie hat in seiner Berufsordnung ethische Haltungsweisen festgelegt und mögliche Konflikte beschrieben, die eine ethische Reflexion mit sich bringen. Es handelt sich dabei um ein Berufsethos. Dieser Ausdruck beschreibt eine geregelte Form des Zusammenlebens, einschließlich der Regeln für die Handhabung und Befolgung dieser Regularien. Das Beruf-ethos wurde eher rezeptiv behandelt und als Handlungsrichtlinie gesetzt. Im Rahmen der Berufsfachschulcurricula wurde darüber im Fach Berufskunde informiert. Es fehlte der Rahmen, sich diesem Thema, den theoretischen Hintergründen und den konkreten Umsetzungsmöglichkeiten zu widmen. Mit der Entwicklung der neuen Curricula an Fachhochschulen und Universitäten erlebt das Thema eine neue Wertigkeit.

2 Wissenschaftliche Reflexion und Ethik

2.1 Vom Ethos zur Ethik in der Logopädie – „Reflective Practitioners"

Wenn am Ende des Bachelorstudiums der/die „Reflective Practitioners" stehen soll, der/die über Methoden der wissenschaftlichen Reflexion verfügt, so könnte das Thema Ethik, das über den Ethosaspekt hinausgeht, eventuell hier verortet sein. Es zeigen sich zwei Aspekte in der Berufsbezeichnung der Absolventen und Absolventinnen: Handeln und Reflektieren. Im Hochschulsetting könnte man dies gleichsetzen mit der Thematik des wissenschaftlichen Arbeitens und, vom Outcome gedacht, mit der Überlegung, wo konkrete ethische Anliegen für Logopäden und Logopädinnen im Berufsalltag entstehen können. Diese Kompetenzen sollten im Studienverlauf erworben werden, sich also in den Modulen wiederfinden Das wissenschaftliche Arbeiten stellt eine grundlegende Kompetenz im akademischen Kontext dar, die die Studierenden im Verlauf ihres Studiums erlernen müssen. Wissenschaftliches Arbeiten gestaltet sich als Lernprozess, der Übung und kritisch-konstruktiver Reflexion bedarf. Somit wird deutlich, dass bei der Konzeptionierung von logopädischen Studiengängen das Modul oder die Lehrveranstaltungen „wissenschaftliches Arbeiten" nicht fehlen dürfen. Die noch junge logopädische Profession zeichnet sich besonders dadurch aus, dass sie Theorie und Praxis therapeutischen Handelns aufeinander zu beziehen versucht und diese Beziehung wissenschaftlich ergründen will. Versteht man die Logopädie als normative Handlungs- und Praxiswissenschaft, so ist der Ausgangs- und Endpunkt für die theoretische Auseinandersetzung ihre Praxis, also die Therapie, in den verschiedenen logopädischen Handlungsfeldern. Die Praxis besteht dabei aus Handeln und Wissen und lässt sich als Prozess der Kompetenzentwicklung darstellen (siehe Abbildung 1).

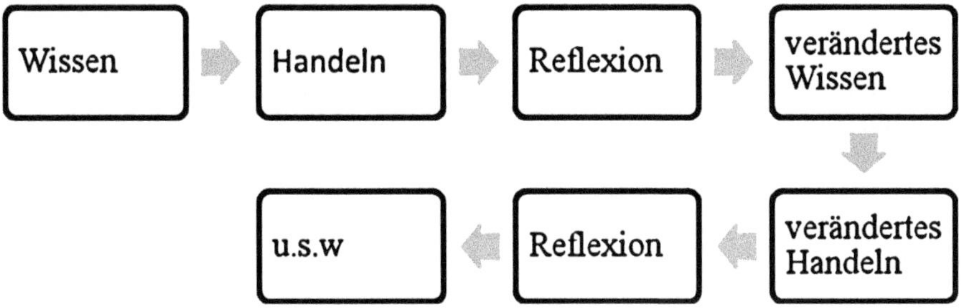

Abb. 1: Modell „Entwicklung von Kompetenzen“

Wissenschaftliches Arbeiten folgt forschungsethischen Prinzipien (siehe z.B. DIW Berlin, 2012), damit wäre ein ethischer Aspekt in dem Studiengang der Logopädie per se gegeben.

2.2 Ethik als Lehrveranstaltung

In der Planung der jetzigen Studienverläufe zeigt sich, dass der erste Schritt sich dem Gegenstand „Ethik“ zu nähern, eine Implementierung der Ethik „als Fach“ ist. Noch verbleibt die Ethik isoliert und auf ihre Theorie- und Wissenschaftsgeschichte bezogen, Bezüge zur Logopädie muten konstruiert an. Das zeigt sich in dem 2011 erschienen Lehrbuch „Ethik in der Sprachtherapie“ (Kathrin Schulz 2011). Ihr Verdienst ist, die Diskussion um die Thematik der Notwendigkeit der Ethik als relevanten Baustein für die Akademisierung Logopädie angestoßen zu haben. In dem Lehrbuch stellt sie wichtige Theorien und deren Vertreter vor und versucht, ethische Fragestellungen für die Logopädie zu formulieren. Schon im Inhaltsverzeichnis zeigt sich, wie die Verteilung der Themen gestaltet ist. Der Bezug zur Sprachtherapie beginnt auf Seite 145 und endet auf S.171, was ein noch eher geringer Anteil ist. Ethik wird hier noch als Fach begriffen, welches zusätzlich in den breiten Fächerkanon der logopädischen Curricula eingefügt wird, da es im Rahmen der Akademisierung gefordert wird. Dadurch findet eine Vermehrung der Bezugswissenschaften statt, nach dem Motto „ das gehört zu der Logopädie und zu einer ernstzunehmenden akademischen Ausrichtung“. Die Logopädie bekommt den Charakter einer „Add on Wissenschaft“. In dieser ersten Phase der Akademisierung und Implementierung von neuen Inhalten war das ein notwendiger Schritt, um den Fokus auf die Ethik und die Belange innerhalb der Logopädie zu lenken. Im nächsten Schritt müssen die tatsächlichen thematischen Bezüge innerhalb der Logopädie als Handlungswissenschaft aufgezeigt werden. Im Kontext der Akademisierung wird zunehmend offensichtlich, dass dieses implizite Wissen um eine ethische Haltung, das eher zu intuitiven Argumentationen führt, nicht ausreichend ist. Was sind die Fragen und Aufgaben der Ethik im Fachkontext Logopädie? Es geht jetzt um die Überführung eines eher auf Fachkompetenz und eventuell noch Methodenkompetenz abzielenden Faches hinzu einer handlungsorientierten Ethik, die um die Aspekte der Sozial- und Selbstkompetenz der Studierenden/des Studierenden erweitert wird. Mit diesem Anspruch, in allen vier Kompetenzbereichen präsent zu sein, wäre die Beschäftigung mit Ethik im Handlungskontext ein essentieller Bestandteil der therapeutischen Kompetenz.

2.3. Ethik als Bestandteil der therapeutischen Kompetenz

Die Logopädie beschäftigt sich nicht nur mit Sprach-, Sprech-, Schluck-, Hör- und Stimmstörungen – sie beschäftigt sich mit dem Menschen, der diese Diagnosen mit sich bringt. So ist die Kenntnis logopädischer Methoden und die Anwendung derer nur ein Teil einer möglichst gelingenden Therapie – es geht nicht isoliert um die Störung sondern um den Betroffenen/die Betroffene, der/die sich in seiner/ihrer Umwelt (wieder-) zurechtfinden muss. Er/Sie ist eingebettet in seine/ihre lebensweltlichen Bezüge und in seiner/ihrer Ganzheit therapeutisch gefragt. Somit ist die Logopädie konfrontiert mit anthropologischen Fragestellungen, mit Grundfragen zum Menschsein, wie es auch Giovanni Maio für die Medizin postuliert. Er schreibt:“ Nur wenn es gelingt, nachdenklich zu machen, wird man dem Potenzial, das die Ethik in der Medizin in sich birgt, gerecht“ (Maio, 2012, S.2). Übertragen auf die Logopädie meint Ethik dann eine methodisch disziplinierte Reflexion auf das oder ein Ethos, nämlich das Berufsethos, wie es in der Berufsordnung schon längst beschrieben ist. Damit kann eine differenzierte Art der Fragestellungen und Antwortsuche entstehen, die einen konkreten Bezug zu den logopädischen Handlungs- und Reflexionskontexten hat. Noch hat sich die Logopädie zu keiner „Entscheidungswissenschaft“ entwickelt, doch es steht zu erwarten, dass sich dies im Rahmen der akademischen Etablierung verschieben wird.

2.4 Ethik im Berufsalltag

Die Logopädie ist mit ihrem Berufsalltag stark an den der Medizin gekoppelt. Die ständigen Innovationen in der Medizin bringen einerseits viele Möglichkeiten für Betroffene, anderseits zeigen diese Innovationen auch immer neue Handlungspfade auf, die Entscheidungen und oft nicht überschaubare Konsequenzen mit sich bringen. In diesem Rahmen stehen alle Beteiligten vor vielfältigen ethischen Herausforderungen. Wertekonflikte entstehen, z.B. wenn es um Mittelverteilung im Gesundheitswesen geht oder die PEG-Anlage bei Demenzkranken. In vielen Ländern etablieren sich Strukturen zur ethischen Unterstützung in medizinischen Alltag. Die ethische Auseinandersetzung mit komplizierten Werteabwägungen soll transparent dargestellt werden können und zu einer Entscheidungsfindung beitragen. In den medizinisch-ethischen Empfehlungen der Schweizerischen Akademie der Medizinischen Wissenschaften (2012) werden Kompetenzen beschrieben, die Mitglieder einer Ethikkommission haben sollten. Diese notwendigen Kompetenzen lassen sich gut in Methoden-, Fach-, Selbst- und Sozialkompetenzen abbilden, um sie in einem Hochschulkontext als mögliches Modul zu implementieren.

Abbildung 2: Selbst-, Sozial-, Fach- und Methodenkompetenz (von links nach rechts), in Anlehnung an die Vorgaben der Schweizerischen Akademie der Medizinischen Wissenschaften (2012, S.14-16)

Mit diesen Zuweisungen (siehe Abb. 2) in die jeweiligen Kompetenzbereiche lässt sich die Ethik als handlungsorientierte Wissenschaft in einen Studienverlauf implementieren. Deutlich erkennbar ist die Entwicklung vom Berufsethos über eine fachmethodische Ethik hin zun einer Ethik mit diskursiven Charakter und

Umsetzungen für einen Berufsalltag. Der nächste Schritt führt noch weiter, denn in diesem Rahmen ist der Anspruch von ethischen Prinzipien in der Forschung noch nicht erkennbar, gleichwohl aber in den Fach- und Methodenkompetenzen angelegt. In der Kombination mit den Prinzipien des wissenschaftlichen Arbeitens zeigt sich, dass die Ethik für die Logopädie tatsächlich ein neues Handlungsfeld darstellt, die sich aber erst in dem derzeitigen Umfeld sukzessive entwickeln kann.

3 Vom Berufsethos zur Forschungsethik

Auch wenn sich der Wissenschaftsrat in der Berufsbeschreibung und den dazugehörenden Fähigkeiten knapp hält, so sind seine weiteren Ausführungen bezüglich „Forschung und wissenschaftliche Karrierewege" von großer Bedeutung. Die Akademisierung darf nicht mit dem Einrichten von Bachelor-Studiengängen gleichgesetzt werden. Dies würde eine Deckelung der Karrierewege in den Gesundheitsberufe und eine bloße Überführung einer Berufsausbildung von einer Bildungsinstitution in eine andere bedeuten. Damit sich die Logopädie (und auch die anderen Gesundheitsberufe) konsequent als Profession im akademischen Umfeld weiterentwickeln kann, bedarf es einer „...institutionell zu sichernden Einheit von Forschung und Lehre..." (Wissenschaftsrat 2012)

Er spricht unter anderem folgende Empfehlung aus „... die Entwicklung eines genuinen Forschungsprofils in den Bereichen **klinische Forschung und Versorgungsforschung**." (Hervorhebung im Originaltext; Wissenschaftsrat, 2012)

Wenn die klinische Forschung von dieser Seite zwingend gefordert wird, heißt das für die Logopädie, dass sie sich mit den Themenbereichen, die alle akademischen Fächer gemeinsam haben, beschäftigen muss, wie Forschungsmethoden, Forschungsinfrastruktur, Forschungsstandards, Akquirieren von Forschungsgeldern, um nur einige zu nennen.

Mit dem Akademisierungsprozess der Gesundheitsberufe kommt die Forderung nach Forschung in den therapeutischen Disziplinen nicht nur von Seiten des Wissenschaftsrates. Es sind dies intrinsisch motivierte Anliegen der Gesundheitsberufe, zu zeigen, wie ihre Methoden wirken. Extrinsisch motivierte Gründe sind gegeben durch die Kostenträger, die Diskussionen um Mittelverteilung im Gesundheitswesen, Patientenanfragen, internationale Anschlussfähigkeit, etc. Eine Übersicht zu den verschiedenen Forschungsaktivitäten innerhalb der Gesundheitsberufe oder speziell der Logopädie existiert bislang noch nicht. Die heterogene Akademisierungslandschaft geht einher mit einer unübersichtlichen logopädischen Forschungslandschaft in Einzelinstitutionen. Die derzeitige Konkurrenzsituation der unterschiedlich konzipierten logopädischen Akademisierungsstätten führt momentan zu einer Fragmentierung der Forschungslandschaft. Durch Bildung von Forschungsnetzwerken könnte es zu einer Kompetenzverdichtung in der logopädischen Forschung kommen. Diese Netzwerkbildung ist notwendig für einen transparenten Umgang mit Themen wie: Studiendesign, Fragen zu forschungsethischen Belangen, Umgang mit Ergebnissen, Best Practice, Veröffentlichung etc. und zur Bündelung von Forschungsergebnissen und einer damit gewonnen erhöhten Aussagekraft der Studien.

3.1 Rollenkonflikte in der logopädischen Forschung

Forschen in der Logopädie bedeutet ein Forschen **mit** Menschen nicht **an** Menschen; an dieser Stelle wird bewusst der Sprachduktus des Leitfadens der Schweizerischen Akademie der Medizinischen Wissenschaften gewählt (SAMW, 2009, S.6). Suter (2009, S.7) begründet das so: „... Forschung mit Menschen betont, dass Menschen zwar wissenschaftlich gesehen Studienobjekte sind, dass sie aber ethisch betrachtet als Subjekte mit Rechten und Bedürfnissen wahrgenommen werden müssen, auch wenn lediglich mit ihren Daten und Proben geforscht wird." In der Wortwahl zeigt sich, dass dieser Bereich einer besonderen Sorgfalt und steter Reflexion unterliegen muss. Es geht darum, die Menschenwürde und die Menschenrechte in der Forschung zu wahren. Die Gefahr im Forschungsprozess besteht, dass Menschen zu bloßen Objekten degradiert und zu Forschungszwecken instrumentalisiert werden. Als noch junge Forschungsdisziplin benötigt die Logopädie eine sorgfältige Auseinandersetzung mit dieser Thematik sowie einen Aufbau von Standards einer Forschungspraxis und eine ständige Reflexion der eigenen Forschungsprinzipien. Eine Auseinandersetzung mit forschungsethischen Prinzipien lassen sich nicht auf ein eventuelles Masterstudium oder in konkrete Forschungsprojekte vertagen. Immer dort, wo Studierende zu Lern- und Forschungszwecken Menschen befragen, beobachten, begleiten oder therapieren, müssen sie dies vor dem Hintergrund ethischer Aspekte reflektieren und gestalten können. Die Lehrenden, die Forschungsprojekte planen, organisieren und supervidieren, müssen sich diese Aspekte besonders für therapeutische Forschung mit Einsatz Studierender genau überlegen. Der Frage muss sorgfältig nachgegangen werden, ob die therapeutische Kompetenz, die ein Studierender sukzessive erwirbt, kompatibel ist mit einer Forschungskompetenz. Die forschungsethischen Prinzipien betreffen also nicht nur die Forschung mit Menschen, sie betreffen auch den Kontext der Forschungsgestaltung und der Durchführenden in einem Projekt. Diese Dimension erweitert den forschungsethischen Rahmen in den Therapiewissenschaften und macht deutlich, wie sorgfältig Forschungsprojekte geplant und evaluiert werden müssen. Die Forschung mit Menschen birgt ein ethisches Dilemma, denn einerseits verbessert ein mögliches Studienergebnis über den Benefit einer Methode die Möglichkeit, weiteren Patienten zu helfen. Andererseits ist die Forschung per se nicht primär am Wohl der Personen orientiert, die sich aktiv an einer Studie beteiligen. Hier geht es um den korrekten Einsatz einer Methode, um einen genormten Ablauf innerhalb eines Studiendesigns. In der Logopädie zeigt sich dieser Konflikt konkret an den Rollen „Therapeutin/Therapeut" und „Forscher/Forscherin" (Marckmann, 2003). Die Rolle als Therapeutin/Therapeut beinhaltet das Ausbalancieren von Patientenbedürfnissen zu dessen Wohle. Als Forscher/Forscher hingegen interessiert die Prüfung einer Hypothese mit wissenschaftlichen Methoden. Dieser Konflikt muss erkannt und reflektiert werden. Walt (2008) stellt diese Rollenkonflikte von Forschen und Forscherinnen differenziert dar und fragt für den medizinischen Kontext nach, ob der Forscher/die Forscherin einschlägiges Fachwissen mitbringen muss. Besonders im Kontext von Forschungstherapien im Ausbildungskontext ist dies von Brisanz, denn hier gestaltet sich der Rollenkonflikt noch auf einer weiteren Ebene. Angehende Studierende, die sich in ihrer ersten Phase der Identitätsbildung zur Logopädin/zum Logopäden befinden, sollen sich möglicherweise gleichzeitig in die Rolle der angehenden Forscherin/des angehenden Forschers begeben. Dieses Vorgehen bedarf eines sorgfältigen Klärungsbedarfs im Vorfeld und einer Bewusstmachung möglicher Konflikte. Gerade zu Beginn der therapeutischen Identitätsfindung ist die Studierende/der Studierende noch unsicher in seiner/ihrer Haltung und sucht eher den „freundschaftlichen" Kontakt, speziell in der Kindertherapie. Mallison (2006) beschreibt diese Konflikte der emotionalen Involviertheit für die sozialwissenschaftliche Forschung sehr genau. Welchen Einfluss solche emotionalen Konflikte auf Studienergebnisse der logopädischen Forschung haben, bleibt zu untersuchen. Hier fehlen noch aussagekräftige Studien.

3.2 Prinzipien der Forschungsethik

Drei Prinzipien stehen im Vordergrund, wenn man die substantiellen Prinzipien der Forschungsethik nennen will. Sie gehen auf den Belmont-Report zurück, der 1979 von einer Kommission des amerikanischen Gesundheitsministeriums erarbeitet wurde.

- Respekt für die Personen (Autonomy)
- Wohltun (Beneficence)
- Gerechtigkeit (Justice)

Aus diesen drei Basisprinzipien lassen sich keine Lösungen oder konkrete Handlungsabläufe konstruieren. Sie stehen mit ihrer Abstraktheit zu Beginn eines Forschungsvorhabens. Erst mit dem konkreten Fall und der Analyse des Forschungsanliegens werden sie mit Inhalt gefüllt. An dieser Stelle kann nicht auf alle Prinzipien der Forschungsethik eingegangen werden. Es werden zwei Schwerpunkte gewählt, mit denen die Logopädie in ihren Forschungsbestrebungen am häufig konfrontiert wird ist – im Bereich der speziell schutzbedürftigen Personengruppen und dem Thema „Informierte Einwilligung".

3.3 Informierte Einwilligung – Informed consent

Grundlage der informierten Einwilligung ist das moralische Ideal der Autonomie, der Selbstbestimmung des Menschen. Es ist unmöglich, alle Informationen bis in das kleinste Detail zu geben, selbst wenn das gegeben wäre, beruht die Rezeption immer noch auf der Konstruktion der Wirklichkeit des Gegenübers. Es geht um eine umfassende Aufklärung, die nicht den Anspruch erheben kann, vollständig zu sein. Es ist wichtig, wie der Teilnehmende die Informationen erhält, denn sie muss verstanden werden, damit Teilnehmende frei über eine Teilnahme urteilen können. Nachdem eine vollständige, allumfassende Information eher einem nicht zu verwirklichen Ideal entspricht, ist der Prozess der Entscheidungsfindung bis zur Einwilligung das entscheidende Kriterium (Rehmann-Suttner, 2006 S.699-702). Hierzu gibt es viele Leitfäden aus unterschiedlichen Forschungskontexten, wie dieser Prozess zu gestalten ist (vgl. z.B. www.swiss ethics.ch). Die ethische Forschung der letzten Jahre konnte aber zeigen, dass für Teilnehmende nicht der formale Akt der Einwilligung wichtig ist, sondern der kommunikative Prozess der vor dieser Einwilligung beginnt. Der dialogische Aspekt tritt in den Vordergrund, nämlich eine Kommunikation auf Augenhöhe und die Fähigkeit zur Empathie, um die Perspektive der potentiellen Studienteilnehmenden zu verstehen und anzuerkennen. Für die Logopädie als Wissenschaft, die sich mit Kommunikationsstörungen beschäftigt und dementsprechend Forschungsvorhaben mit Teilnehmenden mit solchen Beeinträchtigungen plant und durchführt, ist das eine große Herausforderung und zwar unter zwei Gesichtspunkten: Modelle zu entwickeln als theoretisches Fundament, um einen Beitrag zu diesem Thema zu leisten und Strategien zu entwickeln und darzustellen, wie sie mit diesem speziellen Klientel in Studien umgeht.

3.4 Speziell Schutzbedürftige in der Forschung

Zu den vulnerablen Personengruppen gehören Kinder, Jugendliche, schwangere Frauen, Migranten, Patienten in einer Notfallsituation, Menschen im Freiheitsentzug und Menschen in Entwicklungsländern. Hier gilt das Subsidiaritätsprinzip, nämlich, dass diese Personen nur dann in Studien involviert sein sollten, wenn der Einbezug weniger verletzlicher Personen nicht zu gleichwertigen Resultaten führt (vgl. Maio, 2012). Da die Grenzziehung nicht immer eindeutig gegeben ist und der Mensch als solcher „verletzlich" ist, kann man die Verletzlichkeit in Situationen festmachen:

… – eingeschränkter und fehlender Autonomiefähigkeit
- sozialer Diskriminierung
- Stigmatisierung
- Abhängigkeit oder andere Einschränkung
- erhöhter physischer oder psychischer Empfindlichkeit gegenüber den vorgesehenen konkreten Studienhandlungen" (vgl. dazu Principle 26 Helsinki-Deklaration; Leitfaden Forschung mit Menschen, 2012, S.72).

Damit wird deutlich, vor welchen Herausforderungen eine fundierte und ernstzunehmende Forschung in der Logopädie steht. Das Thema „kindlicher Spracherwerb" wird bei der Aufzählung präsent und die Frage dazu, wie Forschung möglich ist. Auch ist dieses Thema nicht nur ein Thema in der Logopädie, es gibt viele Disziplinen, die sich mit Fragen dazu beschäftigen und es gibt viele Ergebnisse, die zu bildungspolitischen Konsequenzen führen. Es gibt aber keine Aussagen, wie die Studienergebnisse unter forschungsethischen Gesichtspunkten durchgeführt wurden. Es fehlt uns hier an Best Practice Beispielen und Foren, in den Konzeptionen und Überprüfungen von Forschungsvorhaben diskutiert und in Leitfäden gefasst werden. Forschungsethik ist keine lineare Idee oder Überlegung zu einer Studie. Forschungsethik ist ein komplexer Prozess, der die ethische Reflexion des Forschers/der Forscherin beinhaltet sowie die Begutachtung durch eine Ethikkommission, die Teilnehmer und Teilnehmerinnen müssen ihre freie Zustimmung geben und dazu vorher nach ihrem Wissens- und Aufnahmevermögen informiert werden. In einem öffentlichen Diskurs benötigt es eine kontinuierliche kritische Begleitung der Verfahren und Überprüfung der Regeln der Forschungsethik.

3.5 Das Kind in der Forschung

Kinder sind besonders verletzlich, weil sie sich gegenüber Handlungen und Entscheidungen von Erwachsenen nicht gut schützen können. Es besteht ein Abhängigkeitsverhältnis zwischen dem Kind und Erwachsenen, da sein Urteilsvermögen noch nicht ausgebildet ist. Ein besonderer Aspekt ist, dass sich Kinder in einer Entwicklung befinden, das heißt, mit jeder Manipulation, mit jedem Eingriff, greift man in die Entwicklung eines Kindes ein, ohne die Konsequenzen für die weitere Entwicklung zu kennen. Außerdem beinhaltet die Abhängigkeit nicht nur die Dimension Kind-Erwachsener, sondern auch Erwachsener – Kind. In diesem Beziehungsgeflecht kommt es zu wechselseitigen Wirkungen. Das lässt sich an einem Beispiel verdeutlichen:

Nimmt ein Kind an einem Sprachscreening teil und die Eltern erhalten das Ergebnis, dass ein hohes Risiko einer Sprachentwicklungstörung bestehe, kann diese Aussage zu einer Veränderung im Beziehungsgeflecht führen und zwar schon im Moment der Ergebnisüberbringung, ohne, dass ein weiteres Testergebnis abgewartet wird. Für eine Studie muss das Alter des Kindes mitberücksichtigt sein, Kinder in unterschiedlichen Entwicklungsphasen sind unterschiedlich zu betrachten. Gleichzeitig gilt auch zu bedenken, wenn Kinder grundsätzlich aus Forschungsvorhaben ausgeschlossen würden, also per se auf Grund ihres vulnerablen Status, kann das auch zu ihrem Nachteil sein. Denn wie sollen Fragen beantwortet und Erkenntnisse gewonnen werden, die sich mit Entwicklungsaspekten und Unterstützungen beschäftigen. Hier wird das Desiderat deutlich, mit dem sich die Forschung mit Kindern ernsthaft auseinandersetzen muss. Es ist nicht nur ein logopädisches Forschungsdilemma sondern ein allgemeines Forschungsdilemma der Disziplinen, die sich mit Kindern und ihrer Entwicklung beschäftigen. Das macht nachhaltig deutlich, dass eine interdisziplinäre Diskussion stattfinden muss, die sich mit ethischen Forschungsstandards beschäftigt, Regeln dazu findet und in Ethikkommissionen vertritt.

4 Fazit

Die Akademisierung der Logopädie birgt viele Facetten in sich – einerseits geht es um die Anforderungen an einen Therapieberufs einer sich wandelnden Gesellschaft und deren Gesundheitszustände und andererseits um die Beantwortung der akademischen Kernfrage: Was ist Logopädie? Aus dem Fach, das aus vielen Bezugswissenschaften entstanden ist, wird eine Handlungswissenschaft mit praktischen und theoretischen Hintergründen. Dazu zählt auch die Erweiterung der ethischen Haltungsanweisung in der Berufsordnung um weiterführende vielschichtige ethische Aspekte. Evident wird dies im neu entstehenden Forschungskontext, der noch divers und unübersichtlich ist. Die Forschungsaktivitäten folgen momentan Regeln, die weder offensichtlich erkennbar sind, noch hinreichend in der Fachcommunity diskutiert wurden. Es fehlt an Forschungsinfrastrukturen, in denen diese Themen aufbereitet und zielführend in die Forschung der Logopädie implementiert werden. Die Konzeption und Überprüfung von Forschungsvorhaben sollte diskursiv und als Prozess gestaltet werden. Die Forschungsethik ist der Kernbereich jeder akademischen Disziplin und somit auch der Logopädie. Die Logopädie muss nicht ihre eigene Forschungsethik und Forschungsprinzipien erfinden, dazu gibt es viele Vorbilder und Beispiele, an denen sie sich orientieren kann. Sie muss allerdings dezidiert Stellung beziehen zu Themen, mit denen sie genuin aus ihrem Fach heraus konfrontiert wird. Dazu zählt beispielsweise die Gestaltung von Aufklärungsmaterialien für Studien mit Patienten mit Sprachstörungen oder für Kinder. Die Forschung mit Kindern ist eine große Herausforderung, denn sie greift immer in ein Entwicklungsgeschehen ein. Die Logopädie muss sich auch den Überlegungen stellen, dass ihre Maßnahmen auch schaden können, nur so kann sie Studien reflektiert anlegen und den Studienteilnehmer und Studienteilnehmerinnen die Sorgfalt zukommen lassen, die ein Gelingen ermöglichen. *Martin Walser drückt das so aus : „Nichts ist wahr ohne sein Gegenteil“.*

Literaturverzeichnis

Hick, Christian (2007). (Hrsg.). *Klinische Ethik*. Heidelberg: Springer.

Lind, G. (2002). *Ist Moral lehrbar?* Berlin: Logos Verlag.

Maio, G. (2012). *Ethik in der Medizin*. Stuttgart: Schattauer.

Mallinson, C. & T. Satterlund (2006). Practical Realities and Emotions in Field Research. The Experience of Novice Fieldworkers. *Social Thought and Research*, 27, 123-152.

Marckmann, G. (2003). The conceptual foundations of scientific research and medical practice. In: J. Boomgarden et al. (Hrsg.): *Issues in Medical Research Ethics*. New York: Wiley.

Grohnfeldt, M. (2009). (Hrsg.), Lehrbuch der Sprachheilpädagogik und Logopädie. 2. Auflage. Stuttgart: Kohlhammer.

Raspe, H: (2001). Die Heilkunde wird eine Wissenschaft sein, oder sie wird es nicht sein. *Zeitschrift für ärztliche Fortbildung und Qualität im Gesundheitswesen*, 95, 495-501.

Riha, O. (2008). Kodifizierung ärztlicher Ethik. Leipzig: Hirzel.

Rehmann-Sutter, C. (2006) Ist ein informend consent wirklich möglich? *Therapeutische Umschau*, 63,699-702.
Schickhardt, C. (2012). *Kinderethik*. Münster: Mentis Verlag.
Schulz, K. (2011). *Ethik in der Sprachtherapie*. Idstein: Schulz-Kirchner.
Seewald, O. & H. Schoefer (2008). (Hrsg.), *Zum Wert unserer Gesundheit*. Baden-Baden: Nomos.
Thiele, A. (2008). *Aus der Geschichte der Logopädie*. Saarbrücken: Velag Dr. Müller.
Walt, G. et al. (2008). „Doing" health policy analysis: methodological reflections and challenges. *Health Policy and Planning*. 23 (5), 308-317.

Internetquellen

Berufsordnung der Logopädinnen www.dbl ev.de
Berufsleitlinien in der Fassung vom 4.6.2010 www.dbl-ev.de
Empfehlungen des Wissenschaftsrates www.wissenschaftsrat.de/download/archiv/10031-10.pdf (Abruf am 14.3.2013)
Ethik-Kodex der Deutschen Gesellschaft für Soziologie und des Berufsverbandes Deutscher Soziologen www.jensschultz.de/1641357.htm (Abruf am 14.3. 2013)
Schweizerische Akademie der Medizinischen Wissenschaften (Hrsg.): Forschung mit Menschen. Ein Leitfaden für die Praxis www.samw.ch/de/Ethik (Abruf am 14.3.2013)
The Belmont Report.Ethical Principles and Guidelines fort he Protection of Human Subjects of Research.1979 www.hhs.gov/ohrp/humansubjects/guidance/belmont.html (Abruf am 6.6.2012)

Die Bedeutung der Ethik im Professionalisierungsprozess der Physiotherapie – ein Vergleich zwischen den USA und Deutschland

Solvejg Jurgons

Abstract

Gegenwärtig befindet sich die Physiotherapie in Deutschland in einem Professionalisierungsprozess, unter anderem gekennzeichnet durch die fortschreitende Akademisierung und die fortwährende Diskussion über berufliche Autonomie. Die Auseinandersetzung über die Entwicklung einer eigenen Berufsethik findet hingegen nur diskret statt, obwohl die öffentliche Aufmerksamkeit für das Thema Ethik und die gesundheitspolitischen Anforderungen an die Gesundheitsfachberufe wachsen und eine Berufsethik bzw. ein adäquater Ethikkodex zu den Merkmalen einer Profession gehört.

Im Gegensatz zu Deutschland findet in den USA schon seit dem Jahr 1935 die Auseinandersetzung mit der Ethik in der Physiotherapie statt und hat sich seither in Form von Ethikkodizes, Ethikkommissionen und konkreter Fachliteratur etabliert.

Der vorliegende Beitrag stellt zunächst die Verknüpfung von Physiotherapie und Ethik dar. Später werden die Professionalisierungsprozesse der Physiotherapie in den USA und in Deutschland anhand des geschichtlichen Hintergrundes, die Entwicklung der Ausbildung, die Berufsorganisation und die Status der Physiotherapie zum heutigen Zeitpunkt gegenübergestellt und hinsichtlich ethischer Aspekte verdeutlicht. Ferner wird untersucht, wie sich die Auseinandersetzung mit Ethik in den USA darstellt und welchen Einfluss diese auf den Professionalisierungsprozess der US-amerikanischen Physiotherapeuten hatte.

Ethik und professionelles (Be-)Handeln

Physiotherapeuten arbeiten in ihrem beruflichen Alltag mit Menschen verschiedenen Alters, Geschlechts, sexuellen Neigungen, sozialen Herkünften Berufsgruppen, Nationalitäten, Religionen, politischen Gesinnungen, Charakteren, Behinderungen und Krankheitsgeschichten. Die Therapie, insbesondere die Einzelbehandlung, findet hauptsächlich am (zum Teil entkleideten) Körper des Patienten statt und geht mit Körperkontakt zwischen Therapeut und Patient einher. Täglich treffen Physiotherapeuten Entscheidungen hinsichtlich des Behandlungsprozesses und übernehmen dafür die Verantwortung. Mit bestimmten physiotherapeutischen Techniken können Schmerzen ausgelöst, provoziert oder gelindert werden, vegetative Reaktionen im Körper des Patienten hervorgerufen und Funktionen und Strukturen des Bewegungsapparates beeinflusst werden. Somit ist es denkbar, dass Physiotherapeuten einen Einfluss auf das emotionale

Befinden ihrer Patienten (und deren Angehörigen) haben und im Hinblick auf eine meist mehrwöchige Interaktion eine wichtige Rolle im alltäglichen Leben des Patienten spielen können.

In diesem Zusammenhang kann es zu ethischen Kontroversen kommen, die sich in Form von Unsicherheiten und selbstkritischen Fragen hinsichtlich der moralisch richtigen therapeutischen Handlung äußern. Die so genannten ethischen Dilemmata entstehen, wenn der Physiotherapeut sich zwischen zwei oder mehreren moralisch verpflichtenden Handlungsalternativen entscheiden muss (Höffe, 2008). Zu differenzieren sind beispielsweise Handlungssituationen, in denen dem Betreffenden klar ist, welche die moralisch richtige Handlung ist, es jedoch um die Frage geht, ob er im Kontext verschiedener Einflussfaktoren diese auch durchführen wird (Compliance Issues). Ferner ist es möglich, dass sich die Überzeugungen von der moralisch richtigen Handlung im zwischenmenschlichen Bereich unterscheiden (Moral Disagreement) oder dass die Bedeutung eines ethischen Prinzips in einer spezifischen Situation unsicher ist (Moral Vagueness) (Gabard, 2003). Für diese Situationen bedarf es einem Bewusstsein und einem Verständnis für Ethik und die daraus resultierende situationsgerechte Anwendung sozial-moralischer und instrumenteller Kompetenzen. Denn das Übergehen oder Nicht-Wahrnehmen einer ethischen Herausforderung und die daraus resultierende Entscheidung „aus dem Bauch heraus“, bewusst oder unbewusst aus persönlichen rationalen oder emotionalen Gründen, kann unter Umständen der Entwicklung eines professionellen Selbstverständnisses der Physiotherapie nicht förderlich sein (Lindner, 1999).

Das „Rückrat“ einer sozial-moralischen Kompetenz bildet der Ethikkodex, der punktuell eine Sammlung von Werten und Normen einer Berufsgruppe darstellt und mögliche Problemfelder aufzeigt. Als Zeichen einer Profession geht einem solchen Kodex die Auseinandersetzung mit einer eigenen Berufsethik voraus, in der unter anderem Verhaltensrichtlinien und Pflichten für Berufsangehörige erörtert und festgelegt werden (Hack, 2004). Nur so kann von den Berufsangehörigen erwartet werden, sich im Einklang der darin enthaltenen Prinzipien zu bewegen und sich mit ethischen Fragen auseinander zu setzen. Nur so können Entscheidungen und Handlungen nach geltenden beruflichen Standards bewertet und ggf. sanktioniert werden. Das Ziel dieser Auseinandersetzung mit der Berufsethik ist es, dass eine Einsicht an die Berufsangehörigen vermittelt wird, wie gehandelt werden muss, um eine Handlungsentscheidung moralisch anzuerkennen. Die Moralität einer Person kann nicht argumentativ erzeugt werden, das Einhalten berufsethischer Regeln fördert jedoch die Professionalität (Fischer, 2005).

> „Gerade in Berufen, die es unweigerlich mit Entscheidungen zu tun haben, die das Wohl und Wehe anderer Menschen unmittelbar betreffen, ist die Stufe eines unreflektierten Vorverständnisses von dem, was als ethisch richtig gelten soll, zu überwinden. Der Erwerb ethischen Wissens, d.h. kritisch reflektierter Moral ist eine implizite Forderung von Professionalität" (Baum, 1996).

Iglarsh & Kirsch (2007) definieren in diesem Zusammenhang Fähigkeiten, die als Indikatoren sozial-moralischer Kompetenz erlangt werden sollen:

- Moralische Sensibilität, die Fähigkeit eine Situation zu deuten und die Konsequenzen einer Handlung in die Zukunft projizieren zu können.
- Moralisches Urteilsvermögen, die Fähigkeit anhand der Abschätzung verschiedener Handlungsalternativen und deren Folgen, zu entscheiden, welche Handlung „richtig" und welche „falsch" ist.
- Moralische Motivation, die Fähigkeit berufsethische Werte und Normen gegenüber persönlichen moralischen Motiven vorzuziehen.
- Moralischer Charakter, die Fähigkeit Handlungen, die sich nicht im Einklang berufsethischer Prinzipien bewegen zu korrigieren.

Zusammenfassend lässt sich demnach feststellen, dass eine ethisch-moralische Kompetenz und die Entwicklung von der Fähigkeit ethisch begründete Entscheidungen zu treffen, als Indikatoren für Professionalität bzw. Professionalisierung gesehen werden können (Jurgons, 2008).

Der Vergleich der Professionalisierungsprozesse zwischen den USA und Deutschland

Erfolgt ein Vergleich spezifischer Professionalisierungsmerkmale der Physiotherapie in den USA und in Deutschland, zeigen sich vor allem in der Geschichte des Berufs Gemeinsamkeiten. Zwar entstand der Berufsstand in den USA etwas später als in Deutschland, dafür war die Entwicklung zu einer Profession umso rasanter.

Ähnlich der Situation in Deutschland stieg mit der Anzahl der Kriegsverletzten des ersten Weltkriegs der Bedarf an medizintherapeutischen Anwendungen. Als Vorgänger der heutigen Physiotherapeuten erfuhren in den USA die so genannten „reconstruction aids" (Moffat, 1996), in Deutschland die „Heilgymnasten" verstärkte Anerkennung. Erste staatliche Ausbildungsstätten wurden in beiden Ländern Anfang des 20 Jahrhunderts etabliert (Schewior-Popp, 1994; Moffat 1996). Erste berufsständische Institutionen bildeten sich in den USA im Jahr 1921, nachdem sich regionale Verbände bereits gegründet hatten. Bereits im Jahr 1935 verabschiedete der Verband „American Physiotherapy Association

(APTA)“ den ersten Ethikkodex für seine Mitglieder, der moralische Grundelemente zwecks der Regelung einer guten beruflichen Zusammenarbeit zwischen Ärzten und dem interdisziplinären Team enthielt (Purtilo, 2000). Aus dieser Haltung heraus erfuhr die Physiotherapie in den USA ein erhöhtes berufliches Ansehen.

> „Not only from an increasing area of expertise [...] because through our code and team activities we were present and proved we could be morally accountable for the sucess [...] of our specific contributions on the health care team“ [...] Because physical therapy had planted aprofessional ethical identity [...] its members were positioned to move from serfdom to strong moral partnership“ (Purtilo, 2000)

Diese so genannte „Period of self-identity“ (ebd.) erlebte auch die Physiotherapie in Deutschland als „Phase der Berufsfindung und Verberuflichung mit ersten Regelungsansätzen auf der Verordnungsebene in unmittelbarer Anbindung an die ärztliche Behandlung“ (Schewior-Popp, 1994). Es wurden neue Behandlungsfelder erschlossen und entsprechende physiotherapeutische Techniken entwickelt. Während es in Deutschland im Zuge des zweiten Weltkrieges aufgrund des nicht tilgbaren Bedarfs an krankengymnastischen Anwendungen zu qualitativen Einbußen der Berufsentwicklung kam, da therapeutische Aufgaben an nicht bzw. kurz ausgebildete Helfer verteilt werden mussten (Schewior-Popp 1994; Schämann, 2005), nahm in den USA die Mitgliederzahl eines bereits bestehenden Physiotherapie-Verbandes und somit die bildungspolitische Bewegung deutlich zu. Zeichnet sich der weitere Professionalisierungsprozess der Physiotherapie in den USA durch seine steigende Unabhängigkeit gegenüber der Ärzteschaft aus, wird in Deutschland der Zeitrahmen von 1946-1960 als Phase der „Etablierung als gehobener „Frauenberuf zur Unterstützung und Ergänzung ärztlicher Behandlung mit Gründung eines Berufsverbandes und bundeseinheitlicher gesetzlicher Regelung“ (Schewior-Popp, 1994) betitelt. In Deutschland konnte erstmals im Jahr 1949, mit der Gründung des Zentralverbandes der Krankengymnasten (ZVK) bundesweit Einfluss auf die berufspolitische Entwicklung genommen werden. Die Dachverbände beider Länder wurden im Jahr 1951 Mitglied in der Weltkonföderation für Physiotherapie (WCPT).

Die Akademisierung, als weiterer Meilenstein im Professionalisierungsprozess, begann in den USA bereits im Jahr 1956 mit der Einführung des Bachelorstudiums als berufsqualifizierende Ausbildung. Master- und PHD-Studiengänge wurden seit den 1960er Jahren akkreditiert, im Jahr 1995/1996 war es erstmals möglich einen Doktortitel in der Physiotherapie zu erhalten (www.capteonline.org). Die Akkreditierung erfolgt seit dem Jahr 1983 durch die unabhängige *Commission on Accreditation in Physical therapy Education (CAPTE)*, die durch den Aufsichtsrat der APTA berufen wird (www.capteonline.org). Zum heutigen

Zeitpunkt stellen Bachelorabschlüsse und das erfolgreiche Beenden entsprechender Vorkurse die Zugangsvoraussetzungen für die Physiotherapieausbildung im Master- oder Doktorstudium dar. Vergleichbar mit der fachschulischen Ausbildung in Deutschland ist der Abschluss eines Physiotherapie-Assistenten in den USA (Meißner, 2011).

Grundlage für die Physiotherapie-Ausbildung in Deutschland stellt die Ausbildungs- und Prüfungsverordnung (PhysTh-APrV) aus dem Jahr 1994 dar. Das Ausbildungssystem ist föderalistisch organisiert und unterliegt den Ministerien der einzelnen Bundesländer. Dementsprechend können Unterrichtsform, Unterrichtsinhalte und somit die Qualität der Ausbildung variieren. Seit dem Jahr 2001 ist es in Deutschland möglich neben der fachschulischen Ausbildung und dem berufsqualifizierenden Staatsexamen einen Bachelorabschluss nach einem Hochschulstudium zu erlangen, seit 2005 ist es darüber hinaus möglich einen Masterstudiengang zu absolvieren. Primärqualifizierende Bachelor-Studiengänge, die ausgehend von dem „Gesetz zur Einführung einer Modellklausel in die Berufsgesetze" ermöglicht und etabliert wurden, existieren bislang an sieben deutschen Hochschulen (Räbiger, 2011). Die Akkreditierung erfolgt durch Akkreditierungsagenturen.

Die berufspolitische Aufstellung, als weiteres im Vergleich stehendes Element, erfolgte in den USA ab dem Jahr 1963 in einem Kammersystem und dem nationalen Dachverband, der American Physical Therapy Association. In jedem Bundesstaat existiert eine unabhängige Physiotherapie-Kammer, welche die obligatorische Lizenzierung der Physiotherapeuten und Physiotherapie-Assistenten über ein staatenspezifisches Berufsgesetz und entsprechende Zulassungsvoraussetzungen vornimmt. Die Erteilung der Lizenz erfolgt nach bestandener Prüfung des „National Physical Therapy Exams", welches von der Bundeskammer entwickelt und reguliert wird (www.FSBPT.org, 2012). Ziel der Organisation ist es die Ausbildung, Prüfungsrichtlinien und Berufsgesetze überregional einheitlich zu gestalten um somit die Gesundheit, Sicherheit und das Wohl der Gesellschaft gegenüber der Profession zu gewähren. In Deutschland entwickelten sich über die Jahre mehrere Berufsverbände als eingetragene Vereine, was im Hinblick auf die Geschlossenheit der Berufsgruppe und damit die Durchsetzung avisierter Ziele eine eher negative Entwicklung nach sich ziehen kann (Jurgons, 2008; Schämann, 2005, Weber, 2008).

Die berufspolitischen Entwicklungen der Physiotherapie in beiden Ländern führten zu unterschiedlichen Stellungen im Gesundheitswesen zum heutigen Zeitpunkt. Der deutsche Physiotherapeut (be-)handelt zwar bezüglich der Auswahl seiner Therapiemethode autonom, ist aber aufgrund des Heilpraktikergesetzes (HeilprG) aus dem Jahr 1939 abhängig von der Verschreibung seiner Dienstleistung durch den Arzt. Der Arzt entscheidet demnach über Dauer, Anzahl und

Behandlungsart. Seit dem Jahr 2011 ist es jedoch im Rahmen eines Modellvorhabens des IFK (Bundesverband selbstständiger Physiotherapeuten e. V.) und der gesetzlichen Krankenkassse BIG direkt möglich, Frequenz und Dauer der Physiotherapie selbst zu bestimmen. Die Verschreibung der Physiotherapie (Krankengymnastik) fällt jedoch weiterhin in die Budgetierung der Ärzte. Das Gutachten des Sachverständigenrates im Gesundheitswesen „Kooperation und Verantwortung“ des Jahres 2007 befürwortet dahingehend eine Ablösung des arztzentrierten Systems der Gesundheitsversorgung im Rahmen neuer, interdisziplinärer Arbeitsformen (Steinecke, 2007). Vor dem Hintergrund der Loslösung des Heilpraktikergesetzes soll es zu einer Neuaufteilung der Arbeitsfelder und der Übertragung von mehr Verantwortung auf die nicht-ärztlichen Therapieberufe kommen. Damit sollen Versorgungsdefizite beseitigt und die Verbesserung von Qualität und Wirtschaftlichkeit erreicht werden. Auf europäischer und internationaler Ebene praktizieren Physiotherapeuten bereits ohne ärztliches Rezept, wobei gesagt werden muss, dass es in einigen Ländern Einschränkungen bezüglich bestimmter Behandlungsgebiete gibt (Guhse & Steiffert, 2007). In den USA wurde es im Jahr 1957 im amerikanischen Bundesstaat Nebraska das erste Mal gesetzlich ermöglicht, Patienten ohne ärztliche Verordnung zu behandeln (www.apta.org; Moore, 2002).

> „The House adoption of the policy that physical therapy practice independent of practitioner referral is not unethical as long as it is legal lef to increasing numbers of state legislatively receiving the right to practice without the referral requirement“ (Moffat, 1996).

Ab diesem Zeitpunkt wurde es über die Jahre in weiteren Bundesstaaten möglich als „First Contact Practitioner“ legal zu arbeiten, wobei die politischen Entscheidungsprozesse in unterschiedlichen Zeiten stattfanden und Voraussetzungen und Auflagen diesbezüglich in den einzelnen Staaten immer noch variieren. Zum heutigen Zeitpunkt ist in 47 US-Bundesstaaten und Bezirken der so genannte „direct access” möglich. Die Föderation der nationalen Physiotherapiekammern (*FSBPT*) erarbeitete im Jahr 1996 ein Modell eines national einheitlichen Gesetzesentwurfes, der den einzelnen Kammern seit 1996 als Orientierung für ein einheitliches Berufsgesetz dient und an dem die einzelnen Berufsgesetzte erkennbar angelehnt sind (www.FSBPT.org).

Der Vergleich in Bezug auf berufsethische Elemente

Für den Vergleich der Physiotherapie in den USA und Deutschland wurden der geschichtliche Hintergrund des Berufes, die Entwicklung der Ausbildungssituation, die repräsentative berufspolitische Organisation und der derzeitige Status ausgewählt, da diese Elemente zum einen alle mit ethischen Aspekten in Zusammenhang gebracht werden können und zum anderen alle im Kontext mit Professionalisierung diskutiert werden. Das Fehlen einer eigenen Berufsethik der Physiotherapie in Deutschland kann als weiterer großer Unterschied zu der Entwicklung des Berufsstandes in den USA gesehen werden (Jurgons, 2008; Glodowski, 2009). Seit den Anfängen des Berufsstandes wurde ein Ethikkodex für die Mitglieder der APTA veröffentlicht, der stetig an den Professionalisierungsprozess der Physiotherapie angepasst wurde und den Anforderungen der Weltkonföderation entspricht (Holzknecht, 2004). Der Kodex besteht aus elf ethischen Prinzipien und einem ergänzendem Verhaltenskodex, der Handlungs- und Verhaltensfragen detailliert reflektiert. Durch die Verankerung des Kodex im bundeseinheitlichen Berufsgesetz der Kammern, erhält der Kodex einen juristischen Charakter. Das *Ethical and Judicial Comitee (EJC)* sorgt unter anderem für die jährliche Überprüfung und Anpassung des Kodex, die Abwicklung gemeldeter Verstöße gegen die ethischen Prinzipien und Standards und ist darüber hinaus für Entscheidungsprozesse bei Disziplinarverfahren verantwortlich, bei denen die Sanktionen von Mahnung bis Relegation reichen (www.apta.org). Ein vergleichbares Reglement existiert für die Physiotherapie in Deutschland nicht. Der ZVK veröffentlicht für seine Mitglieder eine Berufsordnung, die jedoch nur kaum als Ethikkodex verstanden werden kann. Revidiert wurde die Berufsordnung aus dem Jahr 1979 zwanzig Jahre später, Unterschiede zeigten sich in selbstbewussteren Formulierungen in Bezug auf die Fachkompetenz und den Umgang mit der Ärzteschaft (Anger, 2006). Die Ausrichtung auf die Perspektive der Patienten, die in den USA schon Mitte des 20. Jahrhunderts statt gefunden hat, fehlt (Purtilo, 2000; Holzknecht, 2004). Es wird darüber hinaus weder ein physiotherapiespezifischer Bezug zu ethischen Prinzipien noch allgemein auf ethische Grundgedanken hergestellt (Holzknecht, 2004). Jedoch wurden in den Jahren 2009 und 2012 unabhängige Ethikkommissionen gegründet, die nach internationalen ethischen und professionellen Standards physiotherapeutische Forschungsvorhaben prüfen und beurteilen und darüber hinaus bei ethischen Fragen beratend tätig werden können (Jurgons, 2012).

In den USA hat die Ethik in der Physiotherapie eine große Bedeutung, der Literaturbestand über Ethik in der Physiotherapie umfasst ethische Aufgaben, Verantwortungen und Pflichten von Physiotherapeuten, Modelle zur ethischen Entscheidungsfindung, die Identifikation ethischer Belange im Berufsleben und ethische Prinzipien wie Autonomie, Vertraulichkeit, Gerechtigkeit und Wahrheit (Swisher, 2002). Darüber hinaus erfährt in den USA die Diskussion über die Bedeutung der Ethik in der Ausbildung zudem großer Aufmerksamkeit:

> „[...] The study of the ethical components of physical therapy practice and the preparation of physical therapist students for their role as moral agents need to take a central position in physical therapy education“ (Triezenberg, 2000, S. 1).

In der fachschulischen Ausbildung in Deutschland ist das Fach „Ethik“ im Themenkomplex „Berufs-, Gesetzes- und Staatskunde“ als einer von zehn Unterpunkten verankert, welches für 40 Unterrichtsstunden vorgesehen ist (PhysTh-APrV).

In Deutschland existieren zuweilen wenige, der Thematik entsprechende, deutsprachige Lehrbücher, Konzepte oder Modelle, welche die Auseinandersetzung mit ethischen Aspekten speziell in der Physiotherapieausbildung aufzeigen, obwohl in Fachartikeln, die sich mit dem Thema Professionalisierung, professionellem Handeln und Physiotherapie befassen, immer wieder erwähnt wird, dass eine Berufsethik bzw. ein Ethikkodex notwendig und wichtig für die Weiterentwicklung der Physiotherapie in Deutschland sind. Dezente Bestrebungen hinsichtlich der vermehrten Auseinandersetzung mit dem Thema Ethik werden allein durch einen Anstieg entsprechender Forschungsarbeiten, Fachartikel, Tagungen und forschungsethische Institutionen erkennbar.

Wird die Berufsethik im Zusammenhang mit beruflicher Autonomie diskutiert, wird deutlich, dass die Verantwortung in Bezug auf die instrumentelle und sozial-moralische Kompetenz im alltäglichen Berufshandeln und Entscheiden steigt. Der Status des „First Contact Practitioners“ birgt neben der Unabhängigkeit von der Ärzteschaft ein hohes Maß an Verantwortung gegenüber dem Patienten, der Gesellschaft, dem interdisziplinären Team und dem Therapeuten selbst.Neben den berufspolitischen Grundlagen stellt das Vertrauen der Gesellschaft in die Profession eine wesentliche Voraussetzung für autonomes Handeln dar.

> „We can no longer say, ‚The doctor told me to do that‘. Now we are truly responsible for our actions“ (Iglarsh & Kirsch, 2006).

> „As physical therapists assume a more autonomous role in health care delivery, ethical judgments will play an increasingly important role in the gamut of clinical decisions a physical therapist will have to make“ (Magistro, 1989).

> „Along with autonomous practice comes the obligation to practice ethically“ (Wharton in Dalton[1], 2005).

Das Handeln und Entscheiden muss transparent an ethischen Prinzipien orientiert sein (Willimczik et al, 2009), denn mit steigender beruflicher Autonomie können auch die nichtmoralischen Anreize eines Berufes steigen (Fischer, 2005).

---

1 Bei dieser Quelle handelt es sich um ein Interview in dem Mary Ann Wharton sich dementsprechend äußerte.

Diskussion

Die Bedeutung der Ethik im Professionalisierungsprozess der US-amerikanischen Physiotherapie ist daran zu erkennen, dass sie in der Geschichte der Profession, in der Ausbildung, hinsichtlich der Handlungsautonomie und innerhalb der berufspolitischen Organisation, Ausgangspunkt gewesen ist, im Verlauf große Aufmerksamkeit erreicht hat und zum Teil dazu geführt haben mag, die Entwicklung des Berufes voran zu treiben (Jurgons, 2008).

Werden sich Physiotherapeuten in Deutschland im Zuge steigender beruflicher Autonomie dessen nicht bewusst, kann es zu qualitativen Therapieeinbußen und somit zu einem Misstrauen der Gesellschaft gegenüber den Leistungserbringern kommen. Um den Professionalisierungsprozess der Physiotherapie in Deutschland weiter fortzuführen, bedarf es neben einer klaren und einflussreichen berufspolitischen Struktur einer Bewusstseinsbildung über berufsethische Standards.

Sowohl die Physiotherapeuten in den USA als auch in Deutschland haben sich für den weiteren Professionalisierungsprozess Ziele gesetzt. Im Jahr 2020 sehen Dahl und Scherfer (2008) das Ausbildungsniveau flächendeckend auf Hochschulniveau (Bachelor), Doktorandenprogramme an Universitäten sind möglich, und Spezialisierungen auf Masterebene ermöglichen den Direktzugang. Der Zugang zum Beruf eines Physiotherapie-Assistenten soll ebenso ermöglicht werden, sodass Personen ohne höheren Schulabschluss der Zugang zum Berufsfeld nicht verschlossen ist (Dahl & Scherfer, 2008). Ein weiteres Ziel der Autoren stellt die Verkammerung der berufspolitischen Organe dar, die, über die Registrierung, Lizenzierung und Kontrolle der Berufsangehörigen hinaus, sich maßgeblich bei der Akkreditierung und Evaluation der Aus- und Fortbildungsprogramme beteiligt. Im Hinblick auf wünschenswerte, berufsethische Entwicklungen werden keinerlei Ziele gesetzt.

In der *Vision 2020* der APTA werden die Elemente Physiotherapeutische Autonomie, Direkter Zugang, der Doktorabschluss als Berufsqualifikation und lebenslanges Lernen, die evidenzbasierte Praxis, Fachspezialisierung und Professionalität thematisiert. Als weiteres Ziel wird die Entwicklung berufsethischer Prinzipien definiert:

> Physical therapists and physical therapy assistants consistently demonstrate core values by aspiring to and wisely applying principles of altruism, excellence, caring, ethics, respect, communication and accountability, and by working together with other professionals to achieve optimal health and wellness in individuals and communities (www.apta.org).

Es stellt sich die Frage, inwiefern ein Ethikkodex bzw. eine Berufsethik für alle Berufsangehörigen zur Gültigkeit kommen könnte ohne in eine berufspolitische

Struktur eingebettet zu sein. Die Veröffentlichung der Berufsordnung durch einen eingetragenen Verein als berufliche Vertretung erscheint in Bezug auf die Physiotherapie nicht sinnvoll, auch wenn beispielsweise der *ZVK e.V.* im Vergleich zu anderen Verbänden eine relativ hohe Mitgliederzahl aufweist. Die Verbände der Physiotherapie sind in Deutschland nicht in einem physiotherapiespezifischen Dachverband organisiert, wie es beispielsweise bei den US-amerikanischen Kollegen der Fall ist. In dem Ethikkodex derselbigen kann dahingehend die Aussage getroffen werden, dass die Berufsordnung für alle Physiotherapeuten Gültigkeit erlangt, da sie in dem Berufsgesetz der Kammern eingebettet ist. Für die Physiotherapie wäre momentan eine solche Forderung von vorneherein mit Problemen behaftet, da ein Interessenkonflikt mit der jeweiligen berufspolitischen Vertretung der Missachtung der Berufsordnung gleichkommen könnte.

Eine andere Möglichkeit wäre es, die Berufsordnung und somit den Ethikkodex im Rahmen der theoretischen und praktischen Ausbildung zu integrieren. Dies könnte eine gute Gelegenheit sein, ethisch-moralische Kompetenz und ethisches Reasoning zu fundieren und zu reflektieren. Des Weiteren würden die Erwartungen an angehende Physiotherapeuten verdeutlicht und die Bedeutung ethischer Prinzipien greifbar. Die Ausbildung bestimmender Faktoren ethisch-moralischen Verhaltens, also die Erziehung zu einem von Moralität geleiteten Charakter im Rahmen des Berufes, erscheint gerade am Berufsanfang sehr relevant, denn „ethische Argumentationen haben ihre größte Überzeugungskraft immer dann, wenn sie lediglich etwas ins Bewusstsein heben, das in der Praxis immer schon handlungsleitend ist, ohne doch begrifflich bewusst zu sein" (Fischer, 2005). Mit Abschluss des berufsqualifizierenden Studiums wäre es zudem denkbar einen Eid oder ein Gelöbnis leisten zu lassen, um dem Ethikkodex mehr moralische als rechtliche Bedeutung zukommen zu lassen.

Daraus ergibt sich jedoch die Frage, wie die Berufsordnung und der Ethikkodex für bereits ausgebildete und praktizierende Physiotherapeuten in Deutschland Gültigkeit erlangen soll. Eine Option wäre es, die Berufsordnung im Rahmen eines Qualitätsmanagementsystems für Physiotherapiepraxen und anderer Institutionen einzuführen. Hier ist jedoch noch nicht ersichtlich, wann und inwiefern ein berufsspezifisches Qualitätsmanagementsystem verbindlich umgesetzt werden muss und kann. Eine andere Chance wäre es, die Thematik in eine Fortbildung zu integrieren. Dabei könnte es sich um eine verpflichtende Maßnahme handeln, die Physiotherapeuten in Deutschland durchführen müssen, um beispielsweise den Status eines First-Contact-Practitioners zu erhalten, sowie es in den Niederlanden geschehen ist (Kooijam, 2010; Zalpour, 2008). Sicherlich würden hier kurzfristig nicht alle Berufsangehörigen erfasst, langfristig allerdings könnte dies eine viel versprechende Möglichkeit sein.

Wer ist jedoch im Endeffekt verantwortlich für eine adäquate, zeitgemäße Überarbeitung der Berufsordnung, die auf nationalen berufsspezifischen (tugend-) ethischen Prinzipien basiert? Betrachtet man den Professionalisierungsprozess in den USA als Vorbild, müsste die Auseinandersetzung mit Ethik von den berufsständischen Organisationen weiter eingeleitet und intensiviert fortgesetzt werden. Die gemeinsame Erarbeitung einer für alle in Deutschland praktizierenden Physiotherapeuten gültigen Berufsordnung und deren Veröffentlichung kann eine Chance für den Berufsstand sein, der schon oft bemängelten Zersplitterung der Berufsgruppe entgegen zu wirken und gemeinsame Ziele, die hier unabhängig von Verbandsinteressen sein sollten, zu verwirklichen. Zudem „[...] bleibt die Aufgabe, die Spezifika der Disziplin [...] zu bestimmen und daraus abzuleiten, welche ethischen Theorien und Prinzipien den Gegenständen der Disziplin angemessen sind und welche eher nicht. Das sind metaethische Aufgaben, die Angehörige der Disziplin selbst leisten können, ggf. unter Beratung durch Philosophen, Theologen und anderer in Ethik Ausgebildeter. Die Ergebnisse dieser Überlegungen müssen im Anschluss nicht nur politisch durchgesetzt, pädagogisch vermittelt und manageriell implementiert werden, sondern sind stets neu zu hinterfragen und zu modifizieren“ (Lay, 2004). Sowohl die Autorin diese Beitrags als auch Scheel (2013) setzten sich bereits mit der Erarbeitung eines Ethikkodex für die Physiotherapie auseinander.

Literatur

American Physical Therapy Association (APTA) (2012) Direct Access Map. URL: http://www.apta.org/StateIssues/DirectAccess/Overview/, Zugriff am 30.8.2012.

American Physical Therapy Association (APTA) (2012) Ethical and judicial committee. URL: http://www.apta.org/EJCOpinions/, Zugriff am 01.09.2012.

American Physical Therapy Assoication (APTA) Vision 2012. URL: www.apta.org/vision2012.org. Zugriff am 01.09.2012.

Anger, G. (2006) Berufsordnung. Herz der Physiotherapie. *Physiopraxis*, 3 (4), 10.

Ausbildungs- und Prüfungsverordnung für Physiotherapeuten (PhysTh-APrV) (1994). URL: https://www.physio-deutsch/land.de/fileadmin/data/bund/Dateien_oeffentlich/Beruf_und_Bildung/Ausbildung/Ausbildungs-_und_Prüfungsverordnung_für_Physiotherapeuten_vom_6.12.1994.pdf, Zugriff am 01.09.2012.

Baum, H. (1996). *Ethik sozialer Berufe*. Paderborn, München, Wien, Zürich: UTB-Verlag Schöningh.

Commision on Accredetation in Physical Therapy Education (CAPTE) (2012). About CAPTE. URL: http://www.capteonline.org/About/, Zugriff am 01.09. 2012.

Commission on Accreditation in Physical Therapy Education (CAPTE) (2011). Evaluative Criteria for Accreditation of education programs for the preparation of physical therapists. URL: http://www.capteonline.org/uploadedFiles/CAPTEorg/About_CAPTE/Resources/Accreditation_Handbook/EvaluativeCriteria_PT.pdf#search=%22Evaluative%20Criteria%20for%20Accreditation%20of%20education%20programs%20for%20the%20preparation%20of%20physical%20therapists%22, Zugriff am 04.10.2012.

Dahl, H. & Scherfer, E. (2008) Physiotherapie 2020- eine stolze, reflektierende Profession. Diskussionsbeitrag zu einem „Programm Professionalisierung". *pt_Zeitschrift für Physiotherapeuten*_60, 1043-1047.

Fischer, J. (2005) Die therapeutische Beziehung aus ethischer Sicht. In: W. Rössler, (Hrsg.), *Die therapeutische Beziehung* (pp. 13-37). Heidelberg: Springer Medizin Verlag

Federation State Board of Physical Therapie (FSBPT) (2012). FSBPT History. URL: https://www.fsbpt.org/AboutFSBPT/History/index.asp, Zugriff am 30. 8.2012.

Federation State Board of Physical Therapie (FSBPT) (2012). The model practice act. URL: https://www.fsbpt.org/RegulatoryTools/ModelPracticeAct/index.asp, Zugriff am 01.09.2012.

Dalton, A. (2005). Applying Ethics to real world Situations. *PT Magazine*, 13 (3) 40-48.

Gabard., D. (2003). *Physical Therapy Ethics*. Philadelphia: F. A. Davis Company.

Glodowski, A. (2009). *What enables American physical therapists to apply direct access compared to German physical therapists?* Bachelorarbeit, Hochschule Osnabrück.

Guhse, A. & Steiffert, D. (2007). Behandeln ohne Rezept? Neue Perspektiven im geltenden Physiotherapierecht. *pt – Zeitschrift für Physiotherapeuten*, 3, 248-257.

Hack, B.-M. (2004). *Ethik in der Ergotherapie*. Berlin, Heidelberg: Springer Verlag.

Höffe, O. (2008). *Lexikon der Ethik*. München: C. H. Beck oHG Verlag.

Holzknecht, J. (2004). *Ethik in der Physiotherapie. Eine Analyse bestehender internationaler und nationaler physiotherapeutischer ethischer Prinzipien.* Bachelorarbeit Hawk Hildesheim/Holzminden/Göttingen.

Iglarsh, A. & Kirsch, N. (2007). Ethical decision making to avoid disciplinary actions. *Federation Forum*, 22 (1) 6-7; 26-27.

Jurgons, S. (2008). *Die Bedeutung der Ethik im Professionalisierungsprozess der Physiotherapie ein Vergleich zwischen den USA und Deutschland.* Bachelorarbeit, Hochschule Osnabrück.

Jurgons, S. (2010). *Ein Ethikkodex für die Physiotherapie in Deutschland-Elemente und Prinzipien*. Masterarbeit, Alice-Salomon-Hochschule.

Jurgons, S. (2012). Ethikkommissionen für die Physiotherapie in Deutschland. ZVK e. V. gründet Institution an der Physio-Akademie zur Reflexion der Anwendung forschungsethischer Maßstäbe. *pt_Zeitschrift für Physiotherapeuten*.

Kooijman, M. (2010) Direct Access to Physiotherapie in the Netherlands: From the physiotherapists Perspective. Vortrag beim Forum Physiotherapie im Rahmen des Hauptstadtkongresses in Berlin 2010. Online: http://www.zvk.org/img/pdfs/HSK2010/HSK2010_Abstract_Kooijman.pdf, Zugriff am 28.5 2010.

Lay, R. (2004). *Ethik in der Pflege. Ein Lehrbuch für die Aus-, Fort- und Weiterbildung*. Hannover: Schlütersche Verlagsgesellschaft mbH & Co. KG.

Lindner, L. (1999). Lenziel „Guter Mensch"? Ethik in der Aus- und Fortbildung pflegerischer Berufe. In: B. Staedtler-Mach (1999), *Ethik im Gesundheitswesen*. Berlin, Heidelberg, New York: Springer Verlag.

Magistro, C. (1989). Clinical decision making in physical therapy: a practitioner's perspective. *Physical Therapy*, 69, 525-534.

Meißner, A. (2011). Physiotherapy education. Der Ausbildungsgang in den vereinigten Staaten von Amerika. *pt_Zeitschrift für Physiotherapeuten*, 63, 39-40.

Moffat, M. (1996). Three quarters of a century of healing the generations. In: Physical Therapy, 76, 1242-1252.

Moore, J. (2002). Direct Access under Medicare Part B: The time is now. *PT Magazine*, 10 (2).

Purtilo, R. (2000). A time to harvest, a time to sow: Ethics for a shifting landscape. *Physical Therapy*, 80, 1112-1119.

Räbiger, J. (2011). Primärqualifikation. Aktueller Stand der Studiengänge für Therapieberufe. *pt_Zeitschrift für Physiotherapeuten*, 63, 42-43.

Richter, M. & Zalpour, C. (2007). Der Status des First-contact Practitioners in Australien. *Pt Zeitschrift für Physiotherapeuten*, 02, 158-162.

Schämann, A. (2005). *Akademisierung und Professionalisierung der Physiotherapie: Der studentische Blick auf die Profession.* Doktorarbeit, Humboldt-Universität Berlin.

Scheel, K. (2013). *Modelle und Praxiskonzepte der Physiotherapie. Eine Verortung innerhalb von Anthropologie und Ethik*. Dissertation.

Schewior-Popp, S. (1994). *Krankengymnastik und Ergotherapie. Eine exemplarische Studie zur Entwicklung von Professionalisierungsprozessen und Ausbildung in den Berufen des Gesundheitswesens.* Idstein: Schulz-Kirchner Verlag.

Steinecke, U. (2007). Aufbruchstimmung in den Gesundheitsberufen. Sachverständigenrat erntet viel Lob. *Pt Zeitschrift für Physiotherapeuten*, 08, 788-789.

Swisher, L. (2002). A retrospective Analysis of Ethics Knowledge in Physical Therapy. *Physical Therapy*, 82, 692-706.

Triezenberg, T. (2000). Beyond the code of ethics: Educating physical therapists for their role as moral agents in Journal of physical therapy education. *Journal of Physical Therapy Education*, 14, 48-58.

Weber, C. (2009). Ein altes Image ablegen. Der Professionalisierungsprozess in der Physiotherapie-aus der Geschichte heraus betrachtet. Teil 2. *pt_Zeitschrift für Physiotherapeuten*, 61, 80-85.

Willimczik, K., Bollert, G. & Geuter, G. (2009). Bezugswissenschaften der Physiotherapie: Philosophie – Mutter aller Wissenschaften. *Physioscience*, 5 (1), 27-33.

Zalpour, C. (2008). Der First-Contact-Practitioner in Deutschland. Eine Frage der Qualität und Qualifikation. *pt_Zeitschrift für Physiotherapeuten*, 1, 105-111.

ZVK e. V. (2012). Studiengänge Physiotherapie. URL: https://www.physio-deutsch/land.de/fileadmin/data/bund/Dateien_oeffentlich/Beruf_und_Bildung/Studium/Studiengänge_Physiotherapie.pdf, Zugriff am 30.8.2012.

Zur Entwicklung von Ethik-Kommissionen für die therapeutischen Gesundheitsfachberufe – relevante Regularien, aktuelle Perspektiven und offene Fragen

Kathrin Reichel

Einleitung und Problemaufriss

Im Kontext der Akademisierung und Wissenschaftsentwicklung der therapeutischen Gesundheitsfachberufe in Deutschland[1] ist eine zunehmende Forschungstätigkeit aus diesen Disziplinen zu beobachten und weiter zu erwarten. Nicht zuletzt der Gesundheitsforschungsrat „begrüßt den Auf- und Ausbau von Forschung in den Gesundheitsfachberufen" (Ewers et al., 2012, S. 74) und benennt gleichzeitig entsprechenden Unterstützungsbedarf.

Ein besonderes ethisches Problemfeld bei Forschungsprojekten stellt aus der Perspektive der therapeutischen Gesundheitsfachberufe der forschungsethische Beratungs- bzw. Genehmigungsprozess dar[2]. Hier ergeben sich aus der rechtlichen Situation in Deutschland (im internationalen Vergleich) offene Fragen, die auch bei Forschungsprojekten mit Kindern alsbald praxisrelevant werden.

> „Bei der Forschung am Menschen werden Personen – häufig Patienten – zu Probanden in einem Projekt und damit instrumentalisiert, um Forschungserkenntnisse zu gewinnen. Menschenwürde, Integrität, Selbstbestimmungsrecht, Privatsphäre, Gesundheit, Wohlbefinden und Leben der Teilnehmer können davon betroffen sein. Um Probanden zu schützen und vor Schaden zu bewahren, ist es notwendig, dass die Bedingungen geregelt werden, unter denen in Deutschland Forschung am Menschen geleistet werden darf.
> Das ist bisher nur für die Forschung gesetzlich geregelt, die von Angehörigen medizinischer Fakultäten durchgeführt wird, wenn es sich um Forschung zu Medizinprodukten oder Arzneimitteln handelt oder um von Ärztinnen[3] durchgeführte Forschung am Menschen (Berufsordnung für Ärzte). Ein explizites Humanforschungsgesetz wie in anderen europäischen Ländern existiert hierzulande nicht." (Lenck, Reichel, Stubner, & Becker, 2012)

---

1 Hier sind im engeren Sinne konkret die Ergotherapie, Logopädie und die Physiotherapie gemeint.

2 Die folgenden Überlegungen gehen auf frühere Publikationen und Vorarbeiten zurück (vgl. hierzu Reichel, 2008a+b; Reichel, Marotzki & Schiller, 2009a+b). Sie wurden für diesen Beitrag aktualisiert und überarbeitet.

3 Alle femininen Personen- und Funktionsbezeichnungen beziehen sich auf Frauen und Männer in gleicher Weise.

Es stellt sich insgesamt die Frage, auf welcher Grundlage Forschungsprojekte der Gesundheitsfachberufe ethisch begutachtet und beraten werden können bzw. welche Standards die Gesundheitsfachberufe für ihre Forschungsprojekte zugrunde legen resp. entwickeln: Inwiefern kann an welche Vorgehensweisen anderer Disziplinen angeknüpft werden, und inwieweit gilt es, eigene Standards und Vorgehensweisen zu schaffen? Für den forschungsethischen Beratungs- und Begutachtungsprozess wird einerseits auf die „Selbstkontrolle" der Wissenschaft bzw. Scientific Community verwiesen, andererseits kann sie formal Aufgabe von Ethikgremien sein. Dies wirft die Frage auf, wie die Zusammenarbeit mit Ethik-Kommissionen bzw. die ethische Begutachtung und Beratung von Forschungsprojekten der therapeutischen Gesundheitsfachberufe in Deutschland zukünftig gestaltet werden soll.

In diesem Beitrag werden die aktuelle Situation und offene Fragen dargestellt und mögliche Perspektiven als Lösungsansätze diskutiert. Von der Warte der Gesundheitsfachberufe aus wird es darum gehen, in der Forschungspraxis zu den verschiedenen Fragen Position zu beziehen. Zunächst wird der Begriff der Ethik-Kommission abgegrenzt, anschließend werden die rechtlichen Rahmenbedingungen für Forschung in Deutschland benannt. Mögliche Grundlagen für die forschungsethische Begutachtung in den Gesundheitsfachberufen werden vorgeschlagen. Die Heterogenität forschungsethischer Regularien in ausgewählten Disziplinen und Beratungsgremien in Deutschland und im internationalen Vergleich wird anschließend kurz skizziert. Kritisch werden die Zusammenarbeit mit medizinischen Ethikkommissionen und offene Fragen diskutiert. Abschließend werden Perspektiven auf zukünftige Entwicklungen und Handlungsbedarf konstruktiv erwogen.

Begriffsklärung Ethikgremien: Ethik-Kommissionen, Ethik-Komitees und Ethik-Foren: Was sind Ethik-Kommissionen?

Wenn es um die ethische Begutachtung und Beratung von Forschungsprojekten geht, wird in Deutschland i.d.R. von „Ethik-Kommissionen" gesprochen. Allerdings existiert eine Vielzahl weiterer Ethik-Gremien, die sich hinsichtlich ihrer Form, ihrer Aufgaben und ihrer Zusammensetzung nach vielfältig unterscheiden. Schnell & Heinritz (2006, S. 59ff.) erläutern die unterschiedlichen Institutionalisierungen von Ethik-Gremien: Sie unterscheiden (1) Ethik-Kommissionen und (2) Ethikkomitees bzw. Ethikforen. Dem kann noch die Institution eines (3) Ethikrates hinzugefügt werden:

(1) *Ethik-Kommissionen* sind in Deutschland zumeist im medizinischen Bereich auf gesetzlicher Grundlage für die *Begutachtung medizinischer Forschung* einberufen (Schnell & Heinritz, 2006, S. 59). Deren zustimmende Bewertung ist für Arzneimittelforschung gesetzlich vorgeschrieben, für andere Gebiete der biomedizinischen Forschung gilt deren Votum als Empfehlung für die Forschenden und rechtlich als nicht bindend.
(2) Als *Ethikkomitees bzw. Ethikforen* fassen Schnell & Heinritz relevante *Diskussionsforen für einen Versorgungsbereich* zusammen, die mit entsprechenden Vertretern besetzt sind (a.a.O.). Als Diskussionsforen erteilen Sie in der Regel kein Votum, sondern stellen sich dem Auftrag, in Versorgungsfragen den Austausch zu fördern und die ethische Haltung und Entscheidungsfindung in ethisch herausfordernden Situationen der Versorgungspraxis zu unterstützen.
(3) Als *Ethikrat* werden häufig Interessensverbände oder die Politik *beratende Gremien* bezeichnet, z.B. der „Deutsche Ethikrat", der sich als „nationales Forum des Dialogs über ethische Fragen in den Lebenswissenschaften" versteht (Nationaler Ethikrat, 2009). Seine Aufgaben bestehen darin, den interdisziplinären Diskurs von Naturwissenschaften, Medizin, Theologie und Philosophie, Sozial- und Rechtswissenschaften zu bündeln und zu ethischen Fragen neuer Entwicklungen auf dem Gebiet der Lebenswissenschaften sowie zu deren Folgen für Individuum und Gesellschaft Stellung zu nehmen.

Zur rechtlichen Situation: Grundlagen der Beratung und Begutachtung

Ein Gesetz, das die Forschung am bzw. mit Menschen umfassend regelt, ein sog. „Humanforschungsgesetz"[4], besteht in Deutschland nicht. Im Unterschied dazu gelten im internationalen Vergleich zumeist Richtlinien auf gesetzlicher Grundlage disziplinunabhängig für jegliche Forschung am Menschen, bspw. in Schweden, Großbritannien, den USA und Kanada (Reichel 2008, S. 52ff.). In der Schweiz steht aktuell ein „Humanforschungsgesetz" vor seiner Verabschiedung (Bundesamt für Gesundheit (BAG) der Schweizerischen Eidgenossenschaft,

4 Beispielweise können darin der Schutz der an Forschung teilnehmenden Personen verankert sein, die Anforderungen an die Forschung mit besonders verletzbaren Personen (wie z.B. Kindern, Schwangeren), die Vorgaben für Aufklärung und Einwilligung an einem Forschungsprojekt, die Weiterverwendung von biologischem Material und gesundheitsbezogenen Personendaten für die Forschung, sowie allgemein der Datenschutz in Zusammenhang mit Forschungsprojekten.

2012). Dies bringt mit sich, dass in o.g. Ländern Forschung mit Menschen generell durch regionale und institutionelle Ethik-Kommissionen genehmigungspflichtig ist. Nichtsdestoweniger existieren auch in Deutschland gesetzliche Vorgaben, die die Rahmenbedingungen und den Handlungsspielraum für die Forschung am Menschen bestimmen: Beispielsweise im Grundgesetz (GG), im Bundesdatenschutzgesetz (BDSG) und im Strafgesetzbuch (StGB).

Grundgesetz

In Artikel 5, Absatz 3 des Grundgesetzes (GG) der Bundesrepublik Deutschland ist die Freiheit der Forschung festgeschrieben: „Kunst und Wissenschaft, Forschung und Lehre sind frei. Die Freiheit der Lehre entbindet nicht von der Treue zur Verfassung." Dieses Freiheitsrecht steht jedem zu, der wissenschaftlich tätig ist oder tätig werden will, und gewährleistet insbesondere Freiheit von staatlicher Einmischung, ist aber dann beschränkt, wenn Rechtsgüter Dritter tangiert werden.

Ebenso sind Menschenwürde und Menschenrechte im GG geregelt. Diese gelten für jeden Menschen, betreffen also alle an der Forschung beteiligten Personen. Menschenwürde und Menschenrechte gehören zum Kern forschungsethischer Prinzipien und sind für Deutschland gesetzlich konkret formuliert:

- Das Recht auf freie Entfaltung der Persönlichkeit (GG, Artikel 2)
- Das Recht auf Leben und körperliche Unversehrtheit (GG, Artikel 2)
- Das Recht auf gleichberechtigte Behandlung (GG, Artikel 3)
- Das Recht auf freie Meinungsäußerung (GG, Artikel 5)
- Das Recht auf Unverletzlichkeit der Wohnung (GG, Artikel 13)
- Das Recht auf Freiheit und Sicherheit (Menschenrechtskonvention, Artikel 5)

Auch Forschungsvorhaben der Gesundheitsberufe haben diese Rechte zu achten, z.B. die körperliche Unversehrtheit, wenn es um körperlich manipulierende oder invasive Verfahren geht, oder die Unverletzlichkeit der Wohnung, wenn es um Forschungsfragen geht, die das häusliche Umfeld betreffen oder dort stattfinden.

Bundesdatenschutzgesetz

Bei Forschungsvorhaben ist außerdem für den Prozess der Datenerhebung und -verarbeitung das Bundesdatenschutzgesetz (BDSG) von zentraler Bedeutung. In §1 des BDSG sind Zweck und Anwendungsbereich des Gesetzes geregelt:

(1) Zweck dieses Gesetzes ist es, den einzelnen davor zu schützen, dass er durch den Umgang mit seinen personenbezogenen Daten in seinem Persönlichkeitsrecht beeinträchtigt wird.

Die rechtlichen Rahmenbedingen für Forschung am Menschen betreffend sind einzelne Punkte besonders relevant. Im BDSG wird u.a. geregelt:

§ 4 Zulässigkeit der Datenerhebung, -verarbeitung und -nutzung
§ 4a Einwilligung
§ 5 Datengeheimnis
§ 14 Datenspeicherung, -veränderung und -nutzung
§ 40 Verarbeitung und Nutzung personenbezogener Daten durch Forschungseinrichtungen

Für alle Forschungsvorhaben, die Daten von Menschen erheben, verarbeiten und nutzen, gilt es, diese entsprechend zu schützen, d.h. je nachdem müssen z.B. die teilnehmenden Personen der Datennutzung zustimmen, personenbezogene Daten müssen besonders gesichert und unzugänglich aufbewahrt und archiviert werden.

Strafgesetzbuch

Zusätzlich gilt für die Gesundheitsfachberufe und bestimmte, andere Berufsgruppen aufgrund ihres Berufes, die sog. „Schweigepflicht", d.h. § 203 des Strafgesetzbuches (StGB): Verletzung von Privatgeheimnissen. Die darin festgeschriebene Verschwiegenheitspflicht im engeren Sinn ist die rechtliche Verpflichtung bestimmter Berufsgruppen, ihnen anvertraute Geheimnisse nicht an Dritte weiterzugeben. Dies gilt auch im Rahmen von Forschung, wie auch weitere Paragrafen des StGB im „Fünfzehnten Abschnitt: Verletzung des persönlichen Lebens- und Geheimbereichs":

§ 201 Verletzung der Vertraulichkeit des Wortes
§ 201a Verletzung des höchstpersönlichen Lebensbereichs durch Bildaufnahmen
§ 202 Verletzung des Briefgeheimnisses: Ausspähen von Daten, Abfangen von Daten, Vorbereiten des Ausspähens und Abfangens von Daten
§ 203 Verletzung von Privatgeheimnissen
§ 204 Verwertung fremder Geheimnisse

Für die Gesundheitsfachberufe bedeutet dies, dass Ihnen in ihrer besonderen Rolle anvertraute Informationen besonders geschützt sind, nicht ohne Einverständnis der Betroffenen für Forschung verwendet werden können, und dies strafrechtlich sanktioniert wird.

Berufsordnungen der Ärztekammern

In den jeweiligen Landes-Berufsordnungen für Ärztinnen und Ärzte ist geregelt, dass die Berufsangehörigen, die sich an einem Forschungsvorhaben beteiligen, vor dessen Durchführung eine Beratung durch eine Ethik-Kommission sicherstellen müssen (vgl. z.B. Berufsordnung der Ärztekammer Niedersachsen, 2005). In der ärztlichen Berufsordnung wird zumeist auf die ethischen Grundsätze für Forschung der Deklaration von Helsinki des Weltärztebundes verwiesen (vgl. Kapitel 1 in diesem Band). Darin wird für geplante Forschungsprojekte vor deren Durchführung eine von dem Forscher, dem Sponsor und von jeder anderen unzulässigen Beeinflussung unabhängige Beratung durch eine Forschungsethik-Kommission gefordert. Das Votum einer Ethik-Kommissionist in Deutschland allerdings rechtlich nicht bindend (ausgenommen Arzneimittelstudien), sondern gilt als Empfehlung für den Forscher bzw. die Forscherin. In der Regel wird davon ausgegangen, dass in der Praxis den Empfehlungen gefolgt wird, die Durchführung einer Studie entsprechend dem genehmigten Protokoll allerdings von Seiten der Ethik-Kommissionen nicht überprüft.

Anderweitige gesetzliche Vorgaben

Die Bestimmungen des Arzneimittel-, des Medizinprodukte- und des Transfusionsgesetzes, der Röntgen- und Strahlenschutzverordnung bestimmen gesetzlich zusätzlich die entsprechende Forschung mit Arzneimitteln, Medizinprodukten oder Transfusionen und den Umgang mit Röntgen oder anderen Strahlen. Allerdings tangieren diese wahrscheinlich nur in Ausnahmefällen Forschungsvorhaben der therapeutischen Gesundheitsfachberufe. Folgende Gesetze und Verordnungen sind in diesem Zusammenhang zu nennen.

- Arzneimittelgesetz (AMG)
- Verordnung über die Anwendung der Guten Klinischen Praxis bei der Durchführung von Klinischen Prüfungen mit Arzneimitteln zur Anwendung beim Menschen (GCP-Verordnung)
- Medizinproduktegesetz (MPG)
- Embryonenschutzgesetz (ESchG)
- Gentechnikgesetz (GenTG)
- Transfusionsgesetz
- Transplantationsgesetz (TPG)
- Strahlenschutzverordnung (StrlSchV)
- Röntgenverordnung (RöV)

Wenn in Deutschland Angehörige der therapeutischen Gesundheitsfachberufe forschen, finden sich zusammenfassend im Grundgesetz, im Bundesdatenschutzgesetz und im Strafgesetzbuch gesetzliche Grundlagen, im Einzelfall in weiteren Gesetzen (s.o.). In der Konsequenz bedeutet dies einen besonderen Schutz der teilnehmenden Personengruppen, was insbesondere den Datenschutz betrifft und die besondere Verschwiegenheitsverpflichtung als Angehörige der Gesundheitsberufe. Eine Verpflichtung zur ethischen Beratung oder Genehmigung von Forschungsprojekten durch eine Ethik-Kommission besteht aus rechtlicher Sicht nicht.

Weitererelevante Grundlagen für die ethische Begutachtung für Forschung der Gesundheitsfachberufe

Neben gesetzlichen Vorgaben für Forschung am Menschen sind verschiedene Dokumente als Ethik-Kodex oder Empfehlungen relevant und für die forschungsethische Beratung und Begutachtung zu berücksichtigen.

Nürnberger Kodex und Deklaration von Helsinki

Weltweit gültig und für die medizinische Forschung bedeutsam ist die Deklaration von Helsinki der „World Medical Association“ WMA in der jeweils aktuellen Fassung (WMA, 2012), die die Bedingungen für die Durchführung medizinischer Forschung international maßgeblich beeinflusst hat. Das Dokument ist eine Neufassung des „International Code of Medical Ethics“, der 1948 von der Generalversammlung der WMA angenommen wurde. Dieser basierte auf dem so genannten Nürnberger Kodex, der im Schlussurteil der Nürnberger Ärzteprozesse 1947 in zehn Grundsätzen die Bedingungen festlegte, unter denen medizinische Experimente am Menschen erlaubt sind (Wiesing, 2004, S. 130ff.). Darin wird v.a. die freiwillige Zustimmung der Versuchspersonen zu medizinischen Versuchen betont. Die Helsinki-Deklaration bezieht sich im engeren Sinne auf medizinische Forschung, sinngemäß könnte die Deklaration aber ebenfalls auch auf Forschungsprojekte der therapeutischen Gesundheitsfachberufe bezogen werden. Ihre Aussagen wären im Einzelnen dann zu diskutieren und entsprechende Ergänzungen und Änderungen mit Blick auf die spezifischen Erkenntnisgegenstände, methodischen Notwendigkeiten, Handlungsbedarfe und Herausforderungen der therapeutischen Gesundheitsfachberufe zu entwickeln.

Empfehlungen der DFG für gute wissenschaftliche Praxis

Die Deutsche Forschungsgemeinschaft (DFG) versteht sich als zentrale Förderorganisation für die Forschung in Deutschland. Für die Inanspruchnahme von Mitteln der DFG sind die „Grundsätze zur Sicherung guter wissenschaftlicher Praxis" der DFG einzuhalten (DFG, 2012a). Diese Grundsätze sind in 16 Empfehlungen mit Erläuterungen formuliert und fallen eher in den Bereich eines wissenschaftsethischen als eines im engeren Sinne forschungsethischen Kodexes. Mit anderen Worten: Sie betreffen in erster Linie den Umgang der Forschenden und Wissenschaftler untereinander und weniger den Schutz der Forschungsteilnehmer. Zusätzlich weist die DFG allerdings im Rahmen der Antragstellung darauf hin: „Sind im Antrag Versuche am Menschen oder an vom Menschen entnommenem Material geplant, so bedarf es in aller Regel einer dem Antrag beigelegten Stellungnahme der zuständigen Ethikkommission." (DFG, 2012b). Die DFG koppelt also ihre Förderung an die ethische Beratung einer Ethikkommission. Welche „zuständigen Ethikkommission" für die Gesundheitsfachberufe gemeint ist, ist z.Zt. noch unklar, da keine formale Zuständigkeit besteht. In Frage kommen bisher die medizinischen Ethik-Kommissionen der Landesärztekammern bzw. an medizinischen Fakultäten der Universitäten, in anderen Fällen empfiehlt die DFG auch die Ethikkommission der deutschen Gesellschaft für Psychologie (DGPs 2013). Aber auch andere Ethikkommissionen aus den Disziplinen wären denkbar (s. Abschnitt *Forschungsethische Beratungsgremien für die therapeutischen Gesundheitsfachberufe in Deutschland*).

Guidelines for Good Clinical Practice (GCP)

Die Richtlinien für gute klinische Praxis bzw. „Good Clinical Practice" (GCP) für klinische Studien wurden ursprünglich in Zusammenhang mit medizinischer bzw. pharmakologischer Forschung entwickelt. Verschiedene internationale Organisationen haben sog. „GCP-Guidelines" in unterschiedlicher Form formuliert, z.B.

- 1995 die „Weltgesundheitsorganisation" (WHO): „Guidelinesfor Good Clinical Practice for Trials on Pharmaceutical Products"
- 1996 die „International Conference on Harmonisation of Technical Requirements for Registration of Pharmaceuticals for Human Use" (ICH): „Guideline on Good Clinical Practice" (ICH, 2012).

Für eine einheitliche Genehmigungspflicht für klinische Studien, wurden Europäische Richtlinien und in der Folge auch eine deutsche GCP-Verordnung in nationales Recht umgesetzt. Diese beschränkt sich allerdings auf klinische Prüfungen mit Arzneimitteln. Die GCP-Richtlinien beziehen sich zwar auf die Grundsätze der Deklaration von Helsinki (s.o.), sind aber deutlich umfangreicher und detaillierter auf die konkrete Durchführung, Dokumentation und Berichterstattung von Forschungsprojekten bezogen. Die Richtlinien umfassen z.B. Vorgaben für die Einverständniserklärung der Forschungsteilnehmenden sowie die Anonymisierung und Codierung der Daten und schreiben die Genehmigung des Forschungsvorhabens durch eine unabhängige Ethik-Kommission („Institutional Review Board“) vor.

Auch die WHO weist in ihrem „Handbook for Good Clinical Research Practice“ ausdrücklich darauf hin, dass die Prinzipien der GCP allgemein auf Forschung am Menschen anzuwenden seien (WHO, 2002): „To the extent possible, the principles of GCP should generally apply to all clinical research involving human subjects, and not just research involving pharmaceutical or other medical products.“ Die WHO empfiehlt, die GCP-Prinzipien bei allen Studientypen zu berücksichtigen und wo immer möglich für die Durchführung von Studien am Menschen anzuwenden, insbesondere bei folgenden Studien (a.a.O.):

- Studien an gesunden Menschen oder Patienten, die einen physiologischen, biochemischen oder pathologischen Prozess oder die Reaktion auf eine Intervention untersuchen
- Studien diagnostischer, präventiver oder therapeutischer Maßnahmen an Einzelpersonen oder Gruppen
- Studien, die gesundheitsbezogenes Verhalten unter verschiedenen Umständen untersuchen
- Studien, die Beobachtung, oder physische, chemische oder psychologische Interventionen einsetzen. Durch solche Studien entstehen Dokumentationen oder sie nutzen bestehende Dokumentation, die biomedizinische oder andere Informationen über Personen enthalten, die darüber identifizierbar sein können.

Insofern ist eine Einhaltung der GCP-Guidelines als internationaler Standard (für pharmakologische bzw. klinische Forschung) auch für die Durchführung von Studien aus den Feldern der Gesundheitsfachberufe zu diskutieren.

Berufsspezifische Ethik-Kodizes

Aus einer vergleichenden Analyse der Ethik-Kodex-Dokumente der Berufsverbände für die therapeutischen Gesundheitsfachberufe ergibt sich hinsichtlich forschungsethischer Standards ein heterogenes Bild[5]: Nicht durchgängig werden in diesen Dokumenten auch forschungsethische Standards und Prinzipien ausdrücklich benannt. In der Berufsordnung des Bundesverbandes der Logopädinnen dbl (1998) sind forschungsethische Aspekte zu finden. Diese betreffen die „Planung eines Forschungsvorhabens“, die „Durchführung“, den „Schutz der Versuchspersonen“ und einen möglichen „Abbruch des Experiments“. Für die deutsche Ergotherapie wird im „Ethikkodex und Standards zur beruflichen Praxis der Ergotherapie“ des Deutschen Verbandes der Ergotherapeuten (DVE) hinsichtlich Forschung auf die „Bestimmungen der Gesundheitsgesetze“ verwiesen (DVE, 2005, S. 12). In der Berufsordnung Physiotherapie des ZVK (1999, 2012) findet das Thema Forschung keine Erwähnung.

Auch im Ausland haben Berufsverbände dieser Gesundheitsfachberufe forschungsethische Prinzipien in sehr unterschiedlichem Maße in ihre ethischen Konsensdokumente integriert – dies erklärt sich möglicherweise dadurch, dass forschungsethische Richtlinien in den meisten Ländern nicht speziell für die Gesundheitsfachberufe bestehen, sondern *disziplinunabhängig* für Forschung am Menschen gesetzlich festgeschrieben sind (Reichel, 2009a).

Daraus könnte abgeleitet werden, dass eigentlich keine Notwendigkeit besteht, forschungsethische Richtlinien disziplinär zu entwickeln. Vielmehr kann demnach wohlbegründet der Standpunkt vertreten werden, dass ein Konsens über forschungsethische Standards *disziplinunabhängig* erreicht werden kann und nicht (nur) disziplinabhängig gefunden werden muss. Auch vor dem Hintergrund der Forderung nach zunehmender Interdisziplinarität der Wissenschaften erscheint diese Perspektive sinnvoll. Gleichwohl bestehen die Anforderungen an die Gesundheitsfachberufe, jeweils für sich zu prüfen, an welche Vorgaben sie aus ihrer fachlichen Perspektive anschließen können und wollen, z.B. inwiefern sich die Aussagen der Deklaration von Helsinki (als medizinethisches Dokument) auf die Gesundheitsfachberufe beziehen lassen.

Zusammenfassend fehlen jedoch in Deutschland für Lehrende, Studierende und Forschende dementsprechend ein Überblick sowie auch eine Handreichung dazu, welche ethischen Standards für Forschung in den therapeutischen Gesundheitsfachberufen hierzulande herangezogen werden können. Ebenso offen und zu diskutieren ist die Frage, ob oder in welchen Fällen eine Beratung durch eine Ethik-Kommissionin Anspruch genommen werden sollte.

5 Für eine detailliertere, exemplarische Analyse und Übersicht für die Ergotherapie im Vergleich zu anderen Disziplinen in Deutschland und ergotherapeutischen Berufsverbänden im Ausland sei verwiesen auf Reichel et al., 2009a+b.

Forschungsethische Beratungsgremien in ausgewählten Disziplinen in Deutschland und im internationalen Vergleich

Zur Prüfung medizinischer Forschungsvorhaben am Menschen bestehen in Deutschland gesetzlich legitimierte regionale und institutionell zuständige medizinische Ethik-Kommissionen an den medizinischen Fakultäten der Universitätskliniken und den Ärztekammern der Bundesländer. Sie dienen als Beratungs-, Schutz- und Genehmigungsbehörde für Forschung von Ärztinnen und Ärzten und sind insofern auch rechtlich verankert[6]. Allerdings stellt sich seit einigen Jahren auch für andere Berufsgruppen, die ebenfalls mit Menschen forschen, wie z.B. Pflegewissenschaftlern, Psychologen und Soziologen, die Frage, wie und in welcher Form forschungsethische Beratung und Begutachtung entsprechender Projekte zu gewährleisten und zu leisten ist. Der bundesdeutsche „Arbeitskreis medizinischer Ethik-Kommissionen" hat die Empfehlung ausgesprochen, die medizinischen Ethik-Kommissionen für Anträge von Pflegewissenschaftler/innen und Angehörige anderer Disziplinen zu öffnen (Gerhards, Burchardi, Hilgers & Erichsen, 1999, S. 229). Einige medizinische Ethik-Kommissionen haben sich dementsprechend auch nicht-medizinischen Antragstellern geöffnet, insbesondere wenn diese der jeweiligen Universität, nicht aber deren medizinischer Fakultät angehören (Arbeitskreis medizinischer Ethik-Kommissionen, 2004).

Wenn der Frage nachgegangen werden soll, wie die Zusammenarbeit mit Ethik-Kommissionen bzw. die forschungsethische Begutachtung und Beratung in den therapeutischen Gesundheitsfachberufen in Deutschland zukünftig gestaltet werden soll, liegt es nahe, die Praxis und den „state of the art" in anderen (nicht-ärztlichen) Disziplinen in den Blick zu nehmen, die ebenfalls am Menschen forschen.

Forschungsethische Beratungsgremien für pflegewissenschaftliche Forschung

Hinsichtlich der Zusammenarbeit mit Ethik-Kommissionen ist in diesem Zusammenhang die Entwicklung im Bereich der Pflegeforschung in Deutschland von Interesse: Angeregt durch den Ethik-Antrag einer pflegerischen Studie am Universitätsklinikum Göttingen an die dortige medizinische Ethik-Kommission bearbeitete der bundesdeutsche „Arbeitskreis medizinischer Ethik-Kommissionen"

6 Das zustimmende Votum einer Ethikkommission gilt allerdings nur für Arzneimittelforschung als rechtliche Genehmigung, für alle anderen Gebieten der medizinischen Forschung hat ihr Votum rechtlich nicht bindenden Empfehlungscharakter (Doppelfeld, 2009).

das Thema, wie mit Ethik-Anträgen von Nicht-Medizinern umgegangen werden solle. Daraufhin haben sich einige Ethik-Kommissionen auch Anträgen von Pflegewissenschaftlern und Angehörigen anderer Disziplinen geöffnet (s.o., Bsp. Charitè-Universitätsmedizin Berlin, 2012).

Außerdem hat sich 1989 die „Deutsche Gesellschaft für Pflegewissenschaft und -forschung" (DGP) gegründet. Diese arbeitet in unterschiedlichen Sektionen und unterhält auch eine Sektion Ethik (Ethik-Kommission in der DGP). Diese Sektion setzte sich verstärkt mit Fragen der ethischen Begutachtung von Pflegeforschung auseinander und führte eine Befragung von Pflegeforschenden zum Thema durch: „Dabei wurde deutlich, dass zwar die Sensibilität für ethische Aspekte in der Pflegeforschung vorhanden ist, dass aber Instanzen für formale Begutachtungsverfahren kaum zur Verfügung stehen und medizinische Ethikkommissionen nicht für jedes Projekt in der Pflegeforschung zugänglich oder geeignet sind" fassen Großklaus-Seidel und Mayer die Ergebnisse zusammen (Großklaus-Seidel & Mayer, 2004). In diesem Zusammenhang gründete das Institut für Pflegewissenschaft der Universität Witten/Herdecke 2000 eine eigene Ethik-Kommission, die 2005 in der „Ethikkommission-DG-Pflegewissenschaft" aufging und deren Arbeit fortsetzt (a.a.O., Deutsche Gesellschaft für Pflegewissenschaft, 2012).

Forschungsethische Beratungsgremien für psychologische, erziehungswissenschaftliche und soziologische Forschung in D

Die Berufsverbände und wissenschaftlichen Gesellschaften für **Psychologie**, **Erziehungswissenschaften** und Soziologie haben in den 1990er-Jahren jeweils Ethik-Kodizes bzw. ethische Richtlinien verabschiedet (DGPs und BDP, 1998; DGfE, 2010; DGS und BDS, 1992). Diese Dokumente beinhalten sowohl wissenschafts- als auch forschungsethische Prinzipien, d.h. sowohl Grundsätze guter wissenschaftlicher Praxis als auch Prinzipien für den Umgang mit Menschen im Forschungsprozess.

Ethik-Kommissionen für die ausschließliche Begutachtung von Forschungsvorhaben auf gesetzlicher Grundlage wie im ärztlichen Bereich sind bisher in keiner Disziplin vorgesehen. Allerdings hält die Deutsche Gesellschaft für Psychologie (DGPS) wie bereits erwähnt eine Ethikkommission für psychologische Forschungsvorhaben vor, wenn Forschungsförderer dies verlangen (DGPs 2013). Für die Erziehungswissenschaften unterhält die Deutsche Gesellschaft für Erziehungswissenschaft (DGfE) einen Ethik-Rat, der den Vorstand und die Sektionen bzw. Kommissionen zu generellen und speziellen ethischen Fragen der Erziehungswissenschaft berät, bei formellen Beschwerden über ein Fehlverhalten die

Vorwürfe prüft und ggf. Anhörungen der Parteien durchführt (DGfE, 2010, § 6). Für Soziologen besteht eine Ethik-Kommission der DGS und der BDS. Damit ist an dieser Stelle allerdings nicht ein rechtsverbindliches Gremium gemeint, sondern vielmehr eine Einrichtung innerhalb der beiden Verbände, die allgemein (auch zu Forschungsfragen) beratend und auf konkrete Anzeige von ethischem Fehlverhalten ihrer Mitglieder sanktionierend tätig wird.

Forschungsethische Beratung durch Ethik-Kommissionen scheint allerdings auch für nicht-medizinische Hochschulen als Forschungseinrichtungen zunehmend bedeutsam zu werden: Bspw. hat die Universität Vechta mit Studiengängen für Soziale Arbeit, Gerontologie und für das Lehramt 2011 eine hochschuleigene Ethik-Kommission gegründet (Universität Vechta, 2011). Explizite Aufgabe dieser hochschuleigenen Kommission ist laut Satzung: „Die Ethik-Kommission der Universität Vechta prüft, berät und beurteilt ethische und rechtliche Aspekte von Forschungs- und Versuchsvorhaben der Mitglieder und Angehörigen der Universität Vechta.“ (ebd.). Ebenso besteht seit 2011 an der Alice Salomon Hochschule (ASH) Berlin für soziale Arbeit und Gesundheit eine hochschuleigene Ethik-Kommission (ASH, 2012).

Forschungsethische Beratungsgremien für die therapeutischen Gesundheitsfachberufe in Deutschland

An der ASH Berlin ist ebenfalls ein Studiengang Physiotherapie/Ergotherapie angesiedelt, insofern steht die o.g. Ethik-Kommission den Hochschulangehörigen dieser Professionen/Berufe und ggfls. auch entsprechenden externen Antragsteller/innen offen. Die Hochschule Idstein initiierte bereits 2009 in Zusammenhang mit der Einrichtung eines Masterstudiengangs Therapiewissenschaften eine hochschuleigene Ethik-Kommission (Hochschule Fresenius, 2009). Als Berufsverband ist der Deutsche Verband für Physiotherapie (ZVK) als Berufsverband initiativ geworden und hat das ihm assoziierte Bildungswerk „physio-akademie“ beauftragt, eine Ethik-Kommission für Physiotherapie zu gründen (physio-akademie, 2012).

Kritik an der Zusammenarbeit mit Ethik-Kommissionen

Das berufsrechtlich für Ärztinnen verbindliche Vorgehen, medizinische Forschungsvorhaben einer Ethik-Kommission für ein Votum vorzulegen, wird in Deutschland grundsätzlich nicht in Frage gestellt. Kritisch diskutiert werden aus der Ärzteschaft heraus allerdings Bestimmte **Spannungsfelder**, die sich aus der Zusammenarbeit mit Ethik-Kommissionen auftun:

- **Bürokratie im Verfahren versus beabsichtigter Qualitätskontrolle und -Steigerung:** Allgemein wird der Zusammenarbeit mit Ethik-Kommissionen der Vorwurf gemacht, Forschung durch ein bürokratisches Begutachtungs-Verfahren, Willkür und Auflagen eher zu behindern als zu unterstützen (z.B. Toellner, 1997, S. 117f.). Dem steht die beratende Aufgabe von Ethik-Kommissionen gegenüber, durch die Begutachtung und durch eventuelle Auflagen die Qualität der Forschungsprojekte anzuheben (a.a.O.).
- **Alibifunktion und Verantwortungsdelegation versus Eigenverantwortung und Gewissensstärkung**: Es wird bemängelt, Ethik-Kommissionen hätten „Alibi-Funktionen für den verantwortlichen Arzt und Forscher" (a.a.O.), d.h. die Forscherinnen und Forscher würden die Verantwortung für das Vorhaben damit an die Kommission deligieren. Toellner argumentiert dagegen, dass die sittliche und rechtliche Verantwortung immer beim Forscher selbst verbleibe. Ethik-Kommissionen seien vielmehr dazu geeignet, „das ärztliche Gewissen zu wecken, zu leiten und zu schärfen, aber auch es zu vergewissern und zu erleichtern" (a.a.O.).

Konkret lassen sich aus der **Verfahrensperspektive** hiesiger medizinischer Ethik-Kommissionen folgende Aspekte problematisieren und sind insbesondere für die therapeutischen Gesundheitsfachberufe kritisch zu prüfen, die bisher (noch) keinem weitergehenden und rechtsverbindlichen, ethischen Begutachtungsverfahren ihrer Forschungsvorhaben unterliegen:

- **Angewiesenheit auf Anträge der Forschenden:** An dem konkreten Begutachtungsverfahren durch Ethik-Kommissionen könnte bemängelt werden, dass diese auf Anträge der Forschenden angewiesen sind. Die Verantwortung für eine ethische Beratung liegt bei der das Projekt durchführenden Person, d.h. wenn eine Person ihre Tätigkeit nicht als Forschung, nicht als Experiment, sondern evtl. als Entwicklungs- oder Evaluationsmaßnahme sieht, wird sie keinen Antrag einreichen, das Vorhaben jedoch trotzdem durchführen.
- **Verlässlichkeit der Selbstauskunft:** Zusätzlich sind Ethik-Kommissionen auf eine zuverlässige Selbstauskunft der Beantragenden angewiesen. D.h. wie die Forschung dann tatsächlich durchgeführt wird, unterliegt meist nicht der Kontrolle der Kommissionen.
- **Soll-/Plan- statt/ohne Ist-/Ausführungs-Kontrolle:** Es kann kritisch bemängelt werden, dass ein Votum einer Ethik-Kommission, ausgehend von einem Projektplan, nicht ausreiche, sondern die Einhaltung dieses Plans auch überprüft werden müsse. Dies wird von manchen Ethik-Gremien geleistet, z.B. in

dem der Antragstellende nach Abschluss des Projektes die Aufforderung erhält zu bestätigen, dass der eingereichte Projektplan eingehalten wurde. Grundsätzlich bleibt in den üblichen Begutachtungsverfahren die Kommission von der Selbstauskunft der Forschenden abhängig. Dies entspricht allerdings dann sehr wohl dem reinen Beratungscharakter, den diese Gremien für sich beanspruchen.

- **Struktureller Beratungs- und Beurteilungsbias bzgl. des methodischen Forschungsvorgehens:** Aus der Perspektive von Pflegeforschenden wurde bemängelt, dass sich medizinische Ethik-Kommissionen eher am Vorgehen quantitativer Forschungsprojekte orientieren und deswegen qualitativ angelegter Pflegeforschung weniger gerecht würden (Großklaus-Seidel & Mayer, 2004, S. 690). Es wird in diesem Zusammenhang zudem angenommen, dass die Vorgehensweise von Ethik-Kommissionen qualitativen Forschungsprojekten selten gerecht werde, da qualitativen Forschungsmethoden immanent ist, dass sich die Methode während der Durchführung entwickelt bzw. abgeändert wird (zirkulärer Forschungsprozess). International gesehen ist es jedoch durchaus üblich, auch qualitative Studien durch ethische Gremien (sog. „Institutional Review Boards" (IRB) zu beraten bzw. prüfen zu lassen, z.B. in Großbritannien, Schweden, den USA und Kanada. D.h. der monierte Bias ist womöglich eher den Antragsvorgaben und der Besetzung des Gremiums geschuldet.
- **Disziplinäre Perspektive und Expertise:** Wenn medizinische Ethik-Kommissionen (bspw. an medizinischen Fakultäten) von den therapeutischen Gesundheitsfachberufen für forschungsethische Beratung in Anspruch genommen werden, so diese sich gemäß ihrer Satzung auch nicht-ärztlichen Antragstellenden öffnen oder die Antragstellenden der (medizinischen) Hochschule angehören – ist kritisch zu diskutieren, inwiefern diese vor dem Hintergrund ihrer Grundlagen und personellen Besetzung den Forschungsvorhaben aus den Gesundheitsfachberufen gerecht werden. Dieser Aspekt wurde im Rahmen einer zunehmenden Pflegforschung in Deutschland bspw. für die Pflegeforschung diskutiert. Als relevant wurde häufig die unzureichende Expertise medizinischer Ethikkommissionen für qualitative Forschungsvorhaben genannt (s.o., Großklaus-Seidel & Mayer, 2004). Als Lösung sehen manche Ethikkommissionen vor, weitere externe Gutachter für den Beratungsprozess hinzuzuziehen.

Zur Diskussion: Offene Fragen

Aus den vorangegangenen Ausführungen und unter Berücksichtigung der aktuellen Entwicklungen und Herausforderungen der therapeutischen Gesundheitsfachberufe wird als Problemstellung deutlich (Lenck et al., 2012):

> „...Die nicht existierende Regelung zur Forschung am Menschen durch therapeutische Gesundheitsfachberufe ist problematisch, da auch diese Art der Forschung aus ethisch-moralischen Gesichtspunkten das gesamte Spektrum ethischer Fragen und Problemlagen einer Forschung am und mit Menschen aufwirft ...
>
> Darüber hinaus erschwert das bestehende Desiderat an verbindlich geregelter ethischer Begutachtung von und Beratung für eigenständige Forschungsprojekte der Berufsgruppen Ergotherapie, Physiotherapie und Logopädie die internationale Anschlussfähigkeit. Denn im Rahmen einer Beteiligung an internationalen Forschungsprojekten oder bei der Veröffentlichung einer Studie in internationalen wissenschaftlichen Zeitschriften wird auch bereits auf der Ebene der jeweiligen Fachprofessionen i.d.R. die zusätzliche Vorlage des Ethik-Votums der zuständigen Ethik-Kommission eingefordert. Im nationalen Kontext erreicht die Forscherinnen diese Nachfrage bei der Akquise von Forschungsgeldern bspw. durch Stiftungen. In diesem Zusammenhang sind auch berufsständisch[7] oder hochschulspezifisch[8] organisierte Initiierung von Ethikkommissionen zu sehen. ...“

In der gegenwärtigen Situation stellt sich demnach zum einen die Frage, (1) *welche* Regularien für Forschungsprojekte in den Gesundheitsfachberufen gelten sollen und zum zweiten, (2) *in welcher Form* ethische Begutachtung und Beratung angeboten und in Anspruch genommen werden kann. Zur ersten Frage (1) ist zu diskutieren, welche Wertvorstellungen die Professionsangehörigen für den Umgang mit Forschungsteilnehmenden und die Durchführung von Forschungsprojekten als zentral erachten und wie interdisziplinär dann auf welche Prinzipien, Dokumente und Regularien anderer Disziplinen Bezug genommen werden kann. Was soll als passend und angemessen gelten? Der zentrale Zielpunkt forschungsethischer Fragestellungen, Beratung und Begutachtung ist und bleibt der Schutz der an der Forschung teilnehmenden Menschen. Dieser ist weniger disziplinspezifisch als transdiziplinär zu diskutieren.

Zur zweiten Frage (2) der Institutionalisierung ethischer Beratung und Begutachtung für die Gesundheitsfachberufe, ist als *eine* Lösungsmöglichkeit die Gründung von Ethik-Kommissionen für Forschungsprojekte mit Beratungsfunktion für die therapeutischen Gesundheitsfachberufe in Deutschland kritisch zu diskutieren (Lenck et al., 2012):

---

7 Wie etwa die jüngst vom ZVK initiierte Ethik-Kommission für Physiotherapie (ZVK e.V. Akademie, Newsletter, April 2012).

8 Beispiele geben die Hochschule Idstein (2012) und die Alice Salomon Hochschule Berlin (2012).

> „Vor diesem Hintergrund scheint es geboten, sich mit den Möglichkeiten der Implementierung einer Ethik-Kommission bzw. einem Netzwerk von Ethik-Kommissionen für Forschung mit und am Menschen für therapeutische Gesundheitsfachberufe auseinander zusetzen. Es scheint dabei ratsam, auf Erfahrungswerte anderer Berufsgruppen und Kommissionen in diesem Bereich zurückzugreifen.

Wesentliche Überlegungen und Argumente seien hier nochmals vergegenwärtigt:

- **Auftrag der Beratungs- und Begutachtungsinstanz:** Zur ethischen Beratung und Begutachtung von Forschung aus den therapeutischen Gesundheitsfachberufen braucht es auch in Deutschland Ethik-Kommissionen, die nach – möglicherweise noch zu entwickelnden oder anzupassenden – angemessenen Standards vorgehen. Dies verbessert die internationale Anschlussfähigkeit und unterstützt die Forschung qualitativ.
- **Ansiedlung von Ethik-Kommissionen auf Berufsverbandsebene:** Bei Ethik-Kommissionen, die mit Berufsverbänden assoziert sind (Bsp. Ethik-Kommission für physiotherapeutische Forschung des Deutschen Verbands für Physiotherapie (ZVK) bzw. der physioakademie), wäre kritisch zu diskutieren, dass die verschiedenen Berufsverbände in Deutschland durchaus in Konkurrenz zueinander stehen und ggfls. unterschiedliche Interessen ihrer Mitglieder vertreten. Die Unabhängigkeit eines solchen Gremiums und eine damit zusammenhängende Akzeptanz und Inanspruchnahme (seitens der Berufsangehörigen, der Forschungsförderer oder der Fachzeitschriften) wird sich zeigen.
- **Ansiedlung von Ethik-Kommissionen an Hochschulen:** Innerhalb von Hochschulstudiengängen oder Fachbereichen könnte ein bisher gesetzlich ausschließlich an universitären, medizinischen Fakultäten in Deutschland vorgesehenes Gremium ebenfalls beratende Funktion übernehmen, um die Qualität der Forschung an den Hochschulen sicherzustellen (Beispiel Hochschule Fresenius und ASH Berlin).
- **Zusammenarbeit mit bestehenden medizinischen Kommissionen:** Die Inanspruchnahme und Öffnung medizinischer Ethik-Kommissionen für Forschungsvorhaben der Gesundheitsfachberufe könnte kritisch diskutiert werden. Als Manko wird dabei z.Zt. gesehen, dass medizinische Ethik-Kommissionen aktuell nicht mit Angehörigen der therapeutischen Gesundheitsfachberufe besetzt sind und Zugang zu disziplinspezifischen Diskursen und Methoden haben. Dies wäre über zusätzliche, externe Gutachter oder zusätzliche Kommissionsmitglieder lösbar. Bei allen Möglichkeiten sollte die Erfahrung der Deutschen Gesellschaft für Pflegewissenschaft mit der Einrichtung einer Ethik-Kommission und der Bemühungen um eine Öffnung der medizinischen Ethik-Kommissionen für Pflegeforschung mit einbezogen werden, sowohl mit der Öffnung medizinischer Ethikkommissionen als auch mit der Gründung

und Unterhaltung einer disziplinspezifischen Ethikkommission für Pflegeforschung unter dem Dach der Deutschen Gesellschaft für Pflegeforschung (s.o.). Beide Initiativen scheinen für die Pflegeforschung in Deutschland zu „funktionieren“ und sich nicht auszuschließen.

- **Verfahrensregularien:** Gleichzeitig ist die Verpflichtung und Institutionalisierung ethischer Begutachtung unter o.g. Aspekten auch kritisch zu diskutieren, wenn diese Forschung eher behindert als fördert, z.B. weil die Beantragung kostenpflichtig ist, die Beantragung sehr umfangreich ist oder die Begutachtungszeiträume für Qualifikationsarbeiten als unangemessen empfunden werden[9].
- **Ressourcenausstattung:** Nicht ausgelassen werden sollen hier auch pragmatische Fragen der Ressourcen für derartige Gremien und einer angemessenen personellen Besetzung von Ethik-Kommissionen: Die Finanzierung von Ethik-Gremien wird häufig dadurch gelöst, dass diese an Institutionen, wie z.B. Hochschulen oder Ärztekammern, angegliedert sind und deren Räumlichkeiten und Ressourcen mit nutzen können und ggfls. Gebühren erheben, wenn angemessen. Die personelle Besetzung wird zum Teil darüber gewährleistet, dass es zu den festgeschrieben Pflichten z.B. von Hochschullehrenden zählt, u.a. in Ethik-Gremien mitzuarbeiten. Offen bleibt dabei die Frage, wie diese zu einer entsprechenden „ethischen“ Expertise gelangen.

Welche Lösungen die Beteiligten für etwaige ethische Beratungs- und Begutachtungsinstanzen wie bspw. eine Ethik-Kommissionen für die therapeutischen Gesundheitsfachberufe finden, wird die Zukunft zeigen. Dies sollte jedoch im Rahmen einer berufspolitischen Interessenvertretung und der Entwicklung von Studiengängen für die Gesundheitsfachberufe nicht dem Zufall überlassen werden.

---

9 Ist das Begutachtungsverfahren bspw. kostenpflichtig, ist davon auszugehen, dass im Rahmen von Bachelor-Projekten kaum genehmigungspflichtige Vorhaben durchgeführt werden bzw. versucht wird, die Forschungsprojekte ggfls. innerhalb laufender Forschungsprojekte anzusiedeln, die bereits genehmigt sind oder Literaturarbeiten bevorzugt werden. Bspw. hat laut Taylor, (2007, Preface) die Einführung der Prüfung durch Ethik-Gremien in Großbritannien dazu geführt, dass auf Bachelorebene weniger empirische Qualifikationsarbeiten, sondern mehr Literaturarbeiten entstehen bzw. durchgeführt würden: „The nature of occupational therapy education, particularly in the UK, has changed with the introduction of more stringent ethical research procedures as part of the research governance agenda. This has shifted the focus more to literature-based projects than research-based projects for student dissertations. “ (a.a.O).

Resümee

Wie in Deutschland Forschungsprojekte von Angehörigen der Gesundheitsfachberufe beraten und begutachtet werden, stellt sich derzeit heterogen dar: In Einzelfällen werden medizinische Ethik-Kommissionen in Anspruch genommen, so denn diese sich zuständig erklären.[10] Zusätzlich haben sich in letzter Zeit entsprechende Gremien in Zusammenarbeit mit einem Berufsverband und an Hochschulen mit Studiengängen für Gesundheitsfachberufe gegründet. Im Rahmen von Qualifikationsarbeiten ist davon auszugehen, dass die entsprechend verantwortlichen Hochschullehrenden bzw. Gutachter für eine qualifizierte Beratung und Durchführung Sorge tragen. Einen „üblichen" Weg gibt es z.Zt. nicht bzw. kann dieser daraus nicht abgeleitet werden. Ebenso wenig ist ein Konsens darüber verschriftlicht, welche Regeln bzw. Standards für die Forschung aus den Berufsgruppen zutreffen und wünschenswert sind. Insbesondere für Nachwuchswissenschaftler/innen birgt dies u.U. große Unsicherheiten und Hürden. Alle an Forschungsprozessen Beteiligten sind deshalb dazu aufgerufen, Stellung zu beziehen und Entwicklungsarbeit zu leisten:

- Hochschulen mit Studiengängen für Gesundheitsfachberufe,
- Berufsverbände, die Forschung Ihrer Berufsangehörigen unterstützen wollen,
- Forschungsförderer, den Nachweis einer forschungsethischen Begutachtung oder Beratung zu verlangen
- die Berufsangehörigen und Forschenden selber sind dazu aufgefordert, die Werte ihres Berufs vor dem Hintergrund der Forschung am Menschen zu diskutieren und weiter zu entwickeln.

Im bereits zitierten Thesenpapier (Lenck et al., 2012) heißt es dazu abschließend:

- „Eine Verpflichtung zu ethischer Beratung und Prüfung von Forschungsprojekten seitens der therapeutischen Gesundheitsfachberufe mit und am Menschen durch eine entsprechende Ethik-Kommissionen auf gesetzlicher Grundlage wäre wünschenswert (, eine freiwillige Selbstverpflichtung denkbar).
- Die bereits bestehenden „Leitlinien für gute wissenschaftliche Praxis" der Deutschen Forschungsgemeinschaft (DFG) sowie die unterschiedlichen medi-

10 Der Wissenschaftsrat fordert in seiner aktuellen Empfehlung, Studiengänge für die therapeutischen Gesundheitsfachberufe zukünftig unter einem „Dach eines Departments für Gesundheitswissenschaften einzurichten, das der Medizinischen Fakultät angegliedert" ist oder eine „enge Kooperation mit einer Universität mit Medizinischer Fakultät (Wissenschaftsrat, 2012). Dies könnte den Zugang zu den medizinischen Ethik-Kommissionen ebnen, würde allerdings weitere inhaltliche Fragen fordern, bspw. zur Besetzung der Kommissionen und Standards der Begutachtung.

zinethischen Dokumente sind dem Wesen nach aus unserer Sicht bereits jetzt unverzichtbare Grundlage für die gute wissenschaftliche Forschungspraxis auch in den Therapieberufen.“

Weitere Grundlagen, wie z.B. die Frage der fachspezifische Konkretisierung von forschungsethischen Richtlinien und deren Ausführung in der Praxis, sowie der interdisziplinären Konsensfindung können auf Basis der vorangegangen Ausführungen entwickelt werden. Eine freiwillige Selbstverpflichtung der Forschenden in den Gesundheitsfachberufen zur Beratung durch Ethikkommissionen scheint vor dem Hintergrund der vorangegangenen Überlegungen zur Sicherung guter Forschungspraxis ratsam.

Danksagung

Mein besonderer Dank gilt Birgit M. Stubner für hilfreiche Anregungen und konstruktiven Austausch über den vorliegenden Beitrag.

Literatur

Alice Salomon Hochschule Berlin (2012). Ethikkommission. http://www.ash-berlin.eu/forschung/ethikkommission/. Zugriff am 30.08.2012.

Arbeitskreis Medizinischer Ethik-Kommissionen (2004). Mustersatzung. http://www.ak-med-ethik-komm.de/pdf/muster satzung.pdf. Zugriff am 30.08.2012.

Ärztekammer Niedersachsen (2005). Berufsordnung der Ärztekammer Niedersachsen. https://www.aekn.de/assets/downloacenter/files/Arzt-und-Recht/Berufsrecht/BO_011211.pdf. Zugriff am 30.08.2012.

Berufsverband Deutscher Soziologen (BDS) (1992). Ethik-Kodex der Deutschen Gesellschaft für Soziologie (DGS) und des Berufsverbandes Deutscher Soziologen (BDS). http://www.bds-soz.de/ images/stories/formulare/ethik.pdf. Zugriff am 30.08.2012.

Bundesamt für Gesundheit (BAG) der Schweizerischen Eidgenossenschaft (2012). Bundesgesetz über die Forschung am Menschen. Letzter http://www.bag.admin.ch/themen/medizin/00701/00702/07558/. Zugriff am 30.08.2012.

Charité – Universitätsmedizin Berlin (2012). Mitglieder der Ethikkommission. http://ethikkommission.charite.de/geschaeftsstelle/mitglieder/. Zugriff am 30. 08.2012.

Deutsche Forschungsgemeinschaft (DFG) (2012a). Rechtliche Rahmenbedingungen der Forschung. http://www.dfg.de/foerderung/rechtliche_rahmenbe dingungen/index.html. Zugriff am 30.08.2012.

Deutsche Forschungsgemeinschaft (DFG) (2012b). Vor dem Antrag – Hinweise für die Planungsphase: Stellungnahmen und Genehmigungen einhole. http://www.dfg.de/foerderung/antragstellung/hinweise_vorbereitung_antraege/index.html#micro5217684. Zugriff am 30.08.2012.

Deutsche Gesellschaft für Erziehungswissenschaft (DGfE) (2012). Ethikkodex der Deutschen Gesellschaft für Erziehungswissenschaft. http://www.dgfe.de/wir-ueber-uns/ethikkodex.html. Zugriff am 30.08.2012.

Deutsche Gesellschaft für Pflegewissenschaft (2012). Ethikkommission. http://www.dg-pflegewissenschaft.de/2011DGP/ethikkommission. Zugriff am 30. 08.2012.

Deutsche Gesellschaft für Psychologie (DGPs) (2013). Ethikkommission. http://www.dgps.de/dgps/kommissionen/ethik/. Zugriff am 17.04.2013.

Deutscher Bundesverband für Logopädie dbl (1998). Berufsordnung des Bundesverbandes der Logopädinnen. http://www.dbl-ev.de/fileadmin/media/publika tionen/b_berufsordnung.pdf. Zugriff am 05.01.2008.

Deutscher Verband der Ergotherapeuten (DVE) (2005). Ethikkodex und Standards zur beruflichen Praxis der Ergotherapie. http://www.dve.info/print/verband/ethik.html 05.07.2012. Zugriff am 05.01.2008.

Deutscher Verband für Physiotherapie (ZVK) e.V. (2012). Berufsordnung. https://www.physio-deutschland.de/filead min/data/bund/Dateien_oeffentlich/Beruf_und_Bildung/Ausbildung/ZVK-Verband-Berufsordnung-BroschA5-2012-RZ.pdf. Zugriff am 30.08.2012.

Doppefeld, E. (2009). Aufgaben und Arbeitsweise Medizinischer Ethik-Kommissionen. *Bundesgesundheitsblatt – Gesundheitsforschung – Gesundheitsschutz*, 52, (4), 387-393.

Ewers, M., Grewe, T., Höppner, H., Huber, W., Sayn-Wittgenstein, F., Stemmer, R., Voigt-Radloff, S. & Walkenhorst, U. (2012). Forschung in den Gesundheitsfachberufen – Potenziale für eine bedarfsgerechte Gesundheitsversorgung in Deutschland. *Deutsche Medizinische Wochenschrift*, 137 (2), 29-76.

Gerhards, K, Burchardi, H., Hilgers,R. & Erichsen, N. (1999). Forschung in der Pflege und deutsche Ethikkommissionen. Pr-InterNet, 9/99, S. 226-230.

Großklaus-Seidel M. & Mayer H. (2004). Die ethische Begutachtung von Pflegeforschung. Ausgewählte Ergebnisse einer empirischen Untersuchung. *Zeitschrift für Pflege- und Gesundheitswisenschaft*, 12, 687-690.

Hochschule Fresenius (2009). Ethik-Kommission der Hochschule Fresenius. http://ethik.hs-fresenius.de/. Zugriff am 30.08.2012.

International Conference on Harmonisation of Technical Requirements for Registration of Pharmaceuticals for Human Use (ICH) (2012). ICH Guidelines. http://www.ich.org/products/guidelines.html. Zugriff am 30.08.2012.

Lenck, B., Reichel, K., Stubner, B. & Becker, H. (2012). Diskussionsvorlage für den Hochschulverbund Gesundheitsfachberufe e.V. zum Thema Ethik in der Forschung der Gesundheitsfachberufe. Unveröffentlichtes Diskussionspapier.

Nationaler Ethikrat (2009). Über uns. Auftrag. http://www.ethikrat.org/ueber-uns/auftrag. Zugriff am 30.08.2012.

Physio-akademie (2012). Ethik-Kommission des ZVK e.V. gegründet. http://www.physio-akademie.de/Ethik-Kommission-des-ZVK-e-V-gegruendet.617.0.html. Zugriff am 30.08.2012.

Reichel, K. (2008a). *Ethische Standards für ergotherapeutische Forschung in Deutschland.* Unveröffentlichte Masterarbeit an der Hochschule für angewandte Wissenschaften und Kunst (HAWK) Hildesheim.

Reichel, K. (2008b). Forschungsethik. In: B., Borgetto, A., Siegel (Hrsg.), *Gesellschaftliche Rahmenbedingungen der Ergotherapie, Logopädie und Physiotherapie* (pp. 87-101). Bern: Huber.

Reichel, K., Marotzki, U. & Schiller, S. (2009a). Ethische Standards für ergotherapeutischeForschung in Deutschland, Teil 1 – Eine nationale und internationale Bestandsaufnahme. *Ergoscience* 4, 56-70.

Reichel, K., Marotzki, U. & Schiller, S. (2009b). Ethische Standards für ergotherapeutische Forschung in Deutschland, Teil 2 – Mögliche Ebenen der Anwendung und Umsetzung. *Ergoscience* 4, 98-106.

Schnell, M.W. & Heinritz, Ch. (2006). *Forschungsethik: Ein Grundlagen- und Arbeitsbuch für die Gesundheits- und Pflegewissenschaften.* Bern: Huber.

Taylor, M.C. (2007). *Evidence-based practice for occupational therapists* (2. Auflage). Oxford: Blackwell Publishing.

Toellner, R. (1997). Forschung und Folgenabschätzung – Von Nutzen und Nutzlosigkeit von Ethik-Kommissionen. In: A. Frewer, R. Winau (Hrsg.), *Grundkurs Ethik in der Medizin* (in vier Bänden). *Band 1: Geschichte und Theorie der Ethik in der Medizin* (pp. 105-122). Erlangen: Palm & Enke.

Universität Vechta (2011). Ordnung zur Errichtung einer Ethik-Kommission an der Universität Vechta: http://www.uni-vechta.de/fileadmin/user_upload/documents/Amtliche_Mitteilungsblaetter/Jahrgang_2012/2012_13-Ethikkommission.pdf). Zugriff am 30.08.2012.

Wiesing, U. (2004). Allgemeine Einführung in die medizinische Ethik. Grundfragen der Ethik. In: U. Wiesing (Hrsg.), *Ethik in der Medizin. Ein Studienbuch* (pp. 21-35). Stuttgart: Reclam.

Wissenschaftsrat (2012). Empfehlungen zu hochschulischen Qualifikationen für das Gesundheitswesen. http://www.wissenschaftsrat.de/download/archiv/ 2411-12.pdf. Zugriff am 30.08.2012.

World Health Organization WHO (2002). Handbook for good clinical research practice (GCP). http://www.who.int/prequal/info_general/documents/GCP/gcp1.pdf. Zugriff am 05.01.2008.

World Medical Association (WMA) (2012). WMA Declaration of Helsinki – Ethical Principles for Medical Research Involving Human Subjects. http://www.wma.net/en/30publications/10policies/ b3. Zugriff am 30.08.2012.

www.ingramcontent.com/pod-product-compliance
Ingram Content Group UK Ltd.
Pitfield, Milton Keynes, MK11 3LW, UK
UKHW022101051026
15623UKWH00003B/610

9 783631 637487